U0886682

本书为教育部人文社会科学重点研究基地重大项目
“中国网络社会的现实基础、本土特色与运行模式研究”
（19JJD840003）的阶段性成果

网络与空间社会学丛书

西方空间社会学理论评析

主　编　刘少杰
副主编　程士强

中国人民大学出版社
· 北京 ·

图书在版编目（CIP）数据

西方空间社会学理论评析/刘少杰主编．--北京：中国人民大学出版社，2020.1
（网络与空间社会学丛书）
ISBN 978-7-300-27536-9

Ⅰ．①西… Ⅱ．①刘… Ⅲ．①社会学—研究—西方国家 Ⅳ．①C91

中国版本图书馆 CIP 数据核字（2019）第 224772 号

网络与空间社会学丛书
西方空间社会学理论评析
主　编　刘少杰
副主编　程士强
Xifang Kongjian Shehuixue Lilun Pingxi

出版发行	中国人民大学出版社		
社　　址	北京中关村大街 31 号	**邮政编码**	100080
电　　话	010－62511242（总编室）		010－62511770（质管部）
	010－82501766（邮购部）		010－62514148（门市部）
	010－62515195（发行公司）		010－62515275（盗版举报）
网　　址	http://www.crup.com.cn		
经　　销	新华书店		
印　　刷	北京宏伟双华印刷有限公司		
规　　格	170 mm×240 mm　16 开本	**版　　次**	2020 年 1 月第 1 版
印　　张	26 插页 2	**印　　次**	2020 年 1 月第 1 次印刷
字　　数	285 000	**定　　价**	88.00 元

版权所有　侵权必究　印装差错　负责调换

总　序

改革开放 40 多年来，中国实现了举世瞩目的快速发展，社会生活的各个层面都呈现了无比深刻的变化。在无限丰富的发展变化中，网络社会的崛起最令人耳目一新。起初，人们曾把网络社会看作与现实社会不同的虚拟社会。而时至今日，由计算机和移动通信技术支持的网络社会，已经在经济、政治、文化、教育和日常生活的各个领域展开，越来越多的人清楚地认识到，网络社会不是虚拟社会，而是一个形式与地方社会不同但内容十分充实的现实社会。

尤其重要的是，网络社会在中国的大规模崛起，展开了一个范围无限广阔的新型社会空间。网络空间既是人们在线上开展各种网络活动、灵活便捷地进行信息交流的空间，是超越了特定地理边界或地方场所限制的身体不在场的缺场空间，也是凭借网络信息技术而进入各个社会领域、同实体空间交织在一起的在场空间。因此，网络空间是一个线上与线下、缺场与在场交互统一的社会空间。

到目前为止，中国已经有8亿多人口成为网民，他们利用灵活简便的网络技术开展了丰富多彩的信息交流活动，短信、微博、微信、QQ、陌陌、抖音、知乎，各种得心应手的网络交流方式不仅使社会信息沟通变得空前活跃，而且还使人们结成了微博群、微信群、QQ群、陌陌群、抖音群、知乎群……形式多样的网络群体真是生动活泼、五彩缤纷。不断加快的信息交流提升了社会效率，大量生成且特点各异的网络群体则使社会呈现了崭新的构成结构。

快速的信息交流还增强了网络空间的内容密度和联系程度，社会认同、社会排斥乃至社会矛盾也在网络空间中呈现了空前复杂的程度。这是一种网络化条件下的时空压缩，并且是一种扩展中的压缩。时空压缩是变化速率的加快和空间密度的加大，而时空扩展则是变化过程的多样化和展开范围的拓宽与延展。因为任何事物都是在时间过程中流变、在空间形式中呈现的，所以网络化条件下的时空压缩与扩展，必然表现在社会生活的各个领域或不同层面。

网络社会的崛起给人们展示的新空间现象，可谓千姿百态、气象万千。网络社会的丰富多彩和日新月异，不仅使无数青年人成为“低头族”的网虫，而且使很多中老年人也变成了在网络活动中流连忘返的网迷。然而，无论人们对网络空间怎样迷恋，他们也一定要在实地空间中生存，衣食住行等身体活动或生命需求的不可超越性，注定人类无法脱离地理空间而常驻于信息空间之中。正是这个简单的道理，使亿万网民不可回避地把他们在网络空间中接收的信息，同地理空间中的各种境遇联系起来思考。

网络中海潮般涌动的信息，无论有多么遥远和复杂，多么汹涌和激荡，其根源都在于人们对地理空间的感受和对周围世界的认知。因此，网络空间的根基在于地理空间，理解网络空间中的复杂现象，离不开对地理空间现象的观察与思考。地理空间有多种称谓：地方空间、物理空间、实体空间、在场空间等等。不过，无论怎样称谓，它都呈现出一个具有实体性、边界性和相对稳定性的空间状态。

改革开放以来，中国社会的地理空间虽然不像网络空间那样新奇、易变甚至陌生，但其变化的复杂性也可以说是千载不遇。中心城市的大规模建设，偏远乡村的脱贫致富，高铁和高速公路的四通八达，东南沿海的兴旺发达，东北和西部的发展滞后，凡此种种，都是人们身处其中的地理空间的发展状态。而地理空间的发展是一种差别化的不平衡发展，原本处于大致相同生活状态的社会成员，却因为所处地理空间的位置和资源的差别，落入了收入差距拉大的境地。

地理位置、地区发展、空间资源、空间环境等方面的差别，导致家庭财富、空间权利、空间关系、空间参与、空间评价和空间预期等方面更加复杂的分化，而这已经从地理空间的问题转变为社会空间的问题。并且，地理空间、物理空间或地方空间的分化，一定会影响人们在社会空间中的阶层地位、利益关系、群体认同、社会交往、社会流动和贫富差距等方面的变化，也就是社会空间的变化。改革开放以来，社会学界所提出和研究的大量社会问题，大部分可以被看作是社会空间发展变化的反映。

在网络空间大规模生成、地方空间复杂分化、社会空间发展不平衡的新形势下，人们的观念空间或表象空间也必然随之进入空前复杂的状态。确如历史唯物主义所论，人们的思想观念和价值评价是对现实社会的反映。尤其在网络化时代，这种反映会在迅捷的网络信息交流中变得异常复杂。并且，网络技术能把抽象的价值原则和理想信念转化为无比生动的视频图像，为空间表象的生成和传播创造了更加引人注目的灵活形式和广泛传递的有效途径。

与概念、判断和推理不同，表象不是逻辑思维，而是在感觉和知觉基础上形成的感性认识形式，是广大人民群众在日常生活中具体而直接反映现实的形象的意识活动。空间表象是人们面对空间存在、空间关系或空间变化而产生的形象的感性认识，生活在不同空间条件或空间环境中的人们形成了差异万千的空间表象，在观念沟通特别是网络信息交流中，汇合成了形象生动、取向各异、灵活交流而又矛盾互动的表象空间。

综上所述，改革开放以来，中国社会的地理空间、社会空间、网络空间和表象空间都已经向人们展现了复杂的变化和丰富的内容，对人文社会科学研究则提出了一系列值得深思的重大时代课题。面对四重空间深刻而广泛的复杂变化，如能突破传统社会科学单纯强调结构分析的研究方式或思维方式，在直接面对四重空间感性现象并对之做出多样性和差异性考察的同时，开展深层的结构论分析，实现在新形势下面对新社会现象的空间论考察和结构论分析的综合，或许能为人文社会科学研究带来勃勃生机。

网络与空间社会学丛书，是基于上述思考做出的一个选题。时下，国际秩序发生了空前剧烈的动荡变迁，中国改革开放也面临着前所未有的复杂形势。城乡发展、社会分化、网络交流和观念表象，无论哪个空间领域都呈现了复杂多变的现象。并且，这四重空间的变化是纵横交织、紧密联动的，任何一重空间或各重空间的某个角落的变化，都会不可避免地直接或间接地引起其他空间的变化。因此，应当在四重空间的整体联系中展开学术研究的理论视野。

5G移动通信技术即将实现广泛应用，在网络信息生成、交流和传播的速度提高十几倍甚至数十倍的条件下，原本就已经快速变化的网络空间和表象空间，一定会发生更加迅速的变化。同时，在极速中运行的5G信息交流与传播，必将大幅提高社会活动的效率和加快变化的节奏，地理空间和社会空间在呈现新的发展态势的同时，也必然会产生更加复杂的不确定性甚至社会风险。这些空间变迁将为社会学研究提出更多具有重大学术价值和现实意义的选题，辛勤耕耘的学者们将创作出更多具有崭新视野和深刻见地的学术著作，而本套丛书则是展示这些网络信息化条件下空间社会学研究成果的学术窗口。

刘少杰

2019年8月20日

目 录

导论 西方空间社会学理论的历史演变与当代视野

自20世纪70年代以来，当代社会学发生了很多新的变化，而在众多变化中，空间社会学研究以其崭新视野迅速发展，是最引人注目的变化之一。虽然社会学在经典时期就已经开始了对社会空间问题的关注，并且也形成了很多关于空间位置和空间关系的思想理论，但同20世纪70年代以来的当代空间社会学相比，二者在理论基础、方法原则和价值取向等方面还存在着明显区别。当代空间社会学是在其知识基础发生从物理学向现象学转移、研究方式从结构论向空间论转变的基础上形成的，而其理论视野则广阔地展开于地理空间、社会空间、网络空间和表象空间四个维度及其紧密联系中。清楚认识空间社会学研究的历史演化和当代视野，对于在新的历史条件下进一步推进空间社会学研究，具有十分重要的学术价值和实践意义。

一、传统空间社会学的物理学基础

社会学在建立之初就对社会生活中的空间现象或空间问题开始了研究，孔德、涂尔干（又译迪尔凯姆）和齐美尔（又译西美尔）等经典社会学家都阐述了自己的空间社会学观点。孔德认为实证社会学研究的唯一特性是“到处由相对代替绝对的倾向”[①]。绝对的倾向是德国古典哲学的抽象思辨，而相对的倾向就是在特定的时空范围中开展脚踏实地的实证研究。孔德社会学思想的时空意识还体现在实证社会学的追求目标上。孔德一再宣称，实证社会学的追求目标是具有协调关系的社会秩序与社会进步。“新哲学认为，秩序向来是进步的基本条件，而反过来，进步则成为秩序的必然目标。正如在动物力学中那样，平衡与前进，作为基础或作为目标，彼此不可或缺。”[②] 实际上，孔德所理解的社会秩序，就是社会结构呈现的相对平衡的空间状态，而社会进步则是社会结构发展前进的时间过程。

受到康德的感性时空论的影响，涂尔干十分重视在时空关系中考察和分析社会现象。涂尔干明确地论述了“时间”和“空间”在社会学研究中的重要性。他认为，时间和空间既是社会事实的存在形式，

① 孔德．论实证精神．黄建华，译．北京：商务印书馆，2001：31.

② 同①40.

也是人们认识社会事实的基本框架，只有在时间和空间关系中，才能形成对社会现象的清楚认识。“时间的概念或范畴不仅仅是对我们过去生活部分或全部的纪念，还是抽象的和非个人的框架，它不仅包含着我们的个体实存，也包含着整个人类的实存。它就像一张无边无际的图表，所有绵延都在心灵之前展开，所有可能发生的事件都可以按照固定的、确定的标线来定位。”①

在《社会分工论》中，涂尔干从空间关系的角度论述了社会变迁过程中社会密度、物质密度和道德密度的问题。他指出：“如果我们把人们的相互结合及其所产生的非常活跃的交换关系说成是动力密度或道德密度的话，那么分工的发展直接与这种密度成正比例关系。”② 随着社会的发展、物质密度和道德密度的增加，劳动分工随之增强，专业领域也迅速扩展。其中，物质密度的增加，是指同一空间内人口的增长，使得人口密度增加；而道德密度的增加，则指的是社会互动频度的增加，即人们精神和活动方面的频率加大，其中包含了道德规范和道德关系的复杂化。物质密度和道德密度的增加，必然带来生存竞争的激化，因而职业专门化即劳动分工增强。

在《宗教生活的基本形式》中，涂尔干把集体表象的形成与发展同时空形式紧密结合起来论述。他指出：“本书呈现给读者的总的结论是：宗教明显是社会性的。宗教表现是表达集体实在的集体表现。”③（笔者曾指出，这里把“集体表现”译为“集体表象”更符合作者原

---

① 涂尔干．宗教生活的基本形式．渠东，汲喆，译．上海：上海人民出版社，1999：12.

② 涂尔干．社会分工论．渠东，译．北京：三联书店，2000：214.

③ 同①11.

意。[①]）“集体表现是广泛合作的结果，它不仅延展到了空间，也延展到了时间；各种各样的心灵联合、结合和组合起来，构成了它们的观念和感情，构成了这些表现；对于这些表现来说，它们是由世世代代的经验和知识长期积累而成的。”[②] 涂尔干重视表象在集体或群体行为中的作用，本身就是一种空间社会学关注。不仅表象是形象性的感性认识，表象所呈现的内容与形式也是在空间形式中展现的。

在经典社会学关于空间问题的研究中，齐美尔论述的空间社会学思想是最丰富的。当齐美尔提出社会形式研究或“社会关系的几何学”时，实际上他已经明确地提出了社会学研究的空间特征。因为社会关系是在一定的社会条件下产生的，这里的社会条件必然包含时空条件。在对“社会的空间和空间的秩序”的论述中，齐美尔展现了两种不同维度的空间。第一种维度的空间是物理意义上的空间，主要作用体现为：空间为事物提供了场所；空间通过改变条件性因素而制约事物发展。在这种维度下，“空间依旧总是毫无作用的形式”。第二种维度的空间为心灵及互动视角下的空间，“并非空间，而是它的各个部分的由心灵方面实现的划分和概括，具有社会的意义……空间从根本上讲只不过是心灵的一种活动”[③]。

齐美尔还认为，社会学一定要通过空间形式、空间关系和空间过程才能完成从实际出发、面向经验事实的研究任务。齐美尔指出：“社会学上的兴趣只有在一种特殊的空间位形开始发挥作用的点上才与迄

① 刘少杰．中国网络社会的集体表象与空间区隔．江苏行政学院学报，2018（1）.

② 涂尔干．宗教生活的基本形式．渠东，汲喆，译．上海：上海人民出版社，1999：17.

③ 西美尔．社会学：关于社会化形式的研究．林荣远，译．北京：华夏出版社，2002：460.

今为止所观察的种种现象相联系，而在另一些现象中，社会学上重要的东西存在于事件过程中，在一个群体的空间规定性通过它的真正社会学的形态和能量而获得的作用中。”① 也就是说，呈现某种空间形式的社会现象不是静止状态，它一定要展开为事件的动态发展过程，因此，要在表现为各种空间规定性的事件过程中开展社会学的观察与思考。齐美尔还从空间是人类的感性认识形式和感性活动场所出发，充分论述了人们的感觉器官、感性意识、感性关系和感性生活同社会空间的关系。

比涂尔干和齐美尔等经典社会学家在欧洲开展空间问题研究稍晚几年，美国芝加哥学派也开展了深入实际的城市空间社会学研究。莫里斯·詹诺维茨在评论芝加哥学派的空间社会学研究时指出：“当时的学术界有一种思潮，主张把城市看作社会学研究的专门客体，这种思潮对于城市社会学的芝加哥学派推动极大。这几位大师当时很热衷于研究城市社区的复杂性，想通过研究它的迷离表象揭示出其中隐藏的规律。”② 被称为大师的芝加哥学派代表人物是帕克、伯吉斯和麦肯齐等人，他们把生态学的理论视角引入了城市空间分析，在居住状况和群体关系的基础上揭示了城市社区空间分布的理论模型。像詹诺维茨指出的那样，芝加哥学派承继了把社会现象作为客体分析，并揭示其展开结构与发展规律的实证主义立场。

帕克等芝加哥学派成员在坚持实证主义立场的同时，强调了心理

① 西美尔．社会学：关于社会化形式的研究．林荣远，译．北京：华夏出版社，2002：516.

② 帕克，伯吉斯，麦肯齐．城市社会学：芝加哥学派城市研究．宋俊岭，郑也夫，译．北京：商务印书馆，2012：2.

状态、风俗习惯和文化传统等因素在城市生活中的地位与作用。帕克指出："城市，它是一种心理状态，是各种礼俗和传统构成的整体，是这些礼俗中所包含，并随传统而流传的那些统一思想和感情所构成的整体。"[①] 可见，帕克高度重视心理状态和文化传统，而不是单纯关注城市的居住分布和地理环境，这似乎与坚持物理学立场的严格实证主义不同。然而，对心理和文化现象的关注并不意味着把社会当作物来看待的立场发生了转变。"城市绝非简单的物质现象，绝非简单的人工构成物。城市已同其居民们的各种重要活动密切地联系在一起，它是自然的产物，而尤其是人类属性的产物。"[②] 帕克的观点表明，他们仍然把城市作为具有客观性的自然的产物，区别不过在于重视了城市社会的人文色彩。

芝加哥学派把他们的城市空间社会学研究称为人类生态学。麦肯齐给人类生态学做了界定，他指出：人类生态学"是研究人类在其环境的选择力、分配力和调节力的影响作用下所形成的在空间和时间上的联系的科学。人类生态学尤其注重研究区位（position）包括在时间和空间两个概念上，对于人类组结方式和人类行为活动的影响"[③]。人类生态学强调了人在城市时空中的地位与作用，这确实有别于把社会单纯作为物看待的立场，但生态学是在地理学和生物学的基础上形成的，就像斯宾塞的生物学立场同孔德的物理学立场没有本质区别一样，人类生态学不过是坚持客观论的物理学立场，把人类、地理环境和社

---

① 帕克，伯吉斯，麦肯齐．城市社会学：芝加哥学派城市研究．宋俊岭，郑也夫，译．北京：商务印书馆，2012：4.

② 同①.

③ 同①61－62.

会关系放到一个系统中开展具有整体联系的研究罢了。

综上所述，19 世纪后期至 20 世纪初期的西方社会学已经开展了空间社会学研究，并形成了一些比较重要的学术成果和学术流派。虽然这个时期的空间社会学已经呈现了一定程度的丰富性，但从其所立足的基本立场、方法论原则和理论取向上看，它基本上都坚持了实证主义或物理学主义的客观论立场。进一步说，无论经典时期的空间社会学的视野有多么广阔，其方法原则、基本观点或理论构架大都建立于物理学的知识基础之上。

这里所谓知识基础，不仅指一个学科建立与发展所依靠的知识背景和思想观点的知识来源，更重要的是指该学科开展学术研究所依据的思维方式、方法论原则和价值立场。所谓思维方式，其最基本的含义是指思维活动展开的基本关系和认知模式，当孔德和涂尔干强调实证社会学要把社会当作外在的“物”去看待并揭示其客观本质和自然规律时，他们就是在坚持以物理学为代表的主客二元对立的思维方式，并且，正是这种思维方式规定了他们坚持客观反映论和排斥价值追求的方法原则与价值立场。

孔德和涂尔干所立足的基础是物理学的基本立场和方法原则。孔德要把实证社会学建设成社会物理学，而涂尔干则更明确地宣称：“关于把社会事实视为物这个命题，是我方法的基础。”[①]“凡是供我们观察的一切，凡是呈现在我们面前的一切，或更确切地说，凡是要求我们观察的一切，都是物。把社会现象作为物来研究，就是把社会现象作

---

① 迪尔凯姆．社会学方法的准则．狄玉明，译．北京：商务印书馆，1995：7.

为构成社会学研究的出发点的实物论据来研究。”[1] 把社会现象作为物来研究，就是像物理学那样坚持从客观性、外在性的立场来观察社会现象、分析社会问题，进而揭示社会生活的本质联系、运行模式和发展规律。

孔德和涂尔干的社会物理学立场受到了斯宾塞的反对，斯宾塞认为，社会是有生命的有机体，应当用生物学而不是物理学的方法来研究社会有机体。用生物学的方法把社会作为生命有机体看待，这比把社会当成物理学面对的无生命之物似乎更符合社会的实际。然而，如果看到斯宾塞主张更加严格的客观主义立场，坚持用自然主义的眼光去观察和分析社会有机体的客观结构，那么可以说斯宾塞坚持的生物学立场同孔德和涂尔干坚持的物理学立场并无本质上的区别。

韦伯主张的理解论研究方法，通常被认为是同实证社会学的物理学研究方法明确对立的。韦伯不同意涂尔干把社会现象当作“物”去研究的观点，韦伯指出：“社会学应该被称为一门想解释性地理解社会行为，并且通过这种办法在社会行为的过程和影响上说明其原因的科学。”[2] 并且，韦伯认为，社会行为的本质特点是人们在主观意愿上发生了联系的行动，因此，研究社会行为必须理解人们的主观意愿及其相互联系，而不能把它等同于客观的“物”去看待。在这个意义上，韦伯的理解论同实证主义的社会物理学方法是明确对立的。

然而，韦伯的理解论同实证论的对立是不彻底的，其价值中立原则同实证主义和物理学的客观原则在本质上是相同的。韦伯在论述社

① 迪尔凯姆．社会学方法的准则．狄玉明，译．北京：商务印书馆，1995：47.
② 韦伯．经济与社会．林荣远，译．北京：商务印书馆，1997：40.

会科学的研究方法时指出：“价值中立作为经验科学的原则向文化科学提出了客观性要求：将价值判断从经验科学的认识中剔除出去，划清价值判断与科学认识的界限。”[①] “经验科学只能告诉人们事实怎么样，它可能怎么样，但绝不能教导人们应当怎么样，后者完全取决于人们自己依据一定价值取向的选择。”[②] 可见，韦伯的理解论或解释学立场包含着排斥价值原则的客观主义原则，而这正是实证社会学从物理学那里移植而来的立场与方法。

概而言之，经典社会学是以物理学的客观主义原则为基础的，特别是其关于社会空间现象的本质联系、结构功能、发展规律等理论追求，不过是以经典物理学为代表的传统科学的学术视野和理论指向在空间社会学中的表现。因此，经典的空间社会学的知识基础或方法原则就是经典物理学。这个指向客观性的基础与原则，被经典社会学家认为是区别于哲学、文学和个体心理学的根本立场或本质特点，是实证社会学实现了精神史革命的标志，是不能放弃或不可改变的。[③]

二、现象学对物理学主义的空间论批判

正当经典社会学坚持以物理学为模本的实证主义立场对社会空间开展客观性研究之时，对实证主义的立场与方法开展的批判却逐渐兴起。在接二连三的批判浪潮中，最激烈的批判者莫过于法兰克福学派。在20世纪三四十年代，马尔库塞等法兰克福学派成员认为实证主义的

---

① 韦伯．社会科学方法论．韩水法，莫茜，译．北京：中央编译出版社，2002：19.

② 同①22.

③ 孔德．论实证精神．黄建华，译．北京：商务印书馆，2001：10.

物理主义立场和客观主义原则，弱化了思想理论界乃至社会各界的批判意识，扫平了法西斯主义泛滥流行的道路。马尔库塞尖锐地指出："孔德的实证哲学奠定了反对理性主义否定倾向的社会理论的基本结构。它是为资产阶级社会作意识形态的辩护，而且，它孕育了为极权主义社会作辩护的萌芽。实证哲学和非理性主义之间的联系形成了随着自由主义衰落而产生的极权主义观念论的特征，这一联系在孔德的著作中尤为显著。"①

法兰克福学派对实证主义的批判，重点在于揭示其片面强调外在客观性和因排斥价值评价而弱化了具有批判性的辩证思维，进而导致思想理论对法西斯主义放松警惕，在响应实证主义服从统治、维护秩序的号召中对法西斯主义放任自流，最终导致了人类的空前浩劫。在法兰克福学派对实证主义开展激烈的意识形态批判的同时，现象学从学术基础或思想根基上对实证主义开展了深入的学术批判。

虽然胡塞尔对实证主义和物理主义的批判早在20世纪初就已经开始，但其最集中也是最深入的批判阐述于1936年前后写作的《欧洲科学的危机与超越论的现象学》。20世纪30年代正是法西斯主义泛滥成灾的年代，像法兰克福学派一样，胡塞尔对科学危机的论述，与法西斯主义造成的社会危机直接相关。胡塞尔指出："在19世纪后半叶，现代人的整个世界观唯一受实证科学的支配，并且唯一被科学所造成的'繁荣'所迷惑，这种唯一性意味着人们以冷漠的态度避开了对真正的人性具有决定意义的问题。单纯注重事实的科学，造就单纯注重

① 马尔库塞．理性与革命．程志民，等译．重庆：重庆出版社，1993：309.

事实的人。"[①] 单纯注重事实的科学就是以物理学为模本的实证哲学或实证社会学，它高举科学的旗帜却放弃了对人生的关怀和对人性的追求，仅仅关注客观事实而不顾人生扭曲和人性压抑，放纵了法西斯主义的泛滥，进而导致了科学与社会的双重危机。

胡塞尔进一步揭示了实证科学危机的要害或实质："在我们生存的危急时刻，这种科学什么也没有告诉我们。它从原则上排除的正是对于在我们这个不幸时代听由命运攸关的根本变革所支配的人们来说，十分紧迫的问题，即关于这整个的人的生存有意义与无意义的问题。这些对所有的人都具有普遍性和必然性的问题难道不也要求进行总体上的思考并以理性的洞察给予回答吗?"[②] 人类生存的意义或价值，正是实证主义或实证社会学回避或放弃的问题，而坚持意义或价值的追求，就是对人的自由的肯定与捍卫。

为了更深刻地揭示实证科学单纯客观主义的错误根源，胡塞尔对实证科学的模本——古典物理学——开展了追根溯源的批判。物理学是借助数学特别是几何学发展起来的，因此，胡塞尔对物理学主义的批判开始于对数学或几何学的批判。胡塞尔指出："首先是提供给数学（作为几何学和作为数和量的形式的-抽象的理论）的普遍的任务，这种任务具有一种全新的、古代人不知道的样式。古代人就已经在柏拉图理念学说的指导下将经验的数、量，经验的空间图形，即点、线、面、体，都理念化了；并借此将几何学的命题和证明改造为理念的-几

① 胡塞尔．欧洲科学的危机与超越论的现象学．王炳文，译．北京：商务印书馆，2017：16.

② 同①18.

何学的命题和证明。”[①] 几何学是关于空间的数学，把几何学的空间图形理念化，即像柏拉图的理念学说那样把这些空间概念和空间图形原则化、普遍化。

用几何学理念开启自然现象或物理空间研究的代表首先是伽利略。伽利略创造了一种“纯几何学”，“即关于空间时间的一般形态的纯数学：它作为古老的传统呈现于伽利略面前，处于生动地向前发展的过程中，因此一般说来，就如同它对于我们自己也在那里存在着一样，一方面作为关于‘纯粹理念东西’的科学，另一方面被经常实际应用于感性经验的世界”[②]。这种几何学空间或物理学空间，是被概念化的纯粹理念，它相当于柏拉图所论述的绝对理念，被伽利略普遍化为可以解释一切经验现象的原则或根据。

尤其重要的是，这种具有普遍性的纯几何学或量化物理学空间观念，甚至成为人们在生活世界中的思维方式或认知模式，故而“在日常生活中，我们对于先验理论与经验之间的转变都很熟悉，以致我们通常都倾向于不区分几何学所谈论的空间和空间形态与经验显示中的空间和空间形态，仿佛它们是同一个东西”[③]。然而，正如胡塞尔一再强调的那样，几何学或物理学的空间观念是经过抽象化的，是关于人性自由、生活意义和生命价值等主观因素都已从中被过滤掉了的实证科学观念。把实证科学的空间观念混同于日常生活中实际存在的空间形态，不仅犯了实证科学或物理学空间观念普泛化的错误，而且还犯

① 胡塞尔．欧洲科学的危机与超越论的现象学．王炳文，译．北京：商务印书馆，2017：33.

② 同①37.

③ 同①37.

了对日常生活中的经验空间简单化或抽象化认知的错误。

用几何学、物理学的空间观念去观察和揭示日常生活中的经验空间，更严重的后果是忘却了作为意义基础的生活世界。“伽利略在其从几何学出发，从感性上呈现的并且可以数学化的东西出发，对世界的考察中，抽去了在人格的生活中作为人格的主体；抽去了一切在任何意义上都是精神的东西，抽去了一切在人的实践中附到事物上的文化特性。通过这种抽象产生出纯粹物体的东西；但是这种纯粹物体的东西被当作具体的现实性来接受。”① 一个没有人格主体、精神和文化的纯粹物体的世界，是一个抽象的客观世界，而不是现实的生活世界，于是，生动而充满丰富意义的生活世界被遮蔽、被忘却了。

胡塞尔发出了放弃单纯客观主义立场而转向以生活世界为基础的呼唤：“预先给定的生活世界的存在意义是主观的构成物，是正在经历着的生活的，前科学的生活的成就。世界的意义和世界的存在的有效性，就是在这种生活中建立起来的，而且总是那个特定的世界对于当时的经历者现时有效。”② 可见，转向以生活世界为基础，就是从单纯的客观主义立场转向注重主观性的立场，是从抽象的科学世界转向具体的日常生活世界。

胡塞尔所呼唤的这种生活世界，实质上正是社会学研究必须面对甚至必须身处其中的日常经验世界。也正是在这个意义上，胡塞尔关于以生活世界为基础的空间研究，发生了同社会学的视界融合。在生

---

① 胡塞尔．欧洲科学的危机与超越论的现象学．王炳文，译．北京：商务印书馆，2017：80.

② 同①91.

活世界中，我们“与当前的、过去的、将来的另一些人，一起存在于共同体之中，以现在、那时、将来这些样式一起存在于共同体之中”[①]。生活世界是人类互为主体的世界，是以群体关系生活在一起的世界，是每个人的周围世界，是未分化的原初世界。

不过，需要指出的是，尽管胡塞尔呼唤的生活世界与社会学面对的经验世界实质上是同一个社会空间，但现象学在其中关注的同社会学还是不同的。社会学在作为经验过程的生活世界中看到的是那些人们的感性经验活动及其展开的社会关系，社会学认为其所看到的就是具体的社会生活本身；而现象学则认为，人们在生活世界中观察的首先是人们在日常生活中形成的知觉。生活世界被现象学看成包含着主体交互性、生活意义与生命价值、主观意向和理想要求的知觉空间，在人们的视野中呈现为知觉的空间表象。因此，现象学视野中的生活世界的主要特点是其主观性，抑或共主观性、交互主观性，而这与实证社会学把社会生活当作客观的物来看待的观点是截然对立的。

强调从知觉出发来理解生活世界乃至科学世界，梅洛-庞蒂在这一点上做了更加明确的论述。在评述胡塞尔的现象学基本立场时，梅洛-庞蒂指出：“整个科学世界是在主观世界之上构成的，如果我们想严格地思考科学本身，准确地评价科学的含义和意义，那么我们应该首先唤起对世界的这种体验，而科学则是这种体验的间接表达。”[②] 这里所指的作为科学基础的体验，就是被梅洛-庞蒂认为具有首要地位的知觉，是人的认识活动与实践行为的前提或基础。“世界本身，大致可以

① 胡塞尔．共主观性的现象学：第三卷．王炳文，译．北京：商务印书馆，2018：577.
② 梅洛-庞蒂．知觉现象学．姜志辉，译．北京：商务印书馆，2003：3.

定义为全部可知觉物、作为万物之物的世界本身，也不应被理解为数学家或物理学家所言意义上的客体……而应被理解为所有可能存在的知觉的普遍风格。”[①] 可见，梅洛-庞蒂像胡塞尔一样坚定地反对物理学或实证科学的单纯客观主义立场。

梅洛-庞蒂进一步从身体活动和身体图式的角度论述知觉空间的整体性和基础性。他以马克斯·韦特海默（Max Wertheimer，1880—1943）的心理学实验为例说明身体、知觉和空间的关系。[②] 被试者在镜中看到了一个他不在其中的镜像，但当被试者的目光离开镜子后，他在镜中形成的影像知觉仍然使他能想起生活在镜中的房间里。也就是说，知觉是感受、表象或认知生活空间的基础，人可以依靠知觉而实现对空间的进入与占有，即“通过我的身体对世界的某种占有，我的身体对世界的某种把握”[③]。

知觉具有形象性、整体性和身体性，而以知觉为基础对空间的认知和占有，就是一种生动的、具体的、整体的认知和占有，其表现就不仅是对周围世界空间的表象认识，而且还要依据身体的综合感受、生活经历对世界给出道德评价和理想预期。“一个空间平面的构成只是一个充满物体的世界的构成方式之一：当我的知觉尽可能地向我提供一个千变万化的且十分清晰的景象时，当我的运动意向在展开时从世界得到所期待的反应时，我的身体就能把握世界。在知觉中和在活动中的这种最大清晰度规定了一个知觉的基础。我的生活的一个背景，

---

① 梅洛-庞蒂．知觉的首要地位及其哲学结论．王东亮，译．北京：三联书店，2002：13.

② 梅洛-庞蒂．知觉现象学．姜志辉，译．北京：商务印书馆，2003：318.

③ 同②318－319.

我的生活和世界共存的一个一般环境。”①

总之，梅洛-庞蒂进一步坚持了现象学强调从主观性出发来认识社会生活的空间关系的立场，并且把对空间知觉或空间表象的主观意识的强调，扩展到身体的综合感受，即不仅重视知觉表象的主观意识，而且还从身体的处境、身体的行动和身体的环境与经历来看知觉形成的整体性。于是，梅洛-庞蒂把身体作为最基本的也是首要的空间，考察人是怎样依据身体知觉亦即身体空间去进入、接受和占有社会空间的。在这个意义上，知觉现象学向人们展开了一个更加重视人类主体性和实践性的社会空间观。

三、以现象学为基础的当代空间社会学

现象学对物理学主义或实证主义的空间论批判，对当代社会学的空间研究产生了深远影响。自 20 世纪 60 年代始，福柯、布迪厄（又译布尔迪厄、布尔迪尔）和列斐伏尔（又译列菲伏尔）等一批法国社会学家，积极吸收和借鉴现象学的思想观点与方法原则，掀起了从结构论向空间论转变的学术浪潮，此浪潮逐渐波及欧美其他国家社会学界，当代空间社会学以其崭新的面目而迅速崛起。

提到当代空间社会学，中国社会学界通常首先想到的是以列斐伏尔为代表的法国新马克思主义空间社会学，但实际上，福柯以现象学为基础开展的空间社会学研究要早于列斐伏尔。早在 1963 年出版的《临床医学的诞生》中，福柯开篇就宣布：“这是一部关于空间、语言

① 梅洛-庞蒂．知觉现象学．姜志辉，译．北京：商务印书馆，2003：319.

和死亡的著作。”[①] 福柯首先考察了分类医学和解剖医学治疗精神病的档案，论述了医生依据不同的医学知识形成医学表象对身体空间开展的不同治疗，揭示了治疗过程中知识话语、空间表象和医治权力的关系。在福柯看来，无论是分类医学还是解剖医学，其诊治过程都是医生通过接受和储备特定时代的医学知识而形成对疾病的医学表象，然后用医学表象去对照患者的身体状态，形成在某种空间环境中的疾病诊断，进而实施医学治疗。因为医生接受的医学知识不同，所以医生对同一种疾病形成的表象和实行的治疗也不同，并且治疗的结果也不同。

福柯的分析说明，医生对疾病的观察与治疗，是在接受某种医学知识、形成医学表象后去面对患者的身体状况，医生诊断疾病并非直接面对患者的实际身体状况，而是首先直接面对医学表象和在医学表象作用下生成的患者身体表象。医生同患者之间的直接关系，实质上是医生头脑中关于疾病的医学表象，同医生目视患者而形成的身体表象的对照。如果这两种表象具有相符性，医生就可以做出疾病的诊断并采取治疗措施。因此，医学表象是在治疗之前就已经形成了的以医学知识为根据的具有改造身体权力的空间表象，“这个空间是一个有深度的空间，先于一切感知而存在，而且从远处控制着感知；正是以这个空间为基础，通过疾病所配置和安排等级的肉体组织，疾病出现在我们的目视之下，体现在一个活生生的有机体中”[②]。

表象是在记忆中储存下来并可以在社会中传递的知觉，当福柯从

① 福柯．临床医学的诞生．刘北成，译．南京：译林出版社，2011：1.

② 同①3.

医学表象、身体表象和知识、权力与空间的关系的视角对临床医学做出分析时，其实也就是接受了现象学关于知觉、身体和空间等方面的基本观点和立场。正如胡塞尔和梅洛-庞蒂强调的那样，人们的认识和行动，并不是直接以客观存在为对象的，人们首先直接或实质面对的是在某种知识的规定下经过外物刺激而形成的知觉表象。这是现象学考察各种现象的基本原则或基本立场，也是同物理学主义和实证主义最明确对立的基本观点。福柯接受了现象学的这个基本观点，并以之为基本原则或基本立场开展了身体规训、表象化惩罚、全景敞式监控和社会治理等方面的空间社会学研究。

福柯以现象学为知识基础的空间社会学研究，直接影响了布迪厄等人的社会学研究。虽然布迪厄延续了社会学研究的某些传统，例如坚持开展对社会实践和社会关系的结构论分析，但他的一个非常明确的立场是把所关注的社会现象放到社会场域中考察分析，而场域就是空间场所或空间关系。布迪厄对场域中的惯习、身体图式、实践感等重要问题的论述，同福柯和现象学关于知觉、表象、身体和空间关系的论述有紧密联系，充分显示了现象学的理论与方法已成为布迪厄空间社会学研究的重要的知识基础。

列斐伏尔对城市空间开展的研究开始于20世纪60年代后期，是在1968年的巴黎五月风暴以及60年代后期的大规模城市改造的影响下开始的。列斐伏尔在五月风暴和城市改造中发现了城市空间中的社会矛盾和激烈冲突，统治者和金融资本联手把城市空间作为生产对象，在空间资源的重新配置和经营交易中获得巨额利润，而基层社会成员和产业工人，却在城市空间的改造中处于被排挤和剥夺的地位。于是，列斐伏尔从政治经济学的角度对后工业社会条件下的空间生产开展了批判。

作为法国新马克思主义的代表人物，列斐伏尔对空间生产的批判首先是建立在马克思主义思想理论之上的。在这个意义上，列斐伏尔开展空间研究的知识基础首先是马克思主义思想理论。然而不能忽视的是，列斐伏尔在继承马克思主义的实践立场、批判原则、阶级分析、矛盾分析等基本观点的同时，也大量吸收了现象学的思想观点和方法原则。列斐伏尔对空间问题的如下阐述，明确地显示了现象学的立场与原则对他的影响：

（1）空间观念的理论规定是什么？精神空间（感知的、想象的、被表现的）与社会空间（被建构的、被生产的、被规划的，尤其是都市空间）之间是什么关系？即表现的空间（l'espace de représentation）与空间的表现（la représentation de l'espace）之间是什么关系？[①]

（2）空间（被表现的、被设计的、被建立的）是如何进入社会、经济，或者政治、工业与都市的实践中的？空间的观念在什么地方、什么时候表现出来？这一观念在什么时候会表现出它的有效性？在怎样的范围内？[②]

从列斐伏尔对空间问题的上述论述可以看出，他已经接受了现象学重视主观空间（空间表象与表象空间）和主体建构性（建构、生产、规划）的原则，而不是仅从政治经济学视角对空间生产、空间价值、

---

① 从列斐伏尔对这个词赋予的含义看，représentation 应当翻译为“表象”，因为这个词是被作为观念使用的，因此不应译为“表现”。l'espace de représentation 应当翻译为“表象的空间”；la représentation de l'espace 应当翻译为“空间的表象”。

② 列斐伏尔．空间与政治．李春，译．上海：上海人民出版社，2015：20.

空间占有和空间冲突等问题开展研究。正是这种吸收了现象学注重空间主观性的基本原则，才使列斐伏尔开创的新马克思主义空间社会学具有对现实重大问题批判分析的深刻性。

列斐伏尔把现象学重视空间主观性的原则同政治经济学的立场综合起来，这在哈维的空间社会学研究中得到了进一步发挥。哈维不仅像列斐伏尔那样站在马克思主义立场上对资本主义社会的空间生产开展了批判，而且他还试图把历史唯物主义同地理学综合起来——建立一种“历史-地理唯物主义”，展开了空间社会学研究的新视野。哈维概括了“历史-地理唯物主义”的基本观点：重视关于空间研究的历史条件，揭示围绕空间而展开的权力斗争，空间关系的生产是社会关系的产物，物质实践是最基础的经验空间，重视制度在社会空间、象征空间和符号空间中的制约作用，在思想、幻想和欲望等各种空间想象中揭示更加复杂的空间矛盾与空间冲突。①

虽然哈维对其“历史-地理唯物主义”的内容做了比较丰富的阐述，但最突出的特点是强调物质实践性和主体观念性。强调物质实践性是坚持历史唯物主义的基本立场，而强调主体观念性则是现象学的基本原则。哈维对现象学的直接论述较少，但他对福柯以现象学为基础的空间社会学思想理论予以高度重视，他对空间差异、空间表象、表象空间、身体空间、知识、权力与空间等问题的讨论，都显示了福柯现象学立场和思想观点对他的影响。

通过福柯接受现象学的影响，在另一位新马克思主义者苏贾那里

① 哈维．正义、自然和差异地理学．胡大平，译．上海：上海人民出版社，2015：128-130.

表现得更加清楚。苏贾将其空间社会学称为“后现代地理学”或“马克思主义地理学”，他不仅高度赞成列斐伏尔从物理空间、社会空间、表象空间的视角考察城市空间中的矛盾冲突，而且对福柯的空间思想观点也表示了高度认同。苏贾指出：“福柯没有只关注于城市本身，而是通过观察源于空间、知识、权力的交叉关系所产生的‘差异地点’开启了新的空间思维方法。”[①] 注重空间的异质性，是福柯空间社会学研究的突出贡献，苏贾认为，福柯新空间思维的贡献只有在现象学的角度才能充分展示。“福柯关于异位的异质性和关系性空间，既不是一种毫无内容的虚无，需要填入认知知觉的内容，也不是诸种物质形式的一种储藏室，需要在其所有的华丽的可变性方面从现象学的角度加以描述。”[②]

还有很多面对空间问题的当代社会学研究，其知识基础都不同程度地发生了向现象学的转移。产生这种理论现象的最重要的原因在于：超越单纯客观原则，在主体间性或共主观性的视角中展开新的学术视野。弗格森明确地揭示了当代空间社会学研究的知识基础向现象学转移的原因：“现象学与社会学的系统相关性产生于它们对主体间性的本质作出澄清的共同兴趣。现象学的洞见直指主体间性的中心，即自然态度与超验自我的现象学还原在特性中互为主体。”[③] 胡塞尔阐述的生活世界之中的主体间性，其实也就是社会学直面的社会生活中的人际

---

① 苏贾．寻求空间正义．高春花，强乃社，等译．北京：社会科学文献出版社，2016：99.

② 苏贾．后现代地理学：重申批判社会理论中的空间．王文斌，译．北京：商务印书馆，2017：27.

③ 弗格森．现象学与社会学．刘聪慧，郭之天，张琦，译．北京：北京大学出版社，2010：90.

关系或社会关系。“随着社会学对主体间性的直接探索越来越深入，两个学科之间的牵涉也越来越深，社会学无法独立于现象学，现象学的发展也不可能不利用社会学所揭示的关于互为主体的实在的认识。”①

弗格森论述的社会学与现象学的这种内在联系，在吉登斯的时空社会学研究中也表现得十分明确。吉登斯把超越个体在场局限性、在日常生活的时空延伸关系中研究社会秩序，看成是社会理论的根本问题。②“如果说，我们只有通过日常活动在社会实践中的反思性构成，才能把握主体，那我们脱离了例行性的日常生活，脱离了身体活动及行动者生产和再生产的进行处所，就无法理解人格结构。以实践意识为基础的例行化概念是结构化理论的关键所在。”③ 当吉登斯在主体互动性关系中面对日常生活世界在时空延伸中的社会秩序时，他的学术视野不可避免地同现象学发生了重合，现象学的方法原则成为其研究时空问题的重要基础。

吉登斯非常重视梅洛-庞蒂关于身体、空间和知觉等的思想观点，他指出：“共同在场的社会特征以身体的空间性为基础，同时面向他人及经验中的自我，戈夫曼倾注了大量精力对此进行了分析，特别是有关‘脸面’的问题。但对这一问题最有说服力的思考或许得算是梅洛-庞蒂了。”④ 正是重视和借鉴了梅洛-庞蒂关于知觉现象学的观点，吉登斯对知觉和表象等感性意识在实践中的基础地位，身体图式对例行化

---

① 弗格森．现象学与社会学．刘聪慧，郭之天，张琦，译．北京：北京大学出版社，2010：90.

② 吉登斯．社会的构成．李康，李猛，译．北京：三联书店，1998：101.

③ 同②133.

④ 同②138.

行为的支配作用，身体定位、情景互动和空间延伸的构成方式，开展了大量富有现象学色彩的时空社会学研究。①

四、新形势下空间社会学研究的新视野

虽然从现象学对实证社会学的批判中可以看出二者在立场和方法上的鲜明对立，但从以现象学为知识基础开展的当代空间社会学研究中还可以看出，现象学与社会学又具有不可否认的内在联系。弗格森对现象学和社会学在形成起源、关注对象和理论追求等方面的本质联系做了深入考察。弗格森认为，现象学和社会学都是起源于对现代社会新现象、新经验的好奇与关注。“现代不仅是理性的年代，它也是惊异的年代、非凡的年代。非凡不只在对古代世界的发现中产生与重现，它更引人注目地出现在对遥远未知土地的探索与征服中，以及对我们自身经验的探索中。”②

现象学和社会学都是观察经验现象的一种方式，区别在于：社会学站在经验论的立场上，对经验现象开展了直接的观察与描述；现象学不满足于对经验的直接观察与描述，而是要“洞见”，“不是把现象当作单纯的现象来对待，而是把它们化约/还原为基本知觉”③。从实证经验论的角度看，现象学返回知觉的经验观察具有观念论的间接性，即没有直接面对现象本身；但在现象学看来，那些让人们感到新奇与

① 吉登斯．社会的构成．李康，李猛，译．北京：三联书店，1998：195.

② 弗格森．现象学与社会学．刘聪慧，郭之天，张琦，译．北京：北京大学出版社，2010：18.

③ 同②41.

惊异的新现象，首先是以知觉呈现在人们的观念中，必须通过知觉才能看清楚人们感到新奇与惊异的新现象。

虽然现象学关于知觉、身体和表象的研究并没有引起很多社会学研究的重视，“但在更具体的情境下，对时间、空间、身体、感觉、感知等现象学话题的历史及社会学研究都逐渐发展起来。尽管这些研究排斥或忽略现象学著作，它们却经常通过描述现代经验来证明自身的价值，这种描述与现象学的洞见相符。因此，尽管还不明显，但新的主题思考与观点已经开始朝向建立一个真正的现象社会学”[①]。可见，弗格森期望建立一种在时空关系中关注身体与知觉、研究经验现象的现象社会学。

应当肯定，弗格森的期望具有真实的现实基础。在进入 21 世纪以来的社会生活信息化和网络化大规模发展的新形势下，人类的行为与经验都发生了深刻变化，当代社会学面对的新经验现象，比现象学和社会学形成之初而为之惊奇的经验现象要复杂得多。特别是在信息化和网络化的推动下，不仅知觉、表象在信息交流与网络沟通中发挥了越来越重要的作用，调侃、段子、图片、表情包、视频等情感沟通、知觉表象或影视图像的感性交往变得日益活跃，而且社会生活的时空关系也发生了空前深刻的变化。信息交流或网络传播的速度已经难以用时钟加以计量，出现了卡斯特所论的“无时间之时间”，而且还诞生了内容无限丰富、范围无限广阔的网络社会空间，社会空间发生了在场与缺场的双重分化。

① 弗格森．现象学与社会学．刘聪慧，郭之天，张琦，译．北京：北京大学出版社，2010：110.

在相当长的一段时间内网络社会空间被称为虚拟空间，人们现在已经日益清楚地认识到，虽然这是一个人的身体不在其中、面目不呈现出来的信息流动的空间，没有地方空间那样的边界性和实体性，但它不是一个虚拟的空间，而是有大量社会成员热烈参与的十分活跃的现实空间。截至 2018 年 12 月，中国网民规模已达 8.29 亿，全国互联网普及率已经达到 59.6%。① 大量网民参与的网络空间，其中的网络活动已经遍及经济、政治、文化和日常生活的各种领域，已经很少有人再将网络空间称为虚拟空间了。

虽然网络空间是每日每时都有数以亿计的网民参与其中的空间，是一个人们喜闻乐见的日常交流的空间，因此似乎是一个人们都十分熟悉的空间。然而，网络空间毕竟是由大部分社会成员还比较陌生的信息技术支撑的空间，信息技术把海量知识信息光速般地向网民传递，信息在网络空间中快速传播。这种快速的海量信息供应，不仅引发了网络空间中的信息接收、知识图景和舆论表达的迅速更新，使网民在其中面对大量场景不断转换与形式持续翻新的新现象，而且这些新现象被大量新推出的流性话语或专业知识包装起来，刺激人们的知觉表象发生着难理其序的更迭。

对新形势下中国社会空间的不平衡发展而言，在现象学与社会学的综合视角中看到的空间变迁或新经验现象，就更值得在主观与客观的统一中开展一种新方式的研究。人们对社会生活的美好需求同社会发展不平衡、不充分的矛盾是中国社会的主要矛盾，而这个主要矛盾

---

① 中国互联网络信息中心．第 43 次中国互联网络发展状况统计报告．(2019－02－28)[2019－05－23]．http：//www.cac.gov.cn/2019－02/28/c_1124175677.htm.

是通过空间的差异性状态表现出来的。揭示差异、批判差异，是以现象学为基础的空间社会学研究的主要追求，面对中国社会的不平衡发展，重视差异性考察与分析的空间社会学研究获得了更大的施展空间。注重差异性的空间社会学研究，就是承认多样性、个别性、面向特殊性的空间研究，它将使人们更清楚、更具体地认清中国社会发展中的偏颇、失误。

中国改革开放四十多年以来最明显的变化之一是城市空间的大规模开发。无论是京、沪、广、深这些超大城市和一些省的特大城市，还是三线城市乃至县城乡镇，到处都能看到政府、市场和居民积极参与的房地产市场开发，城市边界、建筑、街道和小区环境，都发生了巨大而广泛的变化。

凡此种种新形势下的新经验、新现象，都在呼唤以综合视角开展一种新空间社会学研究。应当超越物理学和现象学主客二元对立的思维方式，在主客统一中，从地理空间、社会空间、网络空间和表象空间的整体联系中，对当代中国社会以及人类社会的空间变迁开展更深入、更符合实际的空间社会学研究。

参考文献：

孔德．论实证精神．黄建华，译．北京：商务印书馆，2001.

涂尔干．宗教生活的基本形式．渠东，汲喆，译．上海：上海人民出版社，1999.

涂尔干．社会分工论．渠东，译．北京：三联书店，2000.

刘少杰．中国网络社会的集体表象与空间区隔．江苏行政学院学报，2018 (1).

西美尔．社会学：关于社会化形式的研究．林荣远，译．北京：华夏出版社，2002.

帕克，伯吉斯，麦肯齐．城市社会学：芝加哥学派城市研究．宋俊岭，郑也夫，译．北京：商务印书馆，2012.

韦伯．经济与社会．林荣远，译．北京：商务印书馆，1997.

韦伯．社会科学方法论．韩水法，莫茜，译．北京：中央编译出版社，2002.

马尔库塞．理性与革命．程志民，等译．重庆：重庆出版社，1993.

胡塞尔．欧洲科学的危机与超越论的现象学．王炳文，译．北京：商务印书馆，2017.

梅洛-庞蒂．知觉现象学．姜志辉，译．北京：商务印书馆，2003.

梅洛-庞蒂．知觉的首要地位及其哲学结论．王东亮，译．北京：三联书店，2002.

福柯．临床医学的诞生．刘北成，译．南京：译林出版社，2011.

列斐伏尔．空间与政治．李春，译．上海：上海人民出版社，2015.

哈维．正义、自然和差异地理学．胡大平，译．上海：上海人民出版社，2015.

苏贾．寻求空间正义．高春花，强乃社，等译．北京：社会科学文献出版社，2016.

苏贾．后现代地理学：重申批判社会理论中的空间．王文斌，译．北京：商务印书馆，2017.

弗格森．现象学社会学．刘聪慧，郭之天，张琦，译．北京：北京大学出版社，2010.

吉登斯．社会的构成．李康，李猛，译．北京：三联书店，1998.

中国互联网络信息中心．第 43 次中国互联网络发展状况统计报告．(2019 - 02 - 28)［2019 - 05 - 23］．http：//www.cac.gov.cn/2019 - 02/28/c_1124175677.htm.

第一章　经典社会学的空间理论

在西方的经典社会学家中，孔德、涂尔干、韦伯、齐美尔等都在不同程度上对空间问题开展了研究，并提出了相应的理论观点。虽然正如厄里所言，“社会学经典确实探讨了空间，但探讨的方式却很不明晰，很不充分”①，不过现代西方社会学家开展的空间研究却成为空间社会学研究的起始点，探讨现代西方社会学的空间理论，有利于对空间社会学理论追根溯源，并进行批判性的继承。

① 厄里．关于时间与空间的社会学//特纳．社会理论指南．李康，译．上海：上海人民出版社，2003：510.

一、孔德的时空观点

奥古斯特·孔德（Isidore Marie Auguste François Xavier Comte，1798—1857），法国著名哲学家、社会学家，社会学实证主义传统的创始人。因为孔德首次提出"社会学"，因而他被看作社会学学科的重要开创者，被称为"社会学之父"。1798 年孔德出生于法国蒙彼利埃的一个官吏家庭，1857 年在巴黎逝世。孔德的主要著作包括《实证哲学教程》（六卷本，1830—1842，1839 年第四卷中正式创用"社会学"这个名词）、《实证政治体系》（四卷本，1851—1854）、《实证哲学概说》（1848）等。其中，《实证哲学教程》是孔德的主要著作，是实证主义的里程碑式的著作。

孔德是"社会学"的提出者，其对于"社会学"的提出及社会学研究内容的阐释潜在包含一定的空间思想。孔德根据有机体和无机体的区分原则，依照由简单到复杂的顺序，提出了一套科学分类法：天文学、物理学、化学、动植物生理学、社会物理学。其中，社会物理学后来被命名为"社会学"。孔德指出，社会物理学是指专门研究社会现象的科学，需要使用和天文现象、物理现象、化学现象、生理现象一样的研究逻辑来考察社会现象，也即社会现象受到不可变更的自然规律的制约，而揭示这些规律便是社会物理学研究的特定目标。从这里可以看出，孔德认为社会现象的发生都是受到自然规律的制约，因而需要在包含时空框架的自然规律的基础上分析社会现象，并且孔德一开始将“社会学”称为“社会物理学”也是基于社会现象的“物理学属性”。而“空间”又是物理属性的重要内容，因此孔德对“社会学”的提出本身便潜在蕴含着一定的空间思想。

孔德的时空观点主要体现于实证社会学的立场中，并且认为，从特定的时空条件出发开展社会学研究，是社会学有别于其他学科特别是传统哲学的根本特点。孔德把他界定的实证社会学的唯一特性指认为“社会学研究的相对性”。他明确指出，“我们的实证研究基本上应该归结为在一切方面对存在物作系统评价，并放弃探求其最早来源和终极目的；不仅如此，而且还应该领会到，这种对现象的研究，不能成为任何绝对的东西，而应始终与我们的身体结构、我们的状况息息相关”①。在论述了“实证”概念的五个基本含义［真实、有用、肯定、精确、组织（维持）］亦即实证社会学的基本原则之后，孔德进一步指出，“实证一词尚未直接表示的新哲学精神的唯一特性，它包括了到处由相对代替绝对的必然倾向”②。这里所谓的“新哲学”，即“实证哲学”或“实证社会学”。

被孔德称为实证社会学唯一特性的“相对性”，就是指实证社会学研究的时空条件性，即“社会学研究必须因地而宜、因时而宜，因为相对性的实质就是承认条件的制约性，强调在特定的历史条件下看待事物的存在与变化”③。也即在特定的时间过程和具体的空间关系中揭

① 孔德．论实证精神．黄建华，译．北京：北京联合出版公司，2013：10.

② 同①31.

③ 刘少杰．社会学的现代性、后现代性和前现代性．天津社会科学，2005（2）：50－55.

示人类社会的结构关系和发展变迁，而这一点正是能够把实证社会学与德国古典哲学区别开来的唯一特性。实证社会学以反对德国古典哲学为起点。在孔德等实证社会学家看来，德国古典哲学最严重的缺陷在于其超越具体时空条件的绝对性——它脱离经验事实去追究抽象的普遍原则。而实证社会学欲克服德国古典哲学的弊端并取代它的统治地位，坚持从具体的时间过程和空间位置出发，亦即从实际的经验事实出发。

孔德社会学思想的时空观点还体现在实证社会学的追求目标上。孔德一再宣称，实证社会学的追求目标是具有协调关系的社会秩序与社会进步。“新哲学认为，秩序向来是进步的基本条件，而反过来，进步则成为秩序的必然目标。正如在动力学中那样，平衡与前进，作为基础或作为目标，彼此不可或缺。”[①] 实际上，孔德所理解的社会秩序，就是社会结构呈现的相对平衡的空间状态，而社会进步则是社会结构发展前进的时间过程。就此而言，社会学的基本追求不仅是在空间关系中的平衡与协调，以及在时间过程中的发展与进步，而且更重要的是空间平衡状态与时间发展进步之间要保持相互支持的协调。

二、涂尔干的时空思想

埃米尔·涂尔干（Émile Durkheim，1858—1917），又译为迪尔凯姆、杜尔凯姆、杜尔干等，法国犹太裔社会学家、人类学家，法国首位社会学教授，《社会学年鉴》创刊人，与马克思、韦伯并称为社会学

① 刘少杰．社会学的现代性、后现代性和前现代性．天津社会科学，2005（2）：40.

的三大奠基人。主要著作包括：《社会分工论》(1893)、《宗教生活的基本形式》(1912)、《自杀论》(1897)、《社会学方法的准则》(1895)等。涂尔干是实证主义社会学的奠基人，集体意识、社会事实、社会团结等都是涂尔干提出的重要社会学概念。

与孔德原则性地论述了时空立场和时空追求不同，涂尔干则明确地提出时间、空间对于社会学研究的重要性，并对时空维度下的社会现象进行了深入分析。这些研究主要体现在《社会分工论》《宗教生活的基本形式》等著作中。

涂尔干明确认识到“时间”和“空间”在社会学研究中的重要性。他认为，时间和空间既是社会事实的存在形式，也是人们认识社会事实的基本框架，只有在时间和空间关系中，才能形成对社会现象的清楚认识。“时间的概念或范畴不仅仅是对我们过去生活部分或全部的纪念，还是抽象的和非个人的框架，它不仅包含着我们的个体实存，也包含着整个人类的实存。它就像一张无边无际的图表，所有绵延都在心灵之前展开，所有可能发生的事件都可以按照固定的、确定的标线来定位。”①

在对“集体意识”的分析中，涂尔干提及了时空维度，认为“时空同在”是集体意识产生的重要基础和框架。涂尔干指出，集体意识来自个人之间的社会互动形式，即我们现在称之为“仪式”的那些形式。当人们聚集到一起，在共同的时间、空间中将注意力集中到某种共同对象上的时候，共同的思想、情感在他们中间流转并得到了强化，直到最后它们变成了一种超越个人的力量，这种力量似乎脱离于每个

---

① 涂尔干．宗教生活的基本形式．渠东，汲喆，译．上海：上海人民出版社，1999：11.

个体自身。只有在周期性的仪式上，整个部落才会聚集到一起，也只有在这些仪式上，部落成员才能创造和再创造出精神上的团结感。

涂尔干还分析了集体意识与社会秩序的关系。他指出，精神上的“团结感”对维持社会秩序而言是至关重要的。图腾创造了一种社会秩序和道德秩序，图腾有效地象征着社会及其对个体的道德要求，成为整合集体、维持团结的纽带。现代宗教的功能也主要在于维持一种道德上的共同体。集体意识不断改变着它的象征物，从神圣的图腾动物到更具有普遍性的众神，最后到那个遥远的基督教的上帝，连带着他那消失在过去记忆中的非凡间的天堂与地狱，这些都表明：社会道德秩序是随着社会结构的变化而变化的。涂尔干指出，社会道德感日渐抽象和普遍是社会潮流所趋，有关上帝的各种具体象征物逐步消失，代之以普遍化了的关于人类兄弟情谊的道德信仰。

涂尔干是最早提出空间的社会性差异的学者之一，他意识到了空间差异背后的社会意义。涂尔干指出，“空间”并非仅仅体现在物理层面，还同时具有社会意义。在人类社会的影响之下，空间已经被注入了人类社会的集体情感，具有特定的社会情感价值。这是由于空间本没有左右、上下、南北之分，所有这些区别的产生显然都来源于这个事实，即各个地区具有不同的情感价值，“既然单一文明中的所有人都以同样的方式来表现空间，那么显而易见的是，这种划分形式及其所依据的情感价值也必然是同样普遍的，这在很大程度上意味着，它们起源于社会”[①]。以原始部落为例，涂尔干分析了不同空间的社会意义。

① 涂尔干．宗教生活的基本形式．渠东，汲喆，译．上海：上海人民出版社，1999：12.

涂尔干指出，空间的各个部分并不是同质的，空间的形象只不过是特定社会组织形式的投射，由此人们才可能在空间中安排具有不同社会意义的事物，就像在时间上安排各种意识形态一样。

在《宗教生活的基本形式》中，涂尔干还提出了“社会时间”和“社会空间”的看法，认为时间和空间都是社会构造物，从而揭示了时空的社会性。他认为，只有人类具备某种时间概念，人类社会里的时间是抽象的、非人格性的，而不是单纯个人性的。并且，这种非人格性还是以社会性的方式组织起来的。它就是涂尔干所谓的“社会时间”。因此，时间是一项“社会制度”，时间范畴不是一种自然范畴，而是一种社会范畴。时间的社会性是在社会中生成的，并且也会随社会的不同而各有差异。社会时间不同于自然时间（后者也有可能不是唯一的），也与后者相对抗。涂尔干对“空间社会性”的看法主要体现为两点：首先，既然一个特定社会里的每一个人都以同样的方式体现着空间，那么这就意味着此类观念有着社会性的起因；其次，至少在某些情况下，各种空间表象会如实折射出主导性的社会组织模式。

涂尔干的社会团结理论中也体现了其时空思想。在《社会分工论》中，涂尔干提出社会及其相维系的两类团结形式，即机械团结和有机团结。而在分析从机械团结向有机团结发展的原因时，涂尔干指出了空间维度的因素。他指出，随着社会的发展、物质密度和道德密度的增加，劳动分工也随之增强，专门化急剧增大。其中，物质密度的增加，是指同一空间内人口的增长，使得人口密度增加；而道德密度的增加，则指的是社会互动密度的增加，即人们精神和活动方面的频率加大。物质密度和道德密度的增加，必然带来生存竞争的激化，因而职业专门化即劳动分工增强。因为职业专门化是减弱人们生存竞争冲突，同时又能防止社会解体的一种合理选择。由此，随着个人之间的接触和互动越来越密切，社会的不同部分也丧失了它们的个体性，这便产生了相互依赖的一种新型团结——有机团结。

其中，“物质密度”和“道德密度”概念分别表明了涂尔干分析社会现象时的时空视角。涂尔干认为，空间与社会密不可分，同一空间内人口的增长带来了“物质密度”的增加。同时，时间也是社会的重要基础和框架。例如涂尔干提到了“道德密度”，即一个人出现在其他人面前的时间会有多少？他们通常是相同的人还是来来往往不同的人？如果某人持续地被其他一些人围绕，而这些人通常是同样一批人，结果这个人就会处于很强的一致性要求的压力之下。互动过程将人们的注意力集中在同样的事物上，并创造出一种很强的群体边界感。各种象征符号开始形成，它们逐渐成为群体的表征，不管这些象征符号如何具有随意性，个人都严格遵照它们，并希望他人也遵守。

涂尔干指出，我们的各种最普遍的、被认为最理所当然的观念都具有社会相对性。时间、空间、因果关系、上帝、自我——所有这一切现在都可以看作社会的产物。涂尔干指出，自然世界只是人类的象征造物及其社会仪式的背景。比如我们之所以把时间分成各种单位，是因为在我们复杂的现代文明中，我们的行动需要与其他人进行协调，而不是因为星期或小时是构成自然的真正框架。由于我们一直按照这些时间单位行事，它们就成了我们意识的基本框架的一部分，是我们主观地将它们变成了绝对的现实。

涂尔干对时空的分析是在其对宗教的分析中进行的。涂尔干指出，各种时间概念首先都来自宗教仪式的进程安排。同时，空间也是部落的居住之地。从澳大利亚土著人在沙漠中的游荡，到哥伦布和麦哲伦的远航，正如一直以来空间旅行对我们的宇宙观念所产生的影响所显示出来的那样，空间对我们来说有着一个基本的社会意义。不仅每个地方的社会空间有所不同，每个地区的社会空间也存在差异（有的地方无比神圣，而有的地方却备受亵渎）。如果存在一种压倒性的、针对社会所有成员共享的这些独特空间的共同意识，那么，这种由多重空间构成的异质空间，一定是逐渐形成的一种文化产物，而各种行为都发生在同一个历史空间内。涂尔干指出，一定客观存在着某个东西，在大体上对应那些所有社会都曾普遍认可的观念。

涂尔干的这些论述无疑对于空间的社会性研究具有重要的开创意义，“涂尔干最早从知识社会学的角度对空间概念进行了阐述，他结合社会文化结构对空间的差异性有过非常深入的研究，解释了空间的社会根源问题”①。不过，涂尔干的分析还是具有时代背景和知识视野的局限，他将空间视为外部存在物，而没有形成将空间看作社会活动内在因素的视角。“涂尔干的论述显然过于简洁，并且没有得到太多重视和充分发挥，涂尔干显然无意于发展一种研究社会总体的区域化的空间视角，他那偏好寻求一般性的决定论法则的实证主义倾向也在实质上阻碍了此种视角的形成。”②

---

① 林聚任，向维．涂尔干的社会空间观及其影响．西北师大学报（社会科学版），2018（2）：17－23.

② 郑震．空间：一个社会学概念．社会学研究，2010（5）：167－191，245.

三、齐美尔空间社会学理论

格奥尔格·齐美尔（Georg Simmel，1858—1918），又译西美尔、齐默尔等，德国社会学家和哲学家，与韦伯、滕尼斯一起奠定了德国社会学的坚实基础，也是西方现代社会学知识体系的重要奠基者之一。齐美尔于1958年3月1日出生于德国柏林的一个犹太人家庭，父亲是商人，但家庭经济十分拮据。16岁时父亲去世，他接受其家庭的一个朋友的监护，后来继承了监护人的一笔可观遗产，随后得以进入大学深造。1976年就读于柏林大学，学习历史、民族心理学和哲学。1881年获得博士学位。1884年获得教授资格。1885年开始以“私人讲师”的身份在柏林大学讲课。尽管齐美尔发表了大量著作，听课学生甚众，但由于其犹太人身份，以及经常挑战传统学术观点，他迟迟未被聘为教授。1915年在56岁时，他终于在斯特拉斯堡出任教授。3年后，齐美尔在那里逝世。

齐美尔一生著作甚多，主要包括《历史哲学的若干问题——认识论研究》（1892）、《货币哲学》（1900）、《社会学：关于社会化形式的研究》（1908）、《哲学的文化：随感集》（1911）、《社会学的基本问题：个人与社会》（1917）、《人生观——形而上学论四章》（1918）、《关于艺术的哲学》（1922）、《桥与门——齐美尔随笔集》（1957）等。

齐美尔的空间社会学思想主要体现在其对“社会的空间和空间的秩序”的论述中，这部分论述被收录于《社会学：关于社会化形式的研究》这本著作中。在这部分论述中，齐美尔指出空间的社会互动意义，并分析了空间的五个特征。同时，齐美尔的两篇极富趣味性的随笔也涉及了空间问题，分别是《桥与门》和《大城市与精神生活》，收录在《桥与门——齐美尔随笔集》中，后者成为城市社会学的经典文献，为齐美尔的空间社会学理论拓展出了别样的可能性。

（一）互动视角下的“空间”

齐美尔是形式社会学（纯粹社会学）的创始人，认为对社会现象的研究可以集中于社会关系的形式而忽略其内容。对齐美尔而言，社会学的研究任务主要是对社会交往的力量、形式和发展以及个体间的相互合作、相互联合、相互依存的研究，不应是对社会事实的研究，而是对社会事实的仪式性相互作用或相互结合的研究。[①] 其中，当齐美尔提出社会形式研究或“社会关系的几何学”时，实际上已经提到了社会学的空间性特征。因为社会关系普遍是在一定的社会条件下产生的，这里的社会条件必然包含时空条件。齐美尔认为，社会条件虽然具有差异性，但社会关系在形式上具有共通性，如同几何学的点、线、面是各种事物的一般形式，点、线、面能脱离开事物而抽象存在。因而，在齐美尔的形式社会学中，“空间性”是分析社会关系形式的内容之一，也是视角之一。

从实质而言，社会学从形式上对社会现象和社会关系的分析，必然包括对“空间内容”的分析。社会相互作用内在具有一种空间性维度，即齐美尔把他的社会学界定为对交往形式或社会相互作用的研究，也依旧蕴含着一个空间性维度。当他言说“社会关系的几何学”时，实际上明确表述了社会学的空间性特征。齐美尔指出，正是几何学决

① 齐埃利涅茨．空间和社会理论．邢冬梅，译．苏州：苏州大学出版社，2018：36－37.

定了在空间中的事物的空间性究竟是什么，因而，齐美尔的空间社会学是一个复杂的、一定意义上是抽象的和形式上的尝试，这个尝试意在确认如何以及在什么意义上空间对理解社会关系是重要的。

在对“社会的空间和空间的秩序”的论述中，齐美尔展现了两种不同维度的空间。第一种维度的空间是物理意义上的空间，主要作用体现为：空间为事物提供了场所；空间通过改变条件性因素而制约事物发展。在这种维度下，“空间依旧总是毫无作用的形式”①。第二种维度的空间为心灵及互动视角下的空间，“并非空间，而是它的各个部分的由心灵方面实现的划分和概括，具有社会的意义……空间从根本上讲只不过是心灵的一种活动”②。一方面，受限于时代背景，他和马克思、韦伯以及一定程度上和涂尔干一样将空间理解为客观的物质环境。齐美尔曾指出，一般空间或空间性是社会生活的必不可少的条件，但空间性既不构成其本质也不生产之，空间只是本身毫无作用的形式，尽管没有它任何社会活动都不可能进行。另一方面，齐美尔又从社会互动的角度指出了空间的社会意义，即从心灵互动的角度而言，空间与社会相互作用，密不可分。因而，与涂尔干的社会决定论视角相区别，齐美尔从另一种截然不同的心灵及互动角度指出了空间的互动含义。从社会学的想象力而言，齐美尔的这一视角无疑具有非常重要的社会学意义上的空间想象力。

齐美尔明确指出了空间所具有的较强的社会性。齐美尔指出，他

---

① 西美尔．社会学：关于社会化形式的研究．林荣远，译．北京：华夏出版社，2002：459.

② 同①460.

所称的“空间”不同于物理性空间，因为单纯的物理性空间仅仅是各种事物的必不可少的条件，既不构成它们的特殊本质，也不构成它们的生产性因素。社会行为虽然是在空间或特定空间里进行，但并非通过空间来进行，因而分析空间，需要对其所在空间的社会性开展分析。“一个这么多、这么多平方公里的地理范围并不构成一个大的国家，而是各种心理学的力量才建成一个国家，它们从一个统治的中心点出发，在政治上把这样一个区域的居民聚合团结在一起。”①

齐美尔不仅意识到了空间的社会性，他关于“空间”的认识还独树一帜，主要从心灵与互动视角出发，为我们带来一种截然不同的空间思想。他认为，社会意义上的空间本质上是心灵空间。对于齐美尔而言，社会空间的心灵属性是第一位的，而自然属性是第二位的。从互动论视角出发，齐美尔论述了空间的结构。齐美尔指出，一个空间通常包括三个部分：第一，特定的空间界线；第二，占据一定位置的人的本体及其活动；第三，人与人之间的相互作用。其中，第三个部分非常重要，正是人与人之间的相互作用，填充了空间，并赋予空间以意义。

对于传统的物理、自然层面的空间概念，齐美尔并没有沿袭其思路，对其加以批判或扬弃，而是在心灵及互动的社会意义中指出了空间的另外一层含义，大大拓展了空间的研究思路。在齐美尔看来，单纯的地理界线（如山脉的地势、河流、海洋等）对人们的观念和行为而言充其量也只是消极的诱因，齐美尔真正关心的是心灵划界的空间

---

① 西美尔．社会学：关于社会化形式的研究．林荣远，译．北京：华夏出版社，2002：460.

化。“并非空间上的近或远的形式创造着邻里或者陌生的种种特殊的现象，哪怕这似乎是多么不可辩驳的”[①]，重要的是心灵及其互动的力量。齐美尔从互动的视角入手探讨一种不同于客观物质环境的社会空间的建构的可能性，这一可能性意味着在那个作为物质条件的空间之上，或者说以这个物质条件的空间为基础，依然可能存在着一种社会性的空间，它蕴含着丰富的观念建构和实践意义。

与物理层面的空间相比，齐美尔指出的心灵空间也可看作抽象空间。齐美尔并不认为空间具有人的属性，因而并没有对“社会空间”进行系统、深入的探讨。但可贵的是，齐美尔提出了一个“心灵空间”的概念，认为存在着一个抽象的心灵空间，空间是“人类把本身不结合在一起的各种感官意向结合为一些统一的观点的方式”[②]。空间是两个要素之间的关系，两个要素之间发生的变化与运动通过空间位置而发生，从而填充空间。

（二）空间的五个基本特征

齐美尔指出，康德曾把空间界定为“待在一起的可能性”，这其实也是社会学意义上的空间。正是相互作用使得此前空虚、无价值的空间变为某种对我们来说是实在的东西。也即，正是由于空间，相互作用成为可能，与此同时，相互作用也填充了空间。齐美尔认为，从对社会互动产生影响的视角来看，空间具有五个基本属性。

第一，排他性。排他性也可看作唯一性。这一特征指的是每个空

① 西美尔．社会学：关于社会化形式的研究．林荣远，译．北京：华夏出版社，2002：460.

② 同①.

间的唯一性。每个空间的局部也都具有唯一性。因而，如果意识到物体正填充了某一空间，即使物体完全相似，但也具有唯一性，这些唯一性是空间传递给物体的。齐美尔以“土地”为例进行说明。他指出，一个社会形态与某一个特定的土地面积融合在一起，在同样程度上具有一个唯一性或者排他性，这种特征并不能以别的方式达到。也即“在一个由它们的样品之一填充的空间区域之内没有为第二个样品留有位置”[①]。而与这种特征完全吻合的例子是国家。不过，与此同时，还存在其他情况，即在空间区域内，可能是任意数目的样品填充了同一个范围，因为它们相互间仿佛是可渗入的，因为它们与空间没有任何内在的关系，因此它们也不可能在空间方面陷入冲突。与这种特征相契合的例子是宗教。“教会的原则具有非空间性质，因此虽然扩展超出任何空间，但是却不会从任何一个空间排斥任何形式上相同的形态。”[②]在这里，国家与宗教就如同这一系列的两个极端，中间还有一些其他的形态。比如城市，还有城市的各个行会等。

第二，边界性或可再分割性。这一特征从分界形态上指出了空间的可分割性和界线性。齐美尔详细描述了这一特征。他指出，对于我们的实际的利用来说，空间是分割为一些块块的，它们被视为一些统一体，而且——既被视为其中的原因，也被视为其中的影响——被一些边界框围着。正是由于边界的存在，统一体也会形成，正是由于内在的统一体动力，才会有边界。“对一个社会的群体在某种意义上所填

---

① 西美尔．社会学：关于社会化形式的研究．林荣远，译．北京：华夏出版社，2002：462.

② 同①463.

充的空间，我们都理解为一个统一体，这个统一体既表示着也承载着那个群体的统一体，恰如它被群体所承载一样。”① 齐美尔以“艺术品”为例说明这些空间界线的生成及作用。对于艺术品而言，周围的边框发挥了重要作用：使艺术品与周围的世界区分开来；界线宣示着艺术品内部存在着只服从自己的各种准则，并不纳入周围世界的规定性和运动中；界线既象征着艺术品的统一性，又增强了这种统一的真实和印象。“由于社会的存在空间被一些明显意识到的边界所包围，一个社会的特征在内在上也具有共同归属性，反之，发挥相互作用的统一体，每一个要素同每一个要素在功能上的关系，在框定着的边界之内得到空间的表现。”②

齐美尔还指出了心灵划界与空间界线的关系及相互作用。他认为，如果说这种相互之间划定界线的普遍概念是源自空间的界线，那么空间的界线只不过是唯一切实的、心灵的划分界线过程的结晶或空间化。因而，空间的“边界性”这一特征具有社会互动的意义和社会学意义，正是由于社会互动的存在，空间的界线特征才得以生成，即界线不是一种具有种种社会学作用的空间的事实，而是一种形成空间形式的社会学的事实，我们称之为边界线的空间形态是一种社会学的功能。

第三，对社会形态的固定性。这一特征指的是空间能够使得其包含的社会内容得以固定化。这一特征的重要性具体表现为两个层面。首先，空间对一个群体的结构能够产生影响。对于一个群体或者它的

① 西美尔．社会学：关于社会化形式的研究．林荣远，译．北京：华夏出版社，2002：464.

② 同①463.

某些特定要素而言，它们的利益的基本对象物或者是完全固定的，或者按其空间尚未能确定，这很显然会影响群体的结构。比如游牧的群体与有固定居民点的群体的情况便具有较大区别。齐美尔以城市为例指出，个人是否在场对其群体身份而言是非常重要的标准，后来在普遍实行货币经济和劳动分工的情况下，个人在现场的存在也在很大程度上变为是可以或缺的。其次，也可以通过“枢纽”的象征性表述来表示：一个利益对象物在区域空间上被固定住，促使形成某些围绕着它组成的特定的关系形式。枢纽的固定化作用并非如同一个实质对象物的固定化一样，总是在某个特定空间不移动，而是一种理念上的固定化，即这个枢纽最主要的特征是“按照一定的距离、相互作用和相互依附，把各种要素牢牢地凝聚为一个体系”①。因而，各种相互独立要素的接触和联合只能在一个特定位置进行，这便是社会学意义上的“关系”的枢纽点，正是其对“关系”的枢纽作用赋予该固定位置以重要的意义。对于这一点，齐美尔以教会、城市等为例进行了详细分析。

第四，接近和距离。具体是指空间距离及流动性对社会互动的影响。齐美尔指出，人际关系除了具有社会意义上的关系之外，还包含着一种空间距离关系，并且这种距离关系会对互动关系产生影响。他认为，“社会的整个相互作用也许产生着一种分级化：空间上的接近或者空间上的距离在什么样的程度上要求或者容忍现在的形式和内容的某种社会化”②。同时，“一种社会化在空间上的张力容量在相同感情和

---

① 西美尔．社会学：关于社会化形式的研究．林荣远，译．北京：华夏出版社，2002：474.

② 同①480.

利益条件下，取决于抽象能力的程度”，即“意识越是原始，就越不可能想象空间上分开的东西具有共同的归属性，或者空间上接近的东西不具有共同的归属性”[①]。在这种情况下，感性上的贴近对于相互归属在一起的意识是具有决定性意义的。当然，空间上的贴近也可以使用一些替代性的形式，比如通过同一个图腾来凝聚群体，共同的图腾归属性会使各种来自完全分开生活的群体的个人关系非常密切。由此，对于抽象能力还不高的有些小城镇来说，空间对人们同邻里的关系和对邻里的兴趣的影响完全不同于其在大城市里发挥的作用。

齐美尔还认为，空间距离对心灵的影响具有一定的门槛，“各种空间距离及其种种不明显的过渡和不同的、心灵的意义，总的来说，显示出很多的‘门槛现象’，与时间距离相结合时，尤其如此”[②]。这种特征尤其体现在感情关系上，某种空间距离在一段时间内可能会把相互之间的感情提升到较高强度，但从某一个时刻开始，感情的力量便被消耗殆尽，最后导致冷淡和无所谓。各种远距离的关系首先是以智力的某种发展为前提的。比如人们与贴近的邻居一般或者处于友好的关系，或者处于敌对的关系之中，总之，处于非常实际的关系中，而且如果空间狭窄，则一般不可能出现相互冷漠。对于社会化的形式来说，近的结果是由各种感官的意义组成的，人们借助感官相互感知对方。随后齐美尔对感官社会学进行了说明。毗邻性以及直接的、具化的接触，是某些社会互动的特征之一。对齐美尔而言，彼此间的靠近，意

① 西美尔．社会学：关于社会化形式的研究．林荣远，译．北京：华夏出版社，2002：480.

② 同①481.

味着某种情感。不论双方是敌对还是友好，彼此的漠视往往不会出现空间上的紧密，而不必要的接近，则可能会引起无谓的冲突，从而破坏现有的关系。

第五，流动性。流动性具体是指“人们从一个地方运动到另一个地方”。在对这一特征的分析中，齐美尔主要关注两个问题：其一，与一个在空间上固定的群体相比，在一个流动的群体里，会出现什么样的社会化的形式？其二，如果虽然不是作为整个群体，而是它的某些要素流动，那么对于群体本身和对于流动的人员来说，将会产生什么样的社会化的形式？

对于第一个问题，即“流动的群体会出现什么样的形式”，齐美尔以游牧民族为例指出，游牧民族是流动群体的典型代表，“漫游”是其生活的本质。漫游对社会形式的作用主要体现为：压制或者消除群体的内部分化，因此缺乏真正的政治组织，但是这种缺乏往往与独裁的一人统治相协调。齐美尔对漫游进行了详细分析。他指出，在空间里的运动与社会和个人的生存内容的分化之间，存在着一种深刻的关系，正是由于漫游本身是个体化的和孤立化的，因为它使人要自力更生，因此它把他推向紧密、不分你我的团结一致。另外，齐美尔还对短期相遇进行了分析，“旅途相识的诱人之处，往往是感觉到它不会使人承担任何义务，面对一个几小时后人们就要永远与他分离的人，人们原来就是无名氏，也出现一种推心置腹，对表达欲望毫无根据的顺从”[①]，而在寻常的、高瞻远瞩（能预计到未来）的关系里，只有关系结果的

① 西美尔．社会学：关于社会化形式的研究．林荣远，译．北京：华夏出版社，2002：505.

经验教导我们去抑制这种对表达欲望的站不住脚的顺从。

对于第二个问题，即"一部分人的漫游如何影响着整个的、定居的群体的形式"，齐美尔以旅行、巡回法官等为例进行分析。他认为，旅行从根本上讲在很多方面是集中化的唯一的载体，至少经常是比较而言最强大的载体之一，尤其是在政治的意义上。而"巡回法官"作为外来者对全国的每一部分都保持着距离，"对于一些人员的感观印象也在相同的方向上发挥作用，人们知道，他们来自整体的那个中心点上，又要回到那个中心点去"①。比如"红色大篷车"的标志意义，对人形成一种穿越空间的结合感，从而增强对意识的影响。因此，在国家统一、政党统一和宗教统一等方面，"漫游"会发挥相应的巩固作用。同时对于游牧民族和流动人口而言，齐美尔提到了流动劳动者和手艺人的例子，因为他们的流动性往往与某个特定中心或家庭中心相关。不过，漫游除了对固定群体具有统一作用之外，还同时具有一种对抗群体的作用。"固定的群体力争在功能方面克服由于个别分子来回游闯而造成他们在空间上处于局外的情况，除了漫游对固定的群体的统一化作用外，还有另一种正好是服务于群体的对抗性力量的作用与之并存。"② 其中，最为明显的是冒险家和流浪者。与漫游分子相对的是定居分子。齐美尔区分了漫游的两种情况：人作为漫游的人和对待漫游者的人。比如群体对漫游分子在伦理上的态度，有时使漫游分子成为会合和统一化的（会合）点。

① 西美尔．社会学：关于社会化形式的研究．林荣远，译．北京：华夏出版社，2002：507.

② 同①509.

最后，齐美尔还分析了空间的“空无性”。“空无性”在文中并未明确被列为基本属性，但齐美尔却饶有兴致地分析了这一特性。他认为，无人空间的意义在于，它更为空洞，能表达特殊的社会学意义上的关系，这既包括消极的关系，也包括积极的关系。这是由于在齐美尔那里，无人空间也是社会互动的载体和表现形式，任何无人空间都是共有的，但同时也面临着随时被占领的危险。

总体而言，齐美尔提出了一种社会几何学的空间社会学理论雏形。他提出了公共领地的重要性；边界的社会属性导致了内部人和外来者的区分，因此，造就了是否属于某一群体的资格；社会性地标或枢纽的强大作用；距离的意义和“毗邻性”的社会建构性，以及流动的游牧民族与定居的社会之间的鲜明对照；最后，无人区域是刻意建构的，它的目的是将不同的群体分隔开来。

齐美尔分析认为，空间具有排他性、分割性、内容固化性，空间接触能够改变社会互动参与者之间的关系，空间中的群体流动有助于削弱空间的分化。在后期的空间社会学理论发展中，齐美尔对空间属性的独到分析在长时间内没有得到继承与发展，但抽象空间是否存在、人与人之间的互动是否可以构成空间等问题，却都为 20 世纪 60 年代之后空间社会学的发展提供了丰富的资源。齐美尔“空间社会学”考察的五个方面，即排他性、边界性、空间中社会形态的固定性、空间的临近性和距离、空间中的流动性等都为空间社会学的经验研究奠定了基础，后世的很多研究如芝加哥学派的城市结构研究、城市符号互动论的城市场所研究都证实齐美尔的概括具有独特的敏锐性和准确性。

（三）大都市的空间研究

齐美尔所处的时代，是德国资本主义快速发展和都市化程度迅速提高的时期。尤其是齐美尔长期生活的柏林，从一个相当偏狭、死气沉沉的小市镇变为世界性的大都市。柏林的迅速变迁，使齐美尔敏锐地察觉到，与传统的农村和城镇相比，大城市的人际情感、交往方式和生活体验，展现出了前所未有的形式，迫切需要开展研究。一般而言，人对空间的影响越大，空间的社会性便越强。与传统的农村和城镇相比，大城市的空间普遍受到人类社会的较大影响。因此，要想全面深入地理解城市生活，就要引入空间维度。只有引入空间维度，才能把大城市光怪陆离、变幻动荡的现代生活分析清楚。也正是由于这一原因，都市研究始终是空间社会学研究的重要领域。

齐美尔对大都市的空间研究主要体现于其在1903年发表的《大城市与精神生活》一文中。首先，齐美尔从社会时间的角度分析了大都市生活的“理性主义”特点。他指出，新兴大都市里的生活普遍包含了高度的计划和精确，从而能够使社会生活和商贸生活顺利进行。这是由于大都市生活的人际关系和各种事务的多元性、复杂性，如果在约好的事情上和工作中没有准确的时间观念，城市生活将会全都乱了套。因此，大都市的各种社会活动都需要按照精确、理性的设计整合成一套稳定而非人格化的时间表。同时，该时间表还必须保证准确性，“即使各钟表所指示的时间差不超过一小时，也足以使柏林的整个经济交流和其他方面的交往生活陷入长时间的混乱”①。由此可见，齐美尔

① 齐美尔．桥与门——齐美尔随笔集．涯鸿，宇声，等译．上海：三联书店，1991：263.

已经非常明确地意识到了时间的社会性，他提示钟表的广泛使用是如何的有必要，以便使人们的旅行安排和约会有效运转，从而避免“负担不起的时间浪费”。

同时，在《大城市与精神生活》一文里，齐美尔还分析了都市空间对社会生活的影响，即都市空间的独特性在一定程度上塑造了人们的精神品质、生活形态与交往方式。

齐美尔指出，由于大都市中有着丰富多样而又变化无常的刺激及各种各样复杂的人际交往，人们不得不养成一种冷淡和迟钝的态度，比如“傲慢”。“傲慢”的本质是对事物差异性的冷漠，认为事物差异的意义和价值是微不足道的，事物差异性本身也是毫无意义的。在大都市中，形形色色的人和事物不停地刺激着人们，最终使人们逐渐养成对大量刺激的一种适应，即“神经拒绝再做出反应”。如果不养成这样一种态度，人们将无法应对城市空间中人口高密度所导致的紧张体验。普遍而言，城市生活塑造形成的人格就是冷淡、超然、腻烦等，所以“大城市也是傲慢的固有场所”。

另外，大都市的生活还确保了个体进行自我负责的自由活动的较大余地。与小规模的共同体相比，现代大城市为个体提供了较大的生活范围和较多的外部交往，个体相应获得了更大的行动自由和更多的发挥个性特点的场所。正是大城市的空间形式，使置身于极其多样化互动接触中的个体有可能获得独特个性的发展。从这种意义而言，今天的大城市人是“自由”的。不过，从另一个角度而言，在大城市确保个体个性获得自由展现的同时，大城市还是超越一切个性的文明的舞台。在大城市中，无论是从空间还是生活而言，它充满了具体的无个性特点的内容，比如统一的雄伟舒适的公寓建筑、学校里整齐划一的集体生活方式和明确的校服制度等，这些内容都在一定程度上限制了个体的个性发挥，不能使个体保持自己的特点。个体在城市中生活，就好像是“被放到河面上托着，几乎不需要自己游泳”①。

此外，齐美尔提出，在货币经济主导的都市空间中，人们都精于计算和权衡，人际关系倾向含蓄、疏远和排斥。支撑大城市生活的货币经济是城市理性主义和计算智慧的重要源泉与表现。大城市一直就是货币经济的中心，而货币与理性又有着密切的关系。这是由于“货币经济”成天在进行平衡、计算，根据数字做出决定，把质的价值换算成量的价值，以此来满足众多人的需要。因而，在要求人们精打细算的同时，货币经济也促使城市中的人际交往出现了确定性和可靠性，也即促使人们更多地去计算他们的活动和关系。

在《大城市与精神生活》一文中，虽然齐美尔并没有明确地指出“城市空间”，也没有明确地从“城市空间”的角度来分析城市生活和城市交往，但通过其对城市生活、货币经济、理性主义、“冷漠傲慢”等内容的分析过程可见，齐美尔的论述实质上都潜在蕴含着空间社会学的视角。他对于大城市中的“城市密度”、多样刺激、不息运动、从视觉上对场所的占有等内容的分析，实际上与其对“空间社会学”的提出、“空间基本特征”的概括等具有延续关系。可以说，“空间”已是齐美尔开展城市研究的重要视角和理论前提。

① 齐美尔．桥与门——齐美尔随笔集．涯鸿，宇声，等译．上海：三联书店，1991：277.

（四）“桥”与“门”的空间意义

在《桥与门——齐美尔随笔集》这篇随笔中，齐美尔以路、桥与门为研究对象，对其中所蕴含的空间含义进行了分析。

延续之前互动论视角的空间思想，齐美尔依然非常关注人类在空间中相互作用的形式。对于人际交往而言，“联系”与“分离”是人际关系的两种形式。但对于空间而言，空间并没有绝对的联系和绝对的分离。联系与分离是互为前提且相辅相成的，构成了一对辩证关系。其中，空间成为人类联系与分离发生的媒介。在齐美尔这里，“桥”与“门”便是人际发生联系和分离的重要象征和媒介。从空间社会学的视角而言，“桥”与“门”的空间本质分别为“分离的联系”和“联系的分离”，“桥告诉我们，人类是如何坚定地将天然存在的分离统一起来；而门却显示出，人类又是如何将长久统一的天然存在单元分隔开来”①。

“桥”意指分离中的联系。分离与联系互为前提，具有辩证关系。只有相互分离的事物才需要联系，分离与联系客观并存。空间既是人类交往的场所，又是人类交往的媒介。通过“桥”，人类相互之间产生了分离中的联系。一方面，位于河两岸的空间是相互对立、分离的，处于河两岸空间中的人们也处于分离状态。但与此同时，架于河上连接两岸的桥又使两岸空间具有联系的可能性。只要河两岸的人们具有联系的意愿，便能够通过桥产生相关交往，开展人际联系。正是由于对分离的连接作用，“桥梁”具有一定的美学价值，“它使两者相连，它将意图付诸实施，而且它已直观可见”。

① 齐美尔．桥与门——齐美尔随笔集．涯鸿，宇声，等译．上海：三联书店，1991：7.

"门"则意指联系中的分离。"门"的本质是"在屋内空间与外界空间之间架起了一层活动挡板，维持内部和外界空间的分离"。"门"与"墙"不同，墙是死的，但门却是活的。人可以决定在哪里设置门，什么时候开关。自己给自己设置屏障是人类的本能，但这又是灵活的，人们还可以消除屏障，置身于屏障之外。"门"的空间本质是联系中的分离。虽然人们目前处于门内的空间中，但通过门却具有与外界空间分离的可能。世上的人无时无刻不是站在门的里边和外边，通过门，人生的自我走向外界，又从外界走向自我。

在西方经典社会学理论家中，齐美尔普遍被认为是第一位明确提出"空间社会学"并对相关议题开展研究的社会学家。与涂尔干等对空间问题的"隐蔽性"研究不同，齐美尔是正式提出"空间研究"的社会学家。在《社会学：关于社会化形式的研究》《桥与门——齐美尔随笔集》等著作中，齐美尔阐述了其对于空间的思考。总体而言，齐美尔认为空间具有心理层次的意义，每个人都存在于空间位置之上，人与人之间的关系演变为空间之间的关系。同时，他提出了空间具有的五个属性：排他性、分割性、内容固化性、空间接触能够改变社会互动参与者之间的关系、空间中的群体流动有助于削弱空间的分化等。齐美尔对"大都市"的研究无疑是空间研究的典范，深深影响着罗伯特·帕克、欧尼斯特·伯吉斯和路易斯·沃斯等都市生态学家，至于其关于"社会的空间和空间的秩序"的论述更是赋予空间以社会学内涵的重要文献，是齐美尔对空间进行的开拓性研究，是经典社会学家中备受瞩目的关于空间研究的杰作。厄里指出，"对于空间社会学，最重要的经典作家无疑算是齐美尔”[①]。安杰伊·齐埃利涅茨也称赞，“在寻求对空间进行批判性的社会分析、寻求对空间的关键性意义的认可上，齐美尔配得上是‘奠基人’”[②]。

不过，虽然齐美尔已在空间社会学研究中迈出了十分重要的一步，但其关于空间的论述还具有一定的零散性和碎片化等特征，并且他并没有能够就此开创一种社会本体论的空间视角，此外，他对空间形式的研究也是十分有限的。

四、韦伯的时空分析

马克斯·韦伯（Max Weber，1864—1920），德国著名社会学家、政治学家、经济学家、哲学家，社会学人文主义传统的创始人，被誉为20世纪百科全书式的学者。1864年韦伯出生于德国，1882—1886年先后就读于海德堡大学、柏林大学和哥廷根大学。1889年通过博士论文答辩。1892—1897年先后任教于柏林大学、弗莱堡大学、海德堡大学。1920年因病去世。韦伯的主要著作包括《新教伦理与资本主义精神》（1905）、《经济与社会》（英文版，1968）、《儒教与道教》（1915）等，此外还包括一些论文集、演讲集等，如《社会科学方法论》《学术与政治》等。

与涂尔干和齐美尔相比，韦伯的时空思想体现得不太明显，主要混合于其宗教研究、城市分析和阶级理论等研究观点中。

---

① 厄里．关于时间与空间的社会学//特纳．社会理论指南．李康，译．上海：上海人民出版社，2003：511.

② 齐埃利涅茨．空间和社会理论．邢冬梅，译．苏州：苏州大学出版社，2018：35.

在《新教伦理与资本主义精神》中，韦伯意识到了时间的社会性，即社会是时间建构的来源和基础，不同的宗教文化建构生成不同的时间观念。他指出，新教伦理推动培育了人们珍惜时间的观念，即脱离本能冲动，使人们认知到时间的社会价值，尽可能地节约时间、提高活动效率。同时，韦伯还引述富兰克林的观点，指出“时间就是金钱”，浪费时间便等同于浪费金钱。在这样的时间观念推动下，人们普遍会认为自己的职责就是珍惜时间、充分利用时间，尽可能勤勉安排好自己和他人的时间。

韦伯的阶级理论认为，阶级是一种社会学建构，适用于采用多元标准进行分析。在城市社会中，由于不同的市场空间具有不同的生活机会，具有不同的资源，因此“阶级个体对城市市场空间的占有”也是阶级结构形成的基础之一。在城市中，个体的行动和选择决定着其在市场中处于不同的位置，占有不同空间位置的资源，进而影响着城市空间的结构构成。[①]

韦伯对城市的研究体现了一定的空间视角。《经济与社会》中，专门有一章《城市（非正当性支配）》对城市进行了研究，分析了在多元因素（主要是政治因素）的影响下中世纪城市如何兴起，以及其兴起如何构成了对周围封建制度的挑战。如果把城市与“现代性”连接到一起，韦伯想要证明的是城市不仅是建构各个文明形态的多元素之一，而且还为多元素共同建构现代世界提供了重要的物理空间。在分析城市兴起的过程中，韦伯的空间视角有一定的显现。在韦伯对城市空间

① 张品．新韦伯主义城市空间研究述评．理论与现代化，2011（3）：86－89.

边界——城堡的分析中，韦伯指出，“东方以及古代地中海沿岸和中世纪的城市，城堡或城墙一般都是不可或缺的组成部分”[①]。同时，韦伯还对城市中不同身份群体对不同城市空间的占有进行了分析，指出对不同空间的占有构成了身份差异的重要内容，比如“贵族除了拥有城市住宅，一般都会同时在城墙以外拥有城堡和采邑地产”[②] 等。

遗憾的是，除了对城市空间的模糊性提及，以及偶然体现出的空间视角，韦伯虽然注意到了“城市”这一最容易生发出空间视角与空间思想的现代社会空间，但却没有从空间维度上予以重视和分析。厄里也对韦伯对空间的忽视表示了诧异，“马克斯·韦伯几乎没怎么讨论到空间，这可是个荒谬的现象，因为他弟弟阿尔弗雷德·韦伯是工业区位理论的创始人之一”，并且“在他有关城市的分析里，对于一些运用空间观念的尝试是持较为批评的态度的”。[③]

不过，从思想传承的角度来看，虽然韦伯对空间的关注不多也不明显，但其偶然显现的独特见解却在一定程度上促成了新韦伯主义学派的形成。伴随着城市社会学的发展，空间研究开始成为一种重要的研究范式，形成了以马克思的理论和方法为基础的新马克思主义学派和继承韦伯思想和观点的新韦伯主义学派。新韦伯主义学派的研究由于承袭了韦伯以市场中的生活机会来划分阶级的观点和对行动者行动价值的关注，故而被称为“新韦伯主义”，主要代表人物有雷克斯、摩尔、帕尔和桑德斯，他们进一步扩展了韦伯关于城市空间的思想与理论。

---

① 韦伯．城市：非正当性支配．阎克文，译．南京：江苏凤凰教育出版社，2014：12.

② 同①54.

③ 厄里．关于时间与空间的社会学//特纳．社会理论指南．李康，译．上海：上海人民出版社，2003：511.

与此同时，韦伯的空间分析还具有非常重要的反向思辨性，从而使其空间研究呈现出一定的独特性。当其他社会学家将现代化的空间状态看作是资本主义的结果时，韦伯却认为现代空间的状态反过来促进了资本主义的发展：生活与生产的分离促进了资本主义的理性精神；科室的空间隔绝有助于科层制纪律的实现；家庭财产与企业财产的分离使大规模生产成为可能；等等。尽管韦伯没有齐美尔那样的空间理论，但其空间分析的反向思辨性却具有宝贵的方法论价值。

参考文献：

涂尔干．宗教生活的基本形式．渠东，汲喆，译．上海：上海人民出版社，1999.

吉登斯．社会的构成：结构化理论纲要．李康，李猛，译．北京：中国人民大学出版社，2016.

齐埃利涅茨．空间和社会理论．邢冬梅，译．苏州：苏州大学出版社，2018.

孔德．论实证精神．黄建华，译．北京：北京联合出版公司，2013.

西美尔．社会学：关于社会化形式的研究．林荣远，译．北京：华夏出版社，2002.

齐美尔．桥与门——齐美尔随笔集．涯鸿，宇声，等译．上海：三联书店，1991.

柯林斯，马科夫斯基．发现社会之旅：西方社会学思想述评．李霞，译．北京：中华书局，2006.

希尔兹．空间问题：文化拓扑学和社会空间化．谢文娟，张顺生，译．南京：江苏凤凰教育出版社，2017.

韦伯．城市：非正当性支配．阎克文，译．南京：江苏凤凰教育出版社，2014.

韦伯．新教伦理与资本主义精神．阎克文，译．上海：上海人民出版社，2010.

厄里．关于时间与空间的社会学//特纳．社会理论指南．李康，译．上海：上海人民出版社，2003.

杜丽．论空间社会学的三种理论起源．湖北工程学院学报，2012（6）.

何雪松．社会理论的空间转向．社会，2006（2）.

胡潇．空间的社会逻辑：关于马克思恩格斯空间理论的思考．中国社会科学，2013（1）.

景天魁，张志敏，等．时空社会学：拓展与创新．北京：北京师范大学出版社，2017.

刘少杰．社会学的现代性、后现代性和前现代性．天津社会科学，2005（2）.

林聚任，向维．涂尔干的社会空间观及其影响．西北师大学报（社会科学版），2018（2）.

文军，黄锐．“空间”的思想谱系与理想图景：一种开放性实践空间的建构．社会学研究，2012（2）.

许伟，罗玮．空间社会学：理解与超越．学术探索，2014（2）.

叶涯剑．空间社会学的缘起及发展：社会研究的一种新视角．河南社会科学，2005（5）.

郑震．空间：一个社会学的概念．社会学研究，2010（5）.

第二章　芝加哥学派的城市空间论

社会学的芝加哥学派以人类生态学研究闻名于世，人类生态学又可翻译成人文区位学，其中有丰富的空间社会学思想。芝加哥学派将生态学的理论视角引入了城市空间分析，在群体竞争的基础上建构了城市社区空间分布的理论模型。它明确地将空间作为一个重要变量与分析维度，并开展了扎实的经验研究，在空间社会学的理论体系中占有重要地位。但该学派主要将空间视为一种地理环境，并从功能主义的角度解释空间竞争和城市空间结构，忽视了空间在资本主义政治经济制度中的关键作用，因此它对空间的理解和对空间分析的路径均具有一定的局限性。

一、历史背景与代表人物

19世纪60年代到20世纪初，美国社会经历了一场意义深远的变迁：急剧的工业化与城市化，出现了大量值得关注的社会现象和社会问题。在这一过程中，芝加哥作为一个新兴的工业重镇，在短期内集聚了大量的人口和产业，也同时被移民、种族、贫困、犯罪等方面的矛盾与问题困扰，因此成为社会科学研究尤其是城市空间研究的“天然实验场”。在芝加哥城市高速发展的过程中，芝加哥大学建立起来。这所大学在美国的学术界成为一支新生的力量，并且迅速接纳了社会学这个新兴学科。1892年，芝加哥大学社会学系成立，成为美国乃至全世界的第一个社会学系。

芝加哥学派的时间跨度主要集中在20世纪初期至50年代。在芝加哥学派兴起之前，社会学包括美国社会学研究主要都是“扶手椅”式的哲学化思考，而芝加哥大学社会学系开始面向真实的城市生活，围绕芝加哥市的种族关系、犯罪、家庭、社区等社会现实问题，形成了基于人类生态学的一系列城市空间研究成果。芝加哥大学社会学系从事了一系列研究工作，其特点首先是经验研究，此外，还包括关注城市社会问题的城市社会学研究和独特的定性研究方法。这一学派被称为芝加哥学派。[①] 这是社会学一百多年的历史上，除了以涂尔干为代

① 夏建中．城市社会学．北京：中国人民大学出版社，2010：56.

表的社会学年鉴学派以外，唯一享有如此声誉的一个知识共同体。[①]

该系第一任系主任是著名社会学家斯莫尔（Albion Woodbury Small，1854—1926），他是芝加哥大学社会学系机构建制的奠基人。斯莫尔曾留学德国学习社会心理学，后在美国一所神学院担任院长，还是一位获得了执业资格的浸信会牧师。斯莫尔对德国和美国的社会学都非常熟悉，还具备良好的行政管理能力。自 1892 年起，斯莫尔一直担任芝加哥大学社会学系主任至 1924 年退休，在这 32 年的时间里开展了卓有成效的工作。他于 1895 年在芝加哥大学创办了至今仍是全球顶级社会学专业期刊的《美国社会学杂志》（*AJS*），还为 1905 年美国社会学学会的建立做出了重要贡献，这些为芝加哥学派长期在美国社会学界占据领导地位奠定了基础。[②]

托马斯（William Isaac Thomas，1863—1947）是芝加哥大学社会学系首批教师之一，他用自己在城市研究上的兴趣以及严格的定性方法取向为芝加哥学派奠定了坚实基础，主要成果体现在他的经典著作《身处欧美的波兰农民》中。托马斯于 1886 年在田纳西大学获得了文学和古典文学博士学位，但是，在阅读了斯宾塞的著作后转向社会学。1893 年他来到芝加哥大学作为研究生继续学习社会学，并于 1895 年被斯莫尔提拔，直接加入社会学系的师资队伍。[③] 1918 年，托马斯出版了著名的《身处欧美的波兰农民》一书，在该书中，他分析了移民在跨社会空间流动中的社会解组问题，并从“情境定义”的角度研究了

① 周晓虹．芝加哥社会学派的贡献与局限．社会科学研究，2004（6）：94－98.

② 何雨．社会学芝加哥学派：一个知识共同体的学科贡献．北京：社会科学文献出版社，2016：91－98.

③ 同②100.

移民对新的都市社会空间的主观认定。

帕克（Robert Ezra Park，1864—1944）是芝加哥学派的核心人物，是城市研究和人类生态学的坚定倡导者。帕克曾经是一位新闻记者，后来在托马斯的邀请下加入了芝加哥大学社会学系。帕克借鉴生态学的理论和方法开展对人类社会的研究，开创了人类生态学。动植物生态学已经发现了生物个体或群落的竞争和共生、增长和消减、形成和演替等规律，帕克认为城市是边界明确又相对独立的生态单位，是用生态学方法研究人类社会的最好场所。[①] 帕克为芝加哥学派开展城市空间研究提供了基本的理论视角和概念工具，对这个知识共同体中的其他学者产生了深远影响。

在帕克的基础上，麦肯齐（Roderick McKenzie）对人类生态学做出了明确界定，并提出了城市社区的生态过程理论。麦肯齐指出，人类生态学是研究人类在其环境的选择力、分配力和调节力的影响作用下所形成的在空间和时间上的联系的科学，它尤其注重研究区位（position）在时间和空间两个概念上对人类组织方式和行为活动的影响。人类自身形成的空间上的联系是竞争和选择的结果，并且随着新因素的参与影响竞争关系或促进人口流动，这种空间联系还在不断变化之中。人类组织形式以及人性本身也在因不断适应这种空间形式而发生变化，因而产生各种社会问题和政治问题。[②] 麦肯齐还提出了浓缩与离散、集中与分散、隔离、侵入与接替等生态过程，用于分析城市空间

---

① 王光荣．论芝加哥学派城市生态学范式的局限．天津社会科学，2007（5）：67－69.

② 麦肯齐．人类社区研究的生态学方法//帕克，伯吉斯，麦肯齐．城市社会学：芝加哥学派城市研究．宋俊岭，郑也夫，译．北京：商务印书馆，2012：61－62.

单元的相互影响与变迁机制。

伯吉斯（Ernest Burgess）于1913年在芝加哥大学获得博士学位，他在城市生态学思想的基础上提出了著名的同心圆空间模型，在宏观上呈现城市空间的结构形态。伯吉斯将城市划分为中心商业区、过渡区、工人住宅区、高级住宅区、通勤区共五个同心圆环带，在地价和竞争的基础上提出了一个城市社区空间分布的理想类型。伯吉斯的同心圆模型引起了很多争议，之后，霍伊特提出了扇形模型，哈里斯和厄尔曼提出了多中心模型。

沃斯（Louis Wirth）主要是从城市生态特征的角度去分析城市生活方式和城市人的精神世界。现代大都市具有规模大、密度高和异质性强三个典型的生态学特征，产生了一种“作为生活方式的城市性”——本质上是一种非人格化、次级关系和契约性的交往方式和社会心理。

1933年帕克退休后，芝加哥学派开始衰落，上述学者所代表的“黄金时代”慢慢消逝。虽然在1950年后出现了“新正统生态学”和“社会文化生态学”，人们试图重建人类生态学，但再也难以恢复往日的荣光。究其原因，就在于芝加哥学派的城市空间研究仍属于传统的“结构论”分析，其将空间看作既定的东西来接受，不关注空间本身的状况以及变化，试图寻求事物的共性和事物发展的内在规律。而后来主导空间社会学理论的新马克思主义城市社会学则是真正的“空间论”分析，在这里，空间不再仅仅是社会组织进程的物理表现和影响社会关系结构的既定的地理环境，空间本身就是一种生产力和生产方式，而且要更多地关注事物外在的、差异化的形式，注重感性体验、个性自由和具体存在。所以，尽管芝加哥学派对将空间因素纳入社会学理论视野并开展实证研究做出了不可磨灭的贡献，但它仍然是在传统社会学的“结构论”路径中开展空间研究，就注定了它的衰落以及被真正的“空间论”研究替代。

二、人类生态学的空间论

（一）人类生态学的基本观点

人类生态学研究的是人与空间利用的关系，研究人和社会机构的地理分布的形成过程及其随时间变化的情况和规律，以及研究人群空间分布的各种社会原因和非社会原因。[①] 人类所处的生活环境就是社区，这是一个人类群体相对固定聚居的空间场所。在帕克看来，社区是“占据在一块或被或多或少明确地限定了的地域上的人群的汇集”[②]。和生物界一样，人类社区中的各个群体构成一个生态系统，彼此既相互竞争又相互依赖。按照生态学的思想，生态系统内的物种之间存在着极为复杂和相对确定的结构，而且物种之间的相互依存关系和其置身于其中的环境息息相关。

在自然界，各种生物之间存在着相互联系、相互依存的关系，构成一个“生命的网络”。在这种联系中，每一个物种都不能离开其他物种独立存在和发展，他们将这种现象称为“共生”（symbiosis）。而且，这种相互依存与其生存的环境密切相关。生态学就是要研究植物和动

---

① 帕克，伯吉斯，麦肯齐．城市社会学：芝加哥学派城市研究．宋俊岭，郑也夫，译．北京：商务印书馆，2012：ⅳ.

② 帕克．社区组织和浪漫情绪//帕克，伯吉斯，麦肯齐．城市社会学：芝加哥学派城市研究．宋俊岭，郑也夫，译．北京：商务印书馆，2012：104.

物在自然界的存在状态及其相互依存关系，以及每个物种同其特定环境的关系。生态学研究的方法是，首先通过某种特征识别环境的边界，然后着手研究环境中的各种动物、植物和这些动植物之间的依存关系，研究这些动植物与环境之间的关系。环境与那些与之相适应的动植物构成一个完整的生态体系，或一个动植物社区。①

物种依赖于资源才能生存，但作为一个具有相对明确的地域边界的社区，其资源总是有限的，因此，客观上存在物种需求与满足需求的资源供给不足的可能性，物种之间为争夺资源展开的竞争不可避免。对资源的竞争并非只在不同的物种之间产生，在同一物种内也会存在。竞争的结果是使物种的数量得到调节，物种的分布得到控制，自然界的均衡得以维持。通过竞争得以生存下来的物种必然会在环境中找到一个自己的位置。从生态学的观点来看，在对资源的激烈竞争中，"区位"（position）本身就是最重要的资源之一。因为区位直接关系到能否有利地接近其他资源或得到其他资源。例如：好的区位有助于植物得到充足的阳光和更充足的水分，好的区位有助于肉食动物捕捉猎物。所以，竞争必然会表现为区位的竞争，社区结构作为竞争的结果必然会反映物种在区位上的关系。②

帕克认为，生态学中的生存竞争法则在人类社会中同样适用：一方面，由于相互竞争，人们处于对利益的争夺中；另一方面，由于劳动分工或者功能分化，人们又处于相互依赖与合作的关系中。二者一个是生物性的，另一个是文化性的。前者指的是个人和群体为了有限

① 蔡禾，张应祥．城市社会学：理论与视野．广州：中山大学出版社，2003：1－2.
② 同①3.

的环境资源，彼此处于激烈的竞争中；后者指具有共同社会背景的人们因相同的情感、价值观、文化符号和道德秩序等形成的合作性纽带。[①] 通过竞争，社区可以调节自身成员的数量和质量，保持群体内部的均势。通过合作，社区在群体内部建立了共同的纽带和连接，并使之作为一个整体参与人类社会的政治、经济活动。在竞争与合作的交互作用下，社区内部各个组成部分形成一种动态平衡的生态秩序。社区经常处于不断的运动变化之中，表现出一种非平衡状态。帕克及其学生共同关注的问题，正是在城市社区不断变化的条件下，以及当旧的平衡被打破之后，如何在新的基础之上构建新的平衡的社会过程。[②]

（二）人类生态学在城市空间研究中的应用

帕克指出，我们可以把城市——包括它的地域、人口、相应的机构和管理部门——看作一种有机体，看作一种心理物理过程。城市是文明人类的自然生息地，“交通和通讯、电车和电话、报纸和广告、钢筋水泥建筑和电梯——总之，这些促使城市人口既频繁流动又高度集中的一切——正是构成城市生态组织的首要因素”[③]。在快速的城市化进程中，市民的居民区和各产业的集聚地都在激烈地扩张与变动，并会在变迁中形成特定的区位结构。城市空间结构具有重大的社会影响，城市空间关系又无时无刻不在变动之中，帕克等人正是要用生态学观点来解释城市空间的结构与变迁。按照帕克的定义，在城市社区这个

---

① 夏建中．城市社会学．北京：中国人民大学出版社，2010：59－60.

② 何雨．社会学芝加哥学派：一个知识共同体的学科贡献．北京：社会科学文献出版社，2016：303.

③ 帕克．城市：对于开展城市环境中人类行为研究的几点意见//帕克，伯吉斯，麦肯齐．城市社会学：芝加哥学派城市研究．宋俊岭，郑也夫，译．北京：商务印书馆，2012：5.

范畴内有各种力量在起作用，这些力量会逐渐把人口和社会机构组合成一种特定的结构秩序，专门研究这些因素及其相互作用所产生的结构秩序的科学就是人类生态学。①

作为一种研究方法，人类生态学强调对城市里的空间分布进行探究与描述。在芝加哥学派看来，在经历了类似于生物界的竞争与冲突之后，就会形成井然有序的人类区位分布结构，即“自然区”，这个自然区进而决定了各个区域内的功能分区特征。自然区是自然性群体的聚集地，自然性群体是一种地方性的区域群体，帕克试图通过这个概念揭示现代大都市中不同地区的社区共同体的结构特征。自然区与城市的土地使用模式及其变迁密切关联，在一个典型的自然区内，土地用途是类似的。自然区不仅意味着土地用途、人口构成上的相近，而且意味着它们共享一种类似的社会或者道德秩序，自然区内部群体之间呈现合作而非冲突关系。②

自然区理论给人类生态学开展城市空间研究提供了一个基本的分析单位，研究者可以把城市这个整体的空间看成由不同的自然区构成的空间，区位也就具体表现为自然区。这使得人类生态学可以在宏观上分析自然区的分布结构和相互影响机制，在微观上也可以以自然区为单位进行深入细致的个案研究。这两种宏观和微观的思路在芝加哥学派的研究中都有所体现。

帕克认为，城市的环境特性以及城市秩序的特性，最终都是由城

① 帕克．城市：对于开展城市环境中人类行为研究的几点意见//帕克，伯吉斯，麦肯齐．城市社会学：芝加哥学派城市研究．宋俊岭，郑也夫，译．北京：商务印书馆，2012：4.

② 何雨．社会学芝加哥学派：一个知识共同体的学科贡献．北京：社会科学文献出版社，2016：311－312.

市人口规模以及这些人口的集中与分布形式决定的。他从地价和竞争的角度为人口的空间分布提供了一个基本的生态学解释：商业及工业都要争取有利的地点，并把大宗人口吸引到自己周围；高档的居住区接连出现，穷人由于无力偿付高昂的地价，被排挤出来。当然，这些空间分布并不是简单的几何图形排布。随着时间的推移，城市的每一部分、每个角落都在一定程度上带上了当地居民的特点和品格，从而使原来只不过是几何图形式的平面划分形式转化成了邻里，即有自身情感、传统、历史的小区域。每一个地区又形成自身有纪念意义的事物，并且同周围环境的生活与利益或多或少保持自身的独立性。邻里会发生变迁，并在城市化进程中产生相应的社会问题：一方面，随着交通和通信手段越来越发达，人们的注意力可以分散得很广，甚至可以同时存在于若干个不同的社会环境里，这些趋势都在瓦解着邻里的稳定性和亲密性；另一方面，贫民窟中的移民和有色人种处于一种孤立和隔离状态，由同一种族或同一职业的人口集聚而形成的隔离地区中，共同的种族意识或共同的阶级意识会十分强大，比如各大城市中的各式移民区和恶习地区（vice districts）。[①]

受帕克的影响，芝加哥学派的成员在人类生态学理论和自然区概念的基础上开展了一些微观层面的经验研究。例如，安德森（Nels Anderson）在《流浪汉》一书中，采用了生态学绘制地图法来表现那些无家可归者在芝加哥城市中的空间分布情况，重点研究了芝加哥市

① 帕克．城市：对于开展城市环境中人类行为研究的几点意见//帕克，伯吉斯，麦肯齐．城市社会学：芝加哥学派城市研究．宋俊岭，郑也夫，译．北京：商务印书馆，2012：8，10.

的麦迪逊大街流浪汉的聚集地和他们居无定所的生活，并从生态学的角度把流浪汉所处的空间界定为一个被隔离出来的异常世界。流浪汉隔离性地集中在紧靠运输与商业中心的三个彼此接壤、狭窄的区域中，他们的生态学集聚创造了一种孤立的文化区域和特定的社会团结。虽然流浪汉空间有着自身的逻辑性与完整性，但是，在外人看来，这是一个异常世界。而在《黄金海岸和贫民窟：对芝加哥北区附近的社会学研究》一书中，乔鲍福（Harvey Zorbaugh）利用人类生态学的基本概念对一个特定空间内各种社会群体毗邻而居但又相互不接触、彼此隔离的现象开展了研究。他对芝加哥北区周边群体之间的社会隔离进行了图解式分析，清楚地表明了城市成长的历史进程中自然区内邻里间生活模式的分异及其碎片化过程。[①]

总的来说，人类生态学借鉴生态学的法则来解释城市人口与机构的空间分布及其变化：竞争决定了人口分布和居住区域的地点和规模，个人与群体在相对不大的落脚点逐步找到基本稳定的居住点，居民和群体就是这样在城市物理与生活环境中找到最适合自己的区位。因此，人类生态学也可以看作空间生态学。在城市空间中，不同的个人和群体占据不同的区位，这些都与他们各自的竞争实力有关。[②]

帕克还进一步指出，城市中的空间结构及其变迁也对城市的社会组织方式和城市人的精神气质产生了重要影响，沃斯的“作为生活方式的城市性”的理论很明显受到了帕克的启发。帕克认为，城市交通

---

① 何雨．社会学芝加哥学派：一个知识共同体的学科贡献．北京：社会科学文献出版社，2016：370－371，384－385.

② 夏建中．城市社会学．北京：中国人民大学出版社，2010：60.

和通信的新方法改变了现代城市的社会组织和工业组织，商人、制造商、各行业的专门人才纷纷走到更广泛的地域去开展业务，郊区居住区逐渐密集。工业组织和人口分布的变化同时也带来了城市人口的习俗、情感和品格的变化。在城市环境的影响下，人们对地方的依恋感被破坏了，社区中的首属关系（primary relation）被次级关系（secondary relation）取代。首属群体的亲密关系被削弱了，基于此的道德结构秩序也逐渐消逝，取而代之的是正式的社会控制机构与制度。城市人口分布和道德秩序的多样性使个人可以十分便利地从一种道德环境转入另一种道德环境，同时也使一些人愿意在同一时间里过几种不同的道德生活，这使得城市具有冒险性，同时它又提供各种机会。大城市之所以有吸引人口的能力，部分原因是每一个人都可以在大城市的空间结构中找到他最舒适的角落和施展自己抱负的天地。①

三、城市移民与种族问题

美国是个移民国家，芝加哥又是一个新兴的移民城市，所以，移民和种族问题是美国城市尤其是芝加哥市面临的一个十分严峻的现实问题。受此影响，可以说芝加哥学派就是以研究移民与种族问题起家的。在对移民的迁移、融入、聚居区、种族隔离等问题的研究中，芝加哥学派一方面在微观上应用了他们主张的人类生态学视角，另一方面，其实移民和种族研究也是人类生态学理论的经验基础，在人类生态学的理论成熟之前，移民和种族研究就已经开展，正是在移民与种

① 帕克．城市：对于开展城市环境中人类行为研究的几点意见//帕克，伯吉斯，麦肯齐．城市社会学：芝加哥学派城市研究．宋俊岭，郑也夫，译．北京：商务印书馆，2012：24－42.

族实证研究的基础上，芝加哥学派提出并不断完善了他们的人类生态学理论。移民与种族研究对芝加哥学派的意义可以从托马斯身上看到。

（一）托马斯的移民研究

托马斯比帕克更早进入芝加哥大学社会学系，他对移民问题开展的经验研究直接影响了帕克，并且对芝加哥学派的理论视角和研究方法都具有奠基性的影响。托马斯的成名作是1918年出版的《身处欧美的波兰农民》。托马斯探讨了来自异文化、异空间的波兰农民如何适应美国文化、成长为工业城市居民，以及他们遭遇的困难与挑战。

对于移民来说，母国社会首属群体的传统为之提供了一个全面、严格的生活框架，但美国是一个建立在次级关系基础上的个人主义社会，这意味着移民将遭遇一个全新的生活框架定义的情境，这也正是移民融入必须完成的心理与情感适应的转型。与绝大多数移民先前所在的农业社区环境迥异的城市环境实际上是一种破坏性力量，瓦解着他们那些源自母国的社会结构、社会联系与社会规范。这一全面的转型过程不仅极为迅捷，而且通常也会让人伤痕累累。身处美国，移民遭遇的最严重的问题是身份的丧失及人格的贬损。对于移民来说，与之一起来到美国的还有他们在母国养成的某种习惯、风俗、传统，包括语言、衣着、兴趣、道德，这些东西关系到他的身份地位和人格感知。来到美国，意味着移民立刻脱离了形成其人格与自尊的乡村社区，像衣着打扮、语言等在母国表征其人格并赢得尊重的外部符号却成为被嘲讽的对象，使之倍感羞辱。[①]

托马斯用“社会解组”来解释来自外国乡村地区的家庭移居美国

① 何雨．社会学芝加哥学派：一个知识共同体的学科贡献．北京：社会科学文献出版社，2016：244-246，359.

城市社会后发生的行为变化。由于身处新的城市环境，移民不再像母国那样要置身于各种复杂的首属群体组织，这就使得母国乡土社会的传统习俗在规范他们的行为时大打折扣。与此同时，移民不仅未被美国社会接受，也未能充分理解、吸收美国风格的行为方式，进而使他们的行为缺乏足够的制约机制。由此造成了他们的行为困境：既不符合乡土社会的风俗习惯，也不符合美国城市文明的生活特质。可以说，是各类首属群体组织的解体导致了移民的各类适应不良、违法、犯罪等越轨行为。①

托马斯提出了一个著名的“情境定义”概念，实质上是对社会空间的一种主观的理解、认识和判断。他指出：“如果人们把情境界定成真实的，那么它们在结果上也就是真实的。”情境的社会界定尽管是主观的，但却有客观的结果。② 如果人们对情境的定义不同，那么相同的情境所引起的反应也不同。情境定义是对社会空间的一种界定，情境的意义一旦确定，符合这一意义的行动也就成为必然。一旦把移民或其他种族界定成劣等或危害，情境定义的奇特炼金术就会把他们变成另一种人，使之成为被歧视的目标，常见的例子是对移民和少数族裔及其居住区贴标签的现象。③

对于移民来说，无论是个人特征还是群体特征，主要都是通过情境定义获得的，情境定义涵盖了个人和群体的经验过程和各类社会影响因素，人们正是通过情境定义修正、调整与组织自己的愿望。托马

① 何雨．社会学芝加哥学派：一个知识共同体的学科贡献．北京：社会科学文献出版社，2016：360.

② 周晓虹．芝加哥社会学派的贡献与局限．社会科学研究，2004（6）：94－98.

③ 同①362.

斯认为，情境定义是一个使经验条理化的过程，通过情境定义，个人可以对含混不清的事务做出决断。对于移民来说，母国乡土社会中培育出来的心智、态度倾向使他们在定义美国城市社会中的情境时常常出现个体态度与社会价值观上的矛盾与混乱，这也诱发了移民的反常行为和越轨行为。[①]

如上所述，美国社会是一个迥异于母国乡村社区集体主义取向的个人主义社会，移民美国意味着不得不置身于一个由次属群体组织构成的、充满新奇与冒险的个人主义社会中。无论是个人还是家庭，初到美国的移民总是设法寻找朋友，而且也能够发现某种类型的以首属群体为基础的移民聚居区。例如，波兰移民就会设法在一个波兰人聚居区安置下来，这也是其他种族或族群的情况，即暂时性地栖身于族群共同体中。意大利移民则以意大利式的村庄或街道邻里的形式定居下来，营造出一个新的邻里社区。毗邻纽约东69大街和A大道的西西里村落集聚区是一个典型的意大利社区。人们在习惯性力量的作用下汇聚在一起，行为举止像在西西里老家一样。[②]

（二）帕克对种族与移民问题的研究

帕克受到托马斯的影响，也非常关注移民与种族问题，正是在移民研究的基础上，帕克提出了人类生态学的思想和指导芝加哥学派的一套基础性概念和分析框架。帕克提出了族群关系周期理论、社会距离理论和“边际人”理论，这些理论特别适合于分析移民的融入

---

① 何雨．社会学芝加哥学派：一个知识共同体的学科贡献．北京：社会科学文献出版社，2016：248，362.

② 同①251－254.

问题。

移民群体融入当地社会的过程分为四个阶段：敌对、冲突、适应和同化。敌对是这个过程的第一个阶段，是一种没有社会接触的相互作用。冲突是第二个阶段，冲突是个人意识到他们处于敌对状态时的表现。敌对是无意识的，而冲突则是有意识的，并将个人深深地牵扯进去。第三个阶段是适应，它表明个人和群体为适应由敌对和冲突所造成的社会境况而做出的努力。在此阶段，各群体虽然是潜在的对手，但却接受彼此的差别。第四个阶段是同化，移民群体与社会主流群体之间的差别基本消失，各自的价值观念混合在一起。①

帕克还提出过一个关于族群差别的社会距离理论。距离是空间中的一个重要变量，帕克用社会距离来测量不同种族和族群之间的关系。社会距离指的是群体或个人之间的亲近程度，个人之间或者集团之间的社会距离越大，彼此间的互动就越少。美国的种族关系形成了一种固定的和习俗化了的社会距离，由此可以确保黑人“在他自己的地位上安分守己”。只要他安分屈从于自身的地位，保持与白人的距离，那么他就可能与白人建立起温情脉脉的关系。打破这种社会距离会被认为是不合适的，黑人会由此变得让人难以忍受。②

我们常说的种族偏见就与这种习俗化的社会距离有关。种族偏见指的是根据个人在传统秩序中所占据的地位对其进行分类的过程。我们所遇见的每一个人必然会在我们心目中按照某种业已确定的分类法

---

① 夏建中．城市社会学．北京：中国人民大学出版社，2010：61.

② 何雨．社会学芝加哥学派：一个知识共同体的学科贡献．北京：社会科学文献出版社，2016：184.

则占据一个相应的位置。在此基础上，人们根据已建立起来的地位秩序对遇到的对象进行分类和评价。在美国，这就意味着黑人处于较低的社会地位，他们被强制性地要求与那些地位较高的白人保持恰当的社会距离。当下层种族或族群自觉或不自觉地接受这种社会安排时，不同种族之间是可以和平相处的，但是，当处于下层的种族或族群拒绝这种社会安排，质疑这种社会安排的合法性、合理性时，不同种族或族群之间就会出现对抗和冲突。[①]

帕克还提出了“边际人”理论，用以分析人口迁移与城市化进程中跨越空间边界的边缘人。边际人来源于齐美尔的“陌生人”概念：既脱离任何既定的地域空间的漫游，又固定在一个地域空间点出现。“陌生人”必须来自外部，并作为一个暂时的“内部人”处于常住社区中。边际人处在两种文化和两种社会的边缘，这两种文化和社会从未完全相互渗透与融合，他的生活正在两个社会、两种文化的边缘。[②] 边际人主要是移民，不同文化之间的接触总会导致某种社会制度的解体，其中那些处于弱势地位的文化遭受的影响最大。边际人跻身于两个不同的群体之中，但又不完全从属于任何一个群体，他们生活在两个世界中，在这两个世界中，他们或多或少都是外来者。有的时候，边际人的边际性不但不是一种负担，反而是一种财富。他们会成为眼界更加开阔、更加聪明、更加公正和更有理性观点的人。[③]

---

① 何雨．社会学芝加哥学派：一个知识共同体的学科贡献．北京：社会科学文献出版社，2016：182.

② 夏建中．城市社会学．北京：中国人民大学出版社，2010：60－61.

③ 同①185.

四、城市生态的演变过程

麦肯齐在帕克的人类生态学理论视角下，提出了更加系统的关于城市空间布局形成与演变的生态过程理论。对于城市到底是怎么在空间上组织起来的、城市空间是如何演变的、不同的自然区之间可能会发生怎样的相互影响，麦肯齐给出了一个总体性的解释。

（一）社区发展中的生态学因素

麦肯齐认为，人类社区的发展与消亡有一个周而复始的过程，在这个过程中起决定作用的生态原则是社区的人口与资源之间平衡的形成与打破。在一定的自然资源和生产技艺条件下，一个社区可以在规模和结构上发展起来，直至其人口与该经济基础相适应为止。社区存在一个可以维持人口与资源平衡状态的峰值，但会有一些新因素出现来打破这种状态，比如采用了新的交通系统、发展了新的产业等。不论是哪种因素影响了社区的平衡，社区内部都会出现一次新的调节循环运动。在古代，人口是靠死亡率和有限度地向外移民来维持社区生态平衡的。进入现代社会后，交通运输条件的变化对人类社区的发展和消亡产生重大影响，经常性的人口频繁流动成为支配性的生态调节方式。电车以及汽车的出现改变了小城镇的生活方式，使一些小城镇人口锐减，而另一些则陡然上升。特别是汽车的大规模使用直接导致了美国人口在空间上的重新布局，使得原来依靠“马拉车辆”运输的农业小城镇式的组织机构和空间结构解体。①

① 麦肯齐．人类社区研究的生态学方法//帕克，伯吉斯，麦肯齐．城市社会学：芝加哥学派城市研究．宋俊岭，郑也夫，译．北京：商务印书馆，2012：65－67.

麦肯齐指出，社区的平面分布结构往往也是由最先形成的交通线路的走向决定的。居民住宅和商业店铺最初是沿街建造的，道路既可以是乡村土路，也可以是公路、铁路、河流与港口。社区先沿着道路的一侧发展，然后再慢慢发展到另外一侧，两条主要交通线路的十字路口或丁字路口常常是形成一个社区的最早核心地点。随着社区的发展，不仅它的道路和住宅数量在增加，社区内部也逐渐发生分化与区隔：居住地及相关设施会沿着远离市中心的方向延展，而商业区则会日益集中于地价最高的中心区。对中心区的竞争会使得中心区的地价不断上涨，建筑物的层高不断上升，各个产业竞争的最终结果是形成了一个界限明确的中心区和相应商业区、工业区、住宅区的分布格局。①

可以看出，麦肯齐非常注重交通和通信方式对城市空间结构的影响，这在今天这个高铁和互联网的时代尤其具有启发意义。他根据交通形式将美国人的社区历史划分为三个阶段。第一个阶段以水运为主要交通形式，在这一阶段，人们主要居住在水运航道线附近，居住地的形成受地理条件影响并处在分割状态下。第二个阶段是铁路的出现改变了美国人的居住形式，人们可以迁移到更为广阔的地区生活，城市得以增长，但并没有改变乡村社区的生活模式。第三个阶段是汽车和公路系统的出现对人们的居住生活方式产生了更大的影响，它在城市与城市、城市与乡村之间建立起了更为密切的联系，使人们的经济

① 何雨．社会学芝加哥学派：一个知识共同体的学科贡献．北京：社会科学文献出版社，2016：316.

社会活动可以进入更纵深的地区。[①]

（二）城市社区的生态过程

麦肯齐认为，人类社区发展的总趋势，是从简单到复杂，从综合到专门化；此外，它的发展在前期表现为以集中为主，后期则表现为以分散为主。为了将这套人类生态学思想更好地应用到城市空间变化的分析中，他具体提出了城市社区的四种生态过程。

1. 浓缩与离散

浓缩是在既定区域内居住的同类人口和机构的数量增长的趋势，浓缩的程度通过密度来测量。比如，在某一个城区，高校和大学生的数量持续增加，在本区域的机构和人口中所占比例持续上升，即可视为一种浓缩的表现。离散与浓缩相反，是既定区域内同类人口和机构的数量下降的趋势。[②] 比如，原为传统高教区的地方，大学持续外迁，就属于一种离散现象。

2. 集中与分散

人口和机构聚集到城市中心位置的趋势叫作集中（中心化），分散（去中心化）则与集中相反，即人口向更大的地区扩散。可以说，集中和分散是浓缩和离散的特例：浓缩是相同人口或机构聚集到一起，而集中则是指它们聚集到中心位置；离散是相同人口或机构从某个地区撤出，而分散是它们从中心位置撤出。[③]

3. 隔离

区位是一种稀缺资源，城市中不断发生对匮乏资源和有利空间位

---

① 蔡禾，张应祥．城市社会学：理论与视野．广州：中山大学出版社，2003：7－8.

② 夏建中．城市社会学．北京：中国人民大学出版社，2010：64.

③ 同②.

置的竞争，竞争的结果是相似的人群和机构聚集到一个特定的区域，人口和机构分别进入与自己同质的社区，并且区域内的人口或机构迥异于区域外的人口或机构，这些社区彼此分离，就叫作隔离。一般来讲，种族、民族、社会阶层、职业等都可以成为隔离的手段或者界线。[①] 在隔离的过程中会形成一些所谓的“自然区”，其中有一些有自己独特的空间面貌和文化风俗，如各类种族聚集区。

4. 侵入与接替

在相互隔离的城市社区中，当一个群体开始进入另一个群体占统治地位的社区时，就叫作侵入；一般来讲，后者会产生抵抗，但是当前者完全取代了后者，成为该社区新的统治群体时，就构成了接替。[②] 侵入和接替现象分为两类：一是土地利用形式的变化，即土地利用从一种目的变为另一种目的；二是土地占有者的更迭。侵入的原因很多，包括：交通形式和交通路线的变化，用地环境恶化或使用目的变化而废弃，由于新建公用事业或私人建筑而产生的吸引力或排斥力，新兴工业的引进或工业组织形式的改组等。[③]

城市空间的动态变化过程往往是由一系列侵入引起的，伴随着侵入的是社区内的再适应过程，侵入-接替的最终结果是重新形成一个界线明确的分区，它具有特定的选择性和文化特征。比如在居住区发展过程中，居住区的早期阶段表现为建筑物类别、造价、体量的参差不齐，但随着侵入-接替过程的发展，统一的建筑造价类型就会逐渐形

---

① 夏建中．城市社会学．北京：中国人民大学出版社，2010：64.

② 同①.

③ 麦肯齐．人类社区研究的生态学方法//帕克，伯吉斯，麦肯齐．城市社会学：芝加哥学派城市研究．宋俊岭，郑也夫，译．北京：商务印书馆，2012：71.

成。当一个地区逐渐形成某种占主导地位的类型并可以阻挡其他形式的侵入之后，竞争就趋于缓和。这样，一个社区内的生态学组织便作为一种选择力量，或者“磁体”，将适合需要的人口因素吸引到自身来，同时又排斥那些不适合的因素。①

五、城市形态的空间模型

帕克等人认为，城市并非一个杂乱无章的组合物，而是会把大量人口和各种机构安排成特有的结构秩序。② 对这种空间结构的分析，是人类生态学在宏观上对城市空间的一种把握。为此，伯吉斯提出了著名的同心圆模型，后来又出现了霍伊特的扇形模型以及哈里斯和厄尔曼的多中心模式，它们均致力于解释城市土地用途类型的空间差异和城市空间结构的规律。

（一）伯吉斯的同心圆模型

伯吉斯认为，在城市发展、扩张的过程中有两个相互对立而又互为补充的过程，即集中和扩散，或向心流动和离心流动。交通路线会向市中心的繁华商业区集中，在市中心可以看到大型百货公司、高层办公楼、大饭店、大剧场，以及市政厅。因此，城市的经济生活、文化生活、政治生活均以这个地区为中心。同时，城市的外围地区也会出现一些小型的商业区，但以或隐或显的方式统一于市中心商业区的支配之下。这个所谓的在“集中指导下的扩散”过程使城市空间围绕

---

① 麦肯齐．人类社区研究的生态学方法//帕克，伯吉斯，麦肯齐．城市社会学：芝加哥学派城市研究．宋俊岭，郑也夫，译．北京：商务印书馆，2012：73.

② 帕克．城市：对于开展城市环境中人类行为研究的几点意见//帕克，伯吉斯，麦肯齐．城市社会学：芝加哥学派城市研究．宋俊岭，郑也夫，译．北京：商务印书馆，2012：4.

中心区形成了一个同心圆结构。[①] 这就是著名的同心圆理论，伯吉斯将城市划分为五个同心圆区域（如图 2－1 所示）。

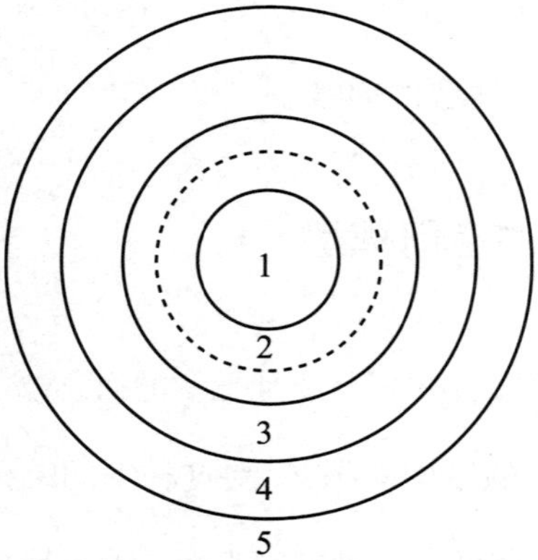

1．中央商业事务区　2．海外移民和贫民居住带
3．低收入工人居住带　4．中产阶级居住带　5．通勤区

图 2－1　伯吉斯同心圆城市地域结构

图 2－1 显示的是一个城市由其中心商业区向四周呈辐射状发展的理想结构。环绕这个市中心，通常是一个过渡地带，构成了第二环，这个地带会有许多商业及轻工制造业分布。第三环居住着产业工人，他们从第二环被排挤出来，但又不想居住得距其工作地点太远。第四环由一些高级公寓楼，或是有门禁的小区组成。再往外的第五环超出了城市边界，是郊区或卫星城镇。伯吉斯认为，不仅需要从物质空间的发展形式和商业发展形式来考察这个同心圆结构，还需要从其对社会组织形式及个性的影响、后果和变化方面来考察。从后一个角度来看，城市的发展和扩张过程中还有一种分配过程在同时发生作用，这

① 伯吉斯．城市发展：一项研究计划的导言//帕克，伯吉斯，麦肯齐．城市社会学：芝加哥学派城市研究．宋俊岭，郑也夫，译．北京：商务印书馆，2012：50－52.

一过程按照居住和职业对个人和群体进行筛选和分布，构成了图 2－2。①

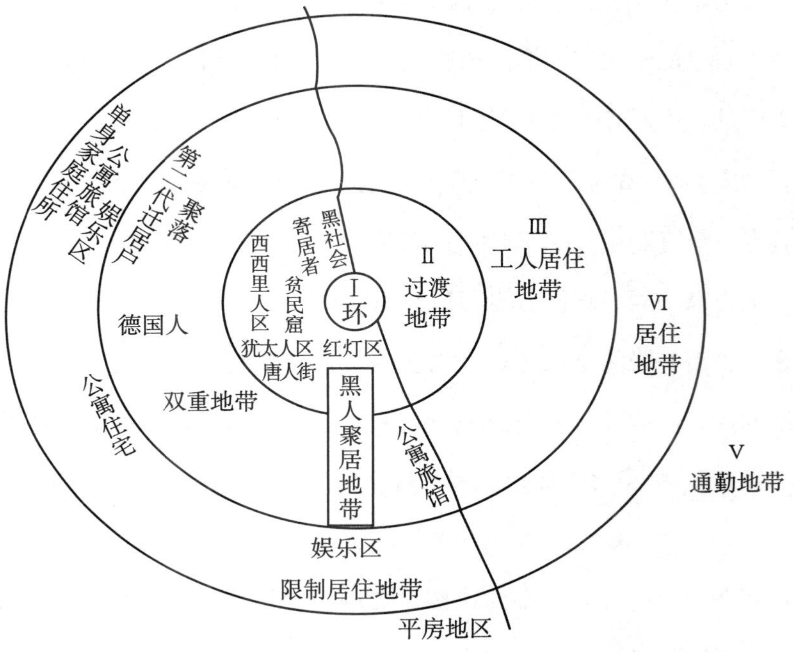

图 2－2　同心圆模型中的社会群体分布

市中心的繁华商业区，以及其相邻的街道是“游民世界”的主要集结地和季节性工人的聚集之地。市中心商务区的外围通常是贫民窟或“退化地区”，这是贫困、堕落、疾病集中的地区，区内还有犯罪与恶习。这里有所谓的拉丁区，是那些有才能而又具有反叛性格的人聚居的地方。贫民窟拥挤不堪，大多为移民区——小西西里、唐人街等。还有一个黑人种族的分布地带，里面的生活自由放任，杂乱无章。这个退化地区基本是腐朽、没落、人口逐渐减少的，但它同时也是一个有生机的地区，这里是艺术家聚居的地方，同时成为激进思想的中心。

① 伯吉斯．城市发展：一项研究计划的导言//帕克，伯吉斯，麦肯齐．城市社会学：芝加哥学派城市研究．宋俊岭，郑也夫，译．北京：商务印书馆，2012：50.

与之相邻的第三环，是以工厂工人和商店职员为主的聚居区，这个地区一般为移民的第二代居住区，这些人从贫民窟中逃离、分化出来，构成了自己的聚居区。第四环被视为“有希望的地区”或“光明地区”，这里面是高档公寓住宅区。这样自然分化形成的经济团块与文化团块最后就构成了城市的空间形式与特征。人口的分隔现象使各群体以及个人都具有一定的位置，并在城市总体空间结构中发挥一定的作用。①

伯吉斯的同心圆模型也可以用来说明城市发展的一般过程，在他看来，城市扩张的总趋势是从内至外，每一个地带都因与之相邻的那个层的侵入而向外扩展自身地盘，对于这种扩展形式，我们可以称之为“接替”。换言之，城市发展的过程就是每一个同心圆逐层向外扩展的过程。比如，在芝加哥，早先中产阶级住宅区以内的四个圆环地区都在现在的第一环（中心商业区）之内，也就是说，现在的中心商业区已经扩展到老芝加哥空间结构的第四层了。②

伯吉斯主要根据生态学在区位竞争上的理论解释不同类型社区或用地类型的空间模型，认为影响城市空间形式和区域变化的主要因素是竞争和价格因素。伯吉斯的同心圆模型的经验基础主要是芝加哥市，他对理论抽象的过程的阐释也主要从空间竞争和土地价格的角度展开，没有考虑种族、文化传统、情感等更多的因素。因此他的理论模型显得过于简洁，与很多城市的实际情况不相符。

（二）霍伊特的扇形模型

针对伯吉斯的同心圆模型，一些学者进行了批评，他们研究后发

① 伯吉斯．城市发展：一项研究计划的导言//帕克，伯吉斯，麦肯齐．城市社会学：芝加哥学派城市研究．宋俊岭，郑也夫，译．北京：商务印书馆，2012：53－54.

② 何雨．社会学芝加哥学派：一个知识共同体的学科贡献．北京：社会科学文献出版社，2016：330.

现，城市发展并非都是同心圆模型，而是存在多种不同的模型，其中一种就是扇形模型。

霍伊特通过对142个城市的考察，发现从中心向边缘扩散的居住变化，并不像同心圆那么简单，而是呈现出一种扇形结构，每一个扇形区域都集聚着一类相同或相似的人群、设施。他指出，一些类型的社区是沿着特定的路线由内向外扩张的，典型的是交通路线，地形也对居住模式产生影响。[①] 扇形模型是在同心圆模型的基础上改进而来的，二者都只有一个中心商业区，工业区靠近中心商业区，穷人靠近工业区，经济地位越高的人居住地点越远离市中心。不同之处是同心圆模型把每种类型的社区看作一个均等的环状，每个环都均等地向各个方向扩张，而扇形模型认为某些部分会向某一个方向扩张，从而形成扇形的放射状（如图2－3所示）。[②]

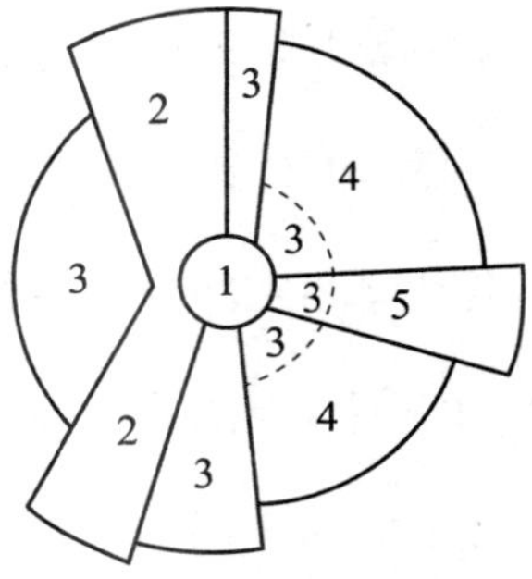

1．中心商业区　2．批发商业、轻工业区
3．低级住宅区　4．中等住宅区
5．高级住宅区

图2－3　霍依特扇形城市地域结构

① 夏建中．城市社会学．北京：中国人民大学出版社，2010：65.

② 蔡禾，张应祥．城市社会学：理论与视野．广州：中山大学出版社，2003：14－15.

扇形模型一方面保留了地价地租机制塑造的总体性空间模式，另一方面受放射状运输线路的影响，城市空间以不规则的方式向外扩张。人口流动与产业的搬迁使得城市呈现出一种类似于章鱼的形状，由中心区向外散射出许多扇面。第一个扇面是中心商业区，位于城市中心，呈圆环状，这一点与同心圆模型相同。第二个扇面是工业区，沿着交通干道由城市中心向外放射出去。第三个扇面是低级住宅区，大部分毗邻工业区，部分穷人居住于中心商业区外围。第四个扇面是中产阶级住宅区，它集中在城市的一侧，沿着非工业交通干线展开。第五个扇面是高级住宅区，同样沿着一条非工业交通干线由城市中心向外围扩展。①

（三）哈里斯和厄尔曼的多中心模式

哈里斯和厄尔曼指出，随着当代城市的进一步发展和空间模式的多样化，很多独立的活动区域开始形成，而不像原来那样只有一个中心，某些活动会聚集在一起，从而形成不同的中心（如图 2-4 所示）。

哈里斯和厄尔曼认为，城市空间分布的逻辑是：功能上相互协调的机构会形成相互联系的空间生态关系，而不相协调的职能机构则会在空间上分离。多中心模式拒斥了同心圆模型和扇形模型中以中心商业区为城市唯一核心的观点，强调在城市生态中各类机构之间的相互联系以及基于功能上的相互依赖。② 在城市生态空间的秩序中，满足某种需求的机构会集聚在一起，进而形成不同的中心。多中心模式体

① 何雨．社会学芝加哥学派：一个知识共同体的学科贡献．北京：社会科学文献出版社，2016：334-335.

② 蔡禾，张应祥．城市社会学：理论与视野．广州：中山大学出版社，2003：15.

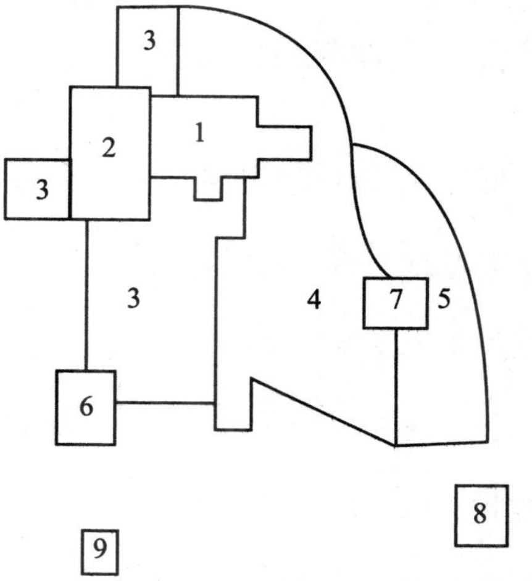

1．中心商业区　2．批发与轻工业带
3．低收入住宅区　4．中收入住宅区
5．高收入住宅区　6．重工业区
7．卫星商业区　8．近郊住宅区
9．近郊工业区

图 2-4　哈里斯和厄尔曼的多中心城市地域结构

现了美国城市化进入了一个更高级的阶段，即由以集聚为主的阶段转向以扩散为主的郊区化阶段，并在扩散效应的助推下出现了各种各样的次级中心。哈里斯和厄尔曼不同意伯吉斯关于土地价格单纯决定城市产业与人口空间布局的观点，将城市职能机构、居住区位的空间秩序安排与环境资源联系起来。比如，某些设施需要具备特定的环境资源条件，不能随意搬迁；某些设施之间存在内在的关联性，必须放在一起；某些设施之间存在内在的冲突或者对抗，不宜放在一起。①

① 何雨．社会学芝加哥学派：一个知识共同体的学科贡献．北京：社会科学文献出版社，2016：337-338.

六、空间特征、心理与生活方式

特定的物质空间特征会对人们的观念、社会心理和行为方式产生特定的影响，沃斯对城市生活方式的研究就体现了这一空间视角。沃斯认为，城市生活的生态学特征，特别是城市人口规模、密度和异质性，造就了城市人特有的人格与心理特征。沃斯将人类生态学从对有形的物质空间的分析转向了对无形的观念空间的分析。沃斯认为，大规模、高密度、异质性强是城市的典型特征，他从人口规模、人口密度和异质性三个指标的角度衡量了城市生态环境的特性，并把三个特性作为自变量，来解释典型的城市生活方式的出现。

（一）人口规模导致的影响

大量的人口意味着个体差异的变化幅度更大，参与互动的人越多，个体之间可能的差异就越大。这会导致个体空间上的隔离，原因是肤色、种族、社会经济地位、品位和嗜好上的不同。如果居民数量超过数百人，个体间彼此认识的可能性就会降低。血缘纽带、人际关系和风俗传统的影响也会变得淡薄，竞争和正式的控制机制代替了民俗社会赖以存在的基础。

在无法实现人际交往完全个性化的情况下，互动中人数的增加使人际关系分化成不同的部分，这可以解释城市人的“精神分裂”性格。相对于日常生活中实际交往的人数，他们熟悉的人所占的比例很少，人们需要接触大量的陌生人。而且，彼此接触的城市人都是高度分化的角色。城市人为了生活需要依赖更多的人，但他们更少地依靠某些特定的人。城市生活的一大特征是人际交往是匿名的、非人格的、表面的、短暂的，因此，城市人在交往中表现出不坦诚、冷漠和腻烦，并且老于世故、刻板机械。

城市中人际关系的被分割特征和功利本性在制度上表现为专业化和职业化的增长，金钱关系在人与人之间形成一种掠夺关系。如果不是专业规范和职业礼仪的制约，社会秩序就无法有效运转。在拥有大量个体的共同体内，人们彼此不了解，因此有必要通过媒体的间接作用来相互交流。①

（二）人口密度导致的影响

立足于有限空间的人口密度，对城市的生活方式产生了重要影响。城市人能进行近距离的身体接触，可是相互之间的社会关系却很疏远。在高密度的城市世界，视觉认知的意义重大，人们注意到标志职员身份的制服，却忽视了制服下隐藏的个性。人们在拥挤的空间中能感觉到光彩与琐碎、财富与贫困、智慧与无知、秩序与混乱之间强烈的对比。争夺空间的竞争如此激烈，人们竭力让每一个地方都有使用价值，使之能产生最大的经济回报。人口密度、土地价值、租金、实用、声望、健康、审美等因素，使城市里的不同地区成为适合不同阶层的人居住的地方。地方和工作性质、收入、种族、社会地位、世俗、品位、成见等因素使人们对人口进行分类，并将他们安置到具有不同特征的居住区。尽管居住在一个紧凑的居住区，不同个体却彼此隔离。不同个性和生活方式重叠交织，形成相对主义视角和对差异的容忍意识。

---

① 沃斯．作为一种生活方式的都市主义//汪民安，陈永国，马海良．城市文化读本．北京：北京大学出版社，2008：142－154.

这被视为理性的先决条件，导致生活的世俗化。彼此缺乏情感纽带的个体紧密地生活、工作在一起，培养了一种竞争、扩张和自利精神。规范控制手段被制度化，如果不严格按照规范办事，就无法维持巨大、高密度的社会的运转。时钟和交通信号象征着城市世界的社会秩序基础。高频度的近距离身体接触，加上巨大的社交距离，加重了个体相互排斥的程度。在拥挤的生活环境中，许多个体无法避免地经常活动，引起人与人之间的摩擦，使人们情绪愤怒。快节奏的生活和复杂的技术加剧了个体的沮丧感，并导致精神紧张。①

（三）异质性导致的影响

城市环境中不同类型的人之间的社会交往瓦解了刻板的等级界线，阶级结构变得更复杂、更充满差异。个体生活灵活多变，受到许多其他个体的影响，不同社会群体的社会地位也变化不定。人们对不稳定和不安全习以为常。这也是城市人内心复杂、倍感生活不定的原因。个体不对任何群体抱有归属感，他们所属的群体没有形成单一的等级结构。不同的社会生活形成个体不同的利益，个体加入各种不同的群体，每个群体只能满足他某一方面的需求，个体认同的群体以各种不同的方式形成交叉重叠，很难将群体成员凝聚在一起，维持并促进成员间亲密、长久的关系。人们不是通过选择同类而相吸，而是由于种族、语言、收入和社会地位等某些方面的差异而彼此隔离。都市人没有家，居无定所使他们缺乏传统和情感，几乎没有真正的邻居。让不同类型的人来完成不同的任务，通过竞争、新奇、怪异、有效和创新

① 沃斯．作为一种生活方式的都市主义//汪民安，陈永国，马海良．城市文化读本．北京：北京大学出版社，2008：142－154.

等观念来突出个体的独特性，结果是城市人口组成内部充满了差异。哪里有大量个性迥异的个体聚集，哪里就存在非人格化过程。工厂的出现使非个人化的大规模生产成为可能，标准化和金钱经济与这种生产体制联合起来，使以服务和商品的交换为基础的金钱关系取代了以联结为核心的个人关系。①

总之，沃斯认为，由城市人口规模、密度和异质性等基本空间特征所构成的城市生活方式，本质上是一种非人格化、次级关系和契约性的生活方式和社会心理。

七、人类生态空间论的演化

以帕克和伯吉斯为代表的第一代人类生态学家的理论被称为古典人类生态学，到20世纪30年代至40年代，古典人类生态学受到了较多的批评，这一理论的影响开始下降。最大的批评是，古典人类生态学过分强调人和社区的生物性，忽视了社会性和文化性因素。人类生态学在分析城市的生态结构时，过分强调经济竞争和土地价格因素，没有重视地方文化和情感在城市空间结构形成中的作用。比如，如果一个社区历史悠久，并且有历史意义，当地居民对社区有深厚的情感，当地居民可能会联合起来抵抗外部力量的侵入，那么，即使这个地方很有商业价值，商业机构也很难对这个社区形成侵入和替代。

另一个重要的批评是针对几个城市空间模型的，批评者发现了很

① 沃斯．作为一种生活方式的都市主义//汪民安，陈永国，马海良．城市文化读本．北京：北京大学出版社，2008：142-154.

多不符合空间模型的城市布局结构，所以认为没有什么统一的模式。因此，20世纪50年代以后，一些学者开始重建人类生态学，他们反对将生物学家解释物种分布的竞争和进化的机制片面地应用于人类社区，主张应该重视文化的因素，关注人类群体在适应其环境的过程中如何产生特定模式的社会关系。其中，最有影响力的是“新正统生态学”和“社会文化生态学”。[①]

新正统生态学认为人类生态学是可行的理论视角，这个视角的核心应该是寻求人口如何集体和无意识地适应其环境。（地理）空间不应该是人类生态学理论的中心问题，而应该只是一个附带的、次要的问题，空间仅仅是生态学需要考虑的因素之一。也就是说，人类生态学所要关注的并不是具体的物质人类社区，而是作为功能关系的社区，即人类聚居适应环境所形成的相互依赖的系统。而社会文化生态学则比古典人类生态学和新正统生态学更加强调文化因素在决定人类居住行为中的作用。社会文化生态学从社会文化的角度来研究社区内人们各种社会活动的空间结构，有助于更好地认识社区结构形成和变化的规律。[②]

然而，无论是早期的古典人类生态学，还是后来的新正统生态学与社会文化生态学，它们虽然都不同程度地关注了空间因素，但均没有在理论上完成真正的“空间论转向”。主要是因为其空间研究存在着以下两个方面的局限。一方面，人类生态学把城市空间当作一种纯粹的物理现象，空间形式被作为既定的东西加以接受，忽视了形塑城市

① 夏建中．城市社会学．北京：中国人民大学出版社，2010：67.

② 蔡禾，张应祥．城市社会学：理论与视野．广州：中山大学出版社，2003：21，40.

空间的社会关系、经济结构及不同团体间的政治对抗。[1] 空间在人类生态学的分析中是一个被动的、静态的存在，空间本身的状况以及变化并不是分析环节的核心。所以，这是一种对“空间中物的研究”，而不是对“空间本身的研究”。

从实质上来说，帕克等人将空间看作社会组织进程的物理表现，空间是一种既定的容器或者形式，更多反映的是社会关系结构如何影响地理空间的变迁。以在人类生态学中非常重要的“社区”概念为例，社区是一种地域共同体，人类生态学真正关心的是这个“共同体”，而“地域”仅仅是一个地理环境。这种空间研究的目的也是在空间现象中寻求超越具体空间限制的一般模式和规律，而后来真正的空间论视角则将空间视为是主观与客观的结合，注重表现空间的感性化、差异化和多样化。

另一方面，人类生态学理论有很强的功能主义倾向，它把城市看作一个有机体，城市的各个部分像器官一样承担着不同的功能，城市的不同社会群体处于不同的位置，都是有它的道理的，是自然而然的竞争的结果，或者是因为它们承担了不同的功能。戈特迪纳就认为，芝加哥学派的空间组织，来自社会以一种达尔文进化论或亚当·斯密“看不见的手”的方式相互作用的结构。生态学的驱动是自我调节或均衡，并对社会产生积极的影响。他们把社会的各种力量看作在城市生活中起着的一种平等的、相互依赖的作用，同时还把空间内部的相互作用想象为一个“容器”，因而缺乏一种批判的视角和对制度不公平的

① 蔡禾，都市社会学研究范式之比较：人类生态学与新都市社会学．学术论坛，2003，158（3）：110－116．

关注。[1] 20世纪70年代初，一个替代性的空间社会学理论开始形成，被称为新城市社会学。新城市社会学是对人类生态学的进一步突破，它结合马克思对资本主义生产关系的批判，将城市空间放入资本主义制度的分析中，并将城市空间的生产视为资本主义制度再生产的核心。

参考文献：

伯吉斯．城市发展：一项研究计划的导言//帕克，伯吉斯，麦肯齐．城市社会学：芝加哥学派城市研究．宋俊岭，郑也夫，译．北京：商务印书馆，2012.

蔡禾，张应祥．城市社会学：理论与视野．广州：中山大学出版社，2003.

蔡禾．都市社会学研究范式之比较：人类生态学与新都市社会学．学术论坛，2003，158（3）.

戈特迪纳．城市空间的社会生产．任晖，译．南京：江苏凤凰教育出版社，2014.

何雨．社会学芝加哥学派：一个知识共同体的学科贡献．北京：社会科学文献出版社，2016.

麦肯齐．人类社区研究的生态学方法//帕克，伯吉斯，麦肯齐．城市社会学：芝加哥学派城市研究．宋俊岭，郑也夫，译．北京：商务印书馆，2012.

帕克．社区组织和浪漫情绪//帕克，伯吉斯，麦肯齐．城市社会

① 戈特迪纳．城市空间的社会生产．任晖，译．南京：江苏凤凰教育出版社，2014：35.

学：芝加哥学派城市研究．宋俊岭，郑也夫，译．北京：商务印书馆，2012.

帕克．城市：对于开展城市环境中人类行为研究的几点意见//帕克，伯吉斯，麦肯齐．城市社会学：芝加哥学派城市研究．宋俊岭，郑也夫，译．北京：商务印书馆，2012.

帕克，伯吉斯，麦肯齐．城市社会学：芝加哥学派城市研究．宋俊岭，郑也夫，译．北京：商务印书馆，2012.

王光荣．论芝加哥学派城市生态学范式的局限．天津社会科学，2007（5）.

沃斯．作为一种生活方式的都市主义//汪民安，陈永国，马海良．城市文化读本．北京：北京大学出版社，2008.

夏建中．城市社会学．北京：中国人民大学出版社，2010.

周晓虹．芝加哥社会学派的贡献与局限．社会科学研究，2004（6）.

第三章 贝尔的后工业社会空间理论

丹尼尔·贝尔（1919—2011）是当代著名的思想家、社会学家，以对“后工业社会的研究”著称。贝尔的主要学术著作是《后工业社会的来临》（1973）和《资本主义文化矛盾》（1976），其主要内容是对工业社会即将终结、后工业社会即将来临的预测，从经济、政治、文化等方面解释了从工业社会转向后工业社会的复杂变化。贝尔对后工业社会的深刻分析为后现代社会学思维方式变革和理论观念革命明晰了现实基础，也为空间社会学理论阐明了时代背景和方法论原则。[①]

---

① 刘少杰．后现代西方社会学理论．2版．北京：北京大学出版社，2014：60－61.

一、基本立场与方法原则

贝尔秉承的方法论取向和理论观点有很强的“空间论”色彩。传统的“结构论”试图寻找事物的共性和事物发展的内在必然规律，典型的代表就是因果决定论。而空间论则更多地关注事物外在的、差异化的形式，注重感性体验、个性自由和具体存在。贝尔反对因果决定论，强调社会领域的分化，以及各领域中有不同的“中轴原理”，反对某一领域或某一因素是决定性力量的观点。他称自己是经济领域中的社会主义者，政治领域中的自由主义者，文化领域中的保守主义者。

一般认为，经济领域是工具性的，在相互竞争的各种目的之间分配资源的过程中，经济学只是“手段”的科学，或理性选择的科学。价格体系只是一种机制，它在生成的各类需求所构成的框架中对商品和服务进行配置。而最终指导经济的还是经济根植于内的文化价值体系。经济政策作为一种手段可以是有效的，但只有在塑造它的文化价值体系内，它才合理。所以，贝尔认为在经济领域应该主张社会主义原则，它不是经济中央集权制或生产资料的集体所有制，而是对经济政策优先权的判定。在判定经济政策合法性的价值观方面，共同体比个人优先。因此，在进行社会资源配置时的首要原则是：让个人可以过一种有自尊的生活，成为集体的一分子。这意味着一套劳动优先制度，以保证那些寻找工作的人有抵御市场风险的安全感，并得到充分的医疗保健和保障制度保护。另外，他认为财富不可以兑换成与它无关的领域内的特权，在财富、地位和权力领域中，每个领域都有各自的公平分配原则。①

政治领域中的自由主义，即强调在政治中，个人而不是群体，应该是首要参与者。对于政治而言，贝尔认为应该维护公众和个人间的区分。公共领域在平等适用于所有人的法律下运行，它平等地对待众人，而不是想“使他们”平等。贝尔相信个人成就原则，而不是社会地位的继承或指定的分配。但他不是一般意义上的平等主义者，而是认为不同的技术和努力应该得到不同的报酬。② 在公共参与的政治生活之外，是个人自决、自愿、自利的私人领域，对于私人领域，国家不应过多干预，只要人们在争取自己的利益时不妨碍他人和公众领域，就没有必要像中央集权国家那样无限制地干涉他们。简言之，贝尔强调公众领域人人平等，私人领域个性自由，但是都应当有一定的规则与制约。③

文化领域的保守主义指尊重传统，相信对艺术品质量好坏的合理判断，而且在判断经验、艺术和教育的价值时，权威原则是必要的。贝尔认为，文化是想为生存困境提供一系列内在一致的应对的努力，所有人在他们的生活过程中，都会面对这些困境。所以，对一种文化的生命力来说，传统提供了记忆的连续性，告诉我们前辈在面临相同困境时是如何应对的。④ 面对 20 世纪 60 年代的青年造反运动，贝尔告

① 贝尔．资本主义文化矛盾．严蓓雯，译．北京：人民出版社，2010：1－2.
② 同①4－5.
③ 刘少杰．后工业社会理论．2 版．北京：北京大学出版社，2014：62.
④ 同①5.

诫青年不要采取过激行为，在他看来，资本主义文化传统中有值得批判的因素，但是文化传统是不可能完全被抛弃的，应当维护文明的延续性。文化观念的稳定性也有利于人们的精神生活和社会生活的健康发展，而不应当不顾一切地冲击文化传统，标新立异地制造缺少根基和内容贫乏的新文化形式。①

政治上的自由主义、经济上的社会主义和文化上的保守主义，这三者看似矛盾，却能统一在贝尔一个人身上。因为贝尔是以这三种立场或学术观点分别面对社会生活的三个主要领域，认为资本主义社会不同方面的发展是不平衡的，不应当不加区分地一概而论，应当面对实际存在的主要问题，分别采用不同的原则、方法和策略。② 这里可以看出，贝尔不像传统“结构论”那样寻求统一的内在规律，而是更有“空间论”色彩地去展现不同社会现象的具体差异性。而且，贝尔在分析社会问题时有明确的价值主张，而不是仅把研究对象当作一个客观现象。主观与客观的结合，在贝尔的方法论和理论观点中都有所体现，而这恰恰是“空间论”区别于“结构论”的一个关键所在。

贝尔将主观与客观结合起来的方法论取向最典型地表现在他对“概念性图式”和“中轴原理”的表述上。贝尔指出，社会结构不是一种对社会现实的客观“反映”，而是一种概念性图式的“反映”。社会是许多不同关系织成的网，这些关系是不能只靠客观的观察来认识的。思想靠发现一种表达基本格局的语言来认识现实，知识起到我们用以建立各种关系的范畴的作用。“一个概念性图式从一个复杂的现实中选

① 刘少杰．后工业社会理论．2 版．北京：北京大学出版社，2014：62－63.

② 刘少杰．后现代西方社会学理论．2 版．北京：北京大学出版社，2014：63.

择特殊的属性，并按照共同的成规把它们分类，以辨别其同异。”概念性图式的基础是中轴原理：“中轴原理和中轴结构力图说明的不是因果关系（这只能用经验关系论来说明），而是趋中性。在寻找社会如何结合在一起这个问题的答案时，它设法在概念图式的范围内说明其他结构围绕在周围的那种组织结构，或者是在一切逻辑中作为首要逻辑的动能原理。”我们可以确定一系列分系统，比如教育的、政治的、职业的、宗教的和社会的，它们相互影响，没有哪一个是最重要的，一切都分解为相互作用的力量。概念性图式和中轴原理允许人们从多方面和多个立足点来了解社会，但它并不排斥“首要逻辑”的价值。这样，人们在解释社会现象时，就可以避免片面决定论，如经济决定论和技术决定论，然而又能够在既定的概念中挑选出一个首要的逻辑。①

与将社会看作一个整体的观点不同，贝尔主张把社会看成三个截然不同的领域，即技术经济结构、政治和文化三个领域，每个领域都服从于不同的轴心原则。这三个领域互不重合，也有着不同的变迁节奏。② 贝尔认为中轴原理是对因果决定论的否定，其目的是揭示贯穿在一起的社会结构中的中心结构或中心因素，它可以把其他结构联结在自己周围，它展开一种可以由之出发去解释其他逻辑顺序的首要逻辑，它具有对其他矛盾关系、组织结构或逻辑联系的功能制约性。所以，用中轴原理来把握社会结构，能够掌握中心结构同其他社会结构的功能性联系。但这种联系不是决定与被决定、根源与派生的关系，而仅仅是人们为了解释某种现象在特定视角中把握到的某种中心环节，它

① 贝尔．后工业社会的来临．高铦，等译．北京：新华出版社，1997：8-11.

② 贝尔．资本主义文化矛盾．严蓓雯，译．北京：人民出版社，2010：9.

与非中心环节是相互作用的关系。由于贝尔否认社会研究的纯客观性，承认社会研究中包含着主观选择，因此，他认为人们在选择社会研究的视角时，总是受某种价值目标或意义追求的影响，突出那些比较重要的方面作为轴心。所以，中轴原理在肯定社会关系复杂性、多元性的同时，强调人们可以根据其主观需求，在复杂的关系中选择一种最重要的关系或因素作为轴心开展研究。①

封建主义、资本主义和社会主义这些概念，是马克思主义以财产关系为中轴的概念序列。而前工业社会、工业社会和后工业社会则是以生产和使用的各种知识为中轴的概念序列。以中轴为基础，我们可以突出相同点和不同点。以财产为中轴，美国社会和苏联社会一个是资本主义社会，一个是社会主义社会。而以生产和技术为中轴，苏联社会和美国社会都是工业社会，因此有很多一致性。② 所以，贝尔认为，用不同的中轴观察、解释社会现象，不仅可以获得更丰富的认识，而且可以克服社会科学研究中的严重错误——绝对论。这突出强调了中轴原理对社会研究的条件性、具体性和相对性，也为空间论指导下的社会研究提供了一个基本的研究视角和方法原则。③

二、后工业社会的空间变迁

著名的后工业社会理论就是在概念性图式和中轴原理方法论的基础上提出的，后工业社会概念主要从技术经济结构的领域寻找中轴，

---

① 刘少杰．后现代西方社会学理论．2 版．北京：北京大学出版社，2014：64－65.

② 贝尔．后工业社会的来临．高铦，等译．北京：新华出版社，1997：11.

③ 同①67.

强调理论知识的中心地位是组织新技术、经济增长和社会阶层的中轴。在后工业社会里，中轴体制是理论知识的中心地位，它代表社会组织的一种新的中轴原理，并规定日益进入后工业时代的社会必须面对的一些共同核心问题。[①] 贝尔提出的后工业社会概念及一系列理论观点是对建立在工业社会基础上的社会学理论的超越，既为后现代社会学理论奠定了现实基础，也为强调从工业生产转向空间生产的空间社会理论指明了时代背景。概括起来，后工业社会主要包括五个方面：

经济方面：从产品生产经济转变为服务性经济。

职业分布：专业与技术人员阶级处于主导地位。

中轴原理：理论知识处于中心地位，它是社会革新与制定政策的源泉。

未来方向：控制技术发展，对技术进行鉴定。

制定决策：创造新的“智能技术”。[②]

因为后工业社会在“时间”和“空间”两个维度上形成了自己的特点，所以，正如贝尔所言，“变化的速度”和“规模的变化”是讨论后工业社会时的关键概念。在时间的维度上，变化的速度急剧加快了。环绕地球所用的时间每四分之一世纪就按指数减少 200%，科学研究的总量自牛顿以来每 15 年翻一番。而且，这些变化越来越迅速地改变我们的知识和生活的性质，包括改变我们有关自然界和宇宙范围的概念。今天，孩子面临着要从根本上与过去决裂的情况，而我们必须培养他适应尚不了解的未来。整个社会也遇到这样的任务，它必须在时间上

① 贝尔．后工业社会的来临．高铦，等译．北京：新华出版社，1997：124－127.

② 同①14.

指向未来，并且认识到人类有能力通过技术和科学并通过社会决策有意识地控制我们生活中的变化。今天，我们不仅能设法指明变革的过程，而且一直在加快“时间机器”的运转，因此从变革的创始到应用之间的距离大大缩短了。在空间的维度上，后工业社会与过去区别开来的突出事实是我们生活“规模”的变化，人与人交往协作的空间尺度扩展到全国乃至全球。① 运输与通信革命作为技术的一个后果，已经使经济上产生了新的经济互相依存和新的社会相互影响的情况。社会关系的新的联系网形成了，自然和社会方面的新的密集关系成为人类行动的空间基础，达到“时空压缩”的效果。这意味着古老的地区性文化的解体，意味着整个世界的艺术、音乐和文学传统汇集成一种新的世界性的兼容并蓄的内容。②

简言之，大规模社会是一种“天涯若比邻”的社会。虽然最初的变化是由交通运输和通信网络的新形式所产生的，它们使人们可以用无数方式很快接触，但是，“天涯若比邻”不仅指飞越各大洲的时间和空间的缩短，或者与地球上任何部分的电信联系，而且指从人们所共同经历的时代来看，在社会、艺术以及心理方面的“天涯海角”都像“比邻”一样被统合起来了。人口数量、相互联系以及密度增加的影响是巨大的，它导致与世隔绝的地区的消失。通信联络范围的扩大使任何一个人都可以即时注意到整个世界，这产生了“超负荷的通信”。一个强调个体化的时代，却失去了私人世界，哪里还有社会心理方面的

---

① 贝尔．后工业社会的来临．高铦，等译．北京：新华出版社，1997：184－190，377－380.

② 同①207－208.

暂不受干扰？哪里能摆脱喋喋不休地从空中传来的信息重压呢？[①]

贝尔以技术经济结构中的知识为中轴，对人类社会在“时间”维度上的变迁进行了重新梳理，并展示了前工业社会、工业社会和后工业社会三种类型的社会空间。前工业社会是人与自然竞争的社会，它的资源主要来自采掘，生产率低下；工业社会是人与经过加工的自然界的竞争，它以人与机器之间的关系为中心，利用能源来把自然环境改变成技术环境；后工业社会则是人与人之间的竞争，它以信息为基础的“智能技术”同机械技术并驾齐驱。[②]

更具体地说，在前工业社会，绝大部分劳动力从事采掘和提取自然资源的行业：矿业、渔业、林业、农业。人们按照传统的方法，单纯用体力进行劳动，人们对世界的认识是以季节、土壤性质和水量这些因素为基础的。生活的节奏是由这些偶然事件形成的。时间感觉则是一种持续的感觉，是长的瞬间和短的瞬间的感觉；劳动的速度随季节和风雨而变化。由于这是与自然界的竞争，所以生产率低下，经济被自然界的具体变化和原材料价格反复无常的动荡所左右。社会生活的单位就是扩大了的家庭。由于生产率低、人口多，所以就业率不高；由于个人时常只寻求自身糊口，所以家庭仆役是便宜和充裕的，甚至社会上最大的职业类别就是家庭仆役。总之，前工业社会是由日常活动与传统方式所构成的农业社会。[③]

工业社会是商品生产的社会，生活是与经过加工的自然界进行竞

① 贝尔．后工业社会的来临．高铦，等译．北京：新华出版社，1997：334－348.

② 同①128－129.

③ 同①136－137.

争。世界已经成为技术和合理化的世界。机器处于主导地位，生活的节奏取决于机器的速度。时间是按顺序的、有条理的和均匀间隔的。能源代替了体力，提高了生产率。能源和机器改变了劳动的性质，技术被分解为比较简单的组成部分。过去的手工业者被工程师和半熟练工人替代，他们是机器与机器之间的齿轮。这是一个协调行动的世界，人、原料和市场为商品的生产和分配而密切配合。这是一个有日程、有规划的社会，商品的各部分都按确切的时间和确切的比例装配起来，以加速商品的流通。这是一个有组织的世界，是等级森严的、官僚体制的世界。人被作为“物”来对待，因为协调物比协调人更容易。典型的代表是泰勒所主张的科学的时间研究的思想，正是由于劳动测定和单位成本的思想而不是由于工厂本身的出现，才使得工业具有一种新的生活方式的意义。技术的标准是效率，生活方式以经济学为模式：人们如何利用最好的机器，按照竞争价格，从自然物里提取最大数量的能量？社会生活的单位是个人，自由社会是个人决定的总和，这些决定最终由市场所记录的各种需求而汇总起来。①

而后工业社会则是以服务行业为基础的，它是人与人之间的竞争。这里考虑的不是纯粹的体力或者能源，而是信息。主要人物是专业人员，因为他们通过教育把自己武装起来以提供各种后工业社会所需要的技能，导致了一个“白领社会”的出现。这意味着职业结构的重大变化以及“阶级”概念重要性的下降，社会不是由“阶级地位”，而是由“工作地点”所组织起来的。在后工业社会，社会上主要的政治利

---

① 贝尔．后工业社会的来临．高铦，等译．北京：新华出版社，1997：137－138，384.

益单位将是“地点”而不是“地位”，“地点”更有可能会在相互之间产生更大的公共聚合力并成为公众支持的主要争取者和决定公众决策的主要支持者。另外，如果工业社会是根据商品数量来确定的话，后工业社会则是根据服务和舒适——保健、教育、娱乐和文艺——所计量出的生活质量的标准来确定的。服务行业包括一些与空间生产相关的内容，列斐伏尔认为，空间生产不是指在空间内部的物质生产，不是将空间仅当作物质生产的器皿和媒介，而是指空间本身的生产。空间进入了现代资本主义的生产模式：它被利用来生产剩余价值。土地、地底、空中甚至光线，都被纳入生产力与产物之中。资本主义生产了一个抽象空间，这个空间有赖于银行、商业和主要生产中心所构成的巨大网络，我们也可以见到公路、机场和资讯的网络散布在空间中。[①] 在由工业社会向后工业社会过渡的过程中，服务业经过的几个阶段，都与空间生产有关或可以作为空间生产的背景：第一，在工业发展的同时，必然引起运输和公共事业的扩大，商品运输和能源使用增加的辅助性服务将引起非制造业劳动力的增加；第二，在大规模商品消费和人口增长的过程中，销售与金融、房地产以及保险等传统白领行业的就业活动也在增加；第三，随着人们生活面的扩大和新需求的发展，个人服务部门开始发展：旅社、饭馆、旅游、娱乐、汽车服务等。后工业社会是一个大规模广泛参与的“公众社会”，但社会生活的单位是社区而不是个人，人们必须完成一种“社会决策”，而不是仅仅把个人

① 列斐伏尔．空间的生产//包亚明．现代性与空间的生产．上海：上海教育出版社，2003：49－50.

决策集中到一起。[①]

贝尔将上述三个社会发展阶段所形成的社会环境概括为三种社会空间：自然世界、技术世界和社会世界。每一个世界都有一个象征意义上的宇宙学原理。对自然世界来说，这种宇宙学原理就是从命运到机遇的轨迹。贝尔以希腊思想为例证进行了分析，比如，荷马把时间描写成一个圆环，其中枯死的植物界每年都有一次新生。在神秘的传统中，这种看法和仪式转变成这样一个主题：生与死之后是复活和新生，人的命运由此构成一个完整的圆环。柏拉图将这种来世论整合进一个道德秩序中，强调人来生的幸福或痛苦取决于他此生的行为。人们发现，公元前5世纪末，关于生命的悲观情绪非常明显，这种悲观情绪在命运女神的兴起中表达出来。在任何受必然性约束的事物规律中，命运总是和机遇连在一起，这种机遇不像我们想的那样是可能性或冒险，而是命运论，一种不可知力量统治的客观现实。如果命运统治着一切，那随意的生活就是最好的办法。当生活越来越无常，人就受困于机遇，并祈祷机遇。因此这个轨迹就是，从分得的一份到随意的行为，从空间的秩序到偶然的无序。[②]

技术世界是由理性和进步确定的。马克思在人的物质和技术力量的发展、控制自然手段的扩大中，看见了人的进步，从而消除了历史进程的神秘性。其框架是“逃脱必然”，人可以从“必然王国”走向“自由王国”，人类将战胜一切限制，达到对自然和自我的完全掌控。培根曾在对“六日工作制学院”的描述中称：“我们这个机构的目的是

---

① 贝尔．后工业社会的来临．高铦，等译．北京：新华出版社，1997：138－139，410.

② 贝尔．资本主义文化矛盾．严蓓雯，译．北京：人民出版社，2010：163－164.

探讨事物起因及它们的秘密运动；并扩大人类帝国的边界去成就一切可能。”勾勒知识发展轨迹的冲动让我们成了现代人，典型的代表是亨利·亚当斯，他设想了一种“社会物理学”，将历史看作一个引力和反作用力、运动和质量、多重力量线、从整体走向多样性的网格。亚当斯在《应用于历史的相律》一文中试图将平方反比律应用在历史时期上，他认为“机械相”随着伽利略、培根和笛卡尔的思想于 1600 年开始出现，并已经持续了 300 年。下一个“电子相”的出现按照平方反比律计算，电子相将持续 17 年左右。这就是应用社会物理学等式勾画出的社会进化的宇宙图景。根据相律，社会在偶像力量，也就是宗教对人的控制的网络里存续了上千年，它经过机械时代后进入了电子相，而社会最终的命运将是“熵”。因此，在技术世界中，人类以进步开始，以停滞告终。①

社会世界则在很大程度上是一种意识网络，一种有待作为社会结构而实现的想象形式，人们主要通过互惠意识而不是一些外在的现实来体验社会。但是，这个社会结构有什么规则？有什么道德观念？既没有自然，也没有技术，那靠什么维系人与人之间的关系？每一个社会，要么靠高压，要么靠道德秩序聚合在一起。在后工业社会所形成的世界里，分类模式是科学知识、高等教育、通信结构等，这些涉及的是合作和互惠，而不是协调与等级。在这个世界里，人越来越脱离自然，也越来越少跟机器打交道，人只跟人生活在一起，跟人打交道。在自然环境中，战胜自然给了人类生存的共同目的；而在技术世界里，

① 贝尔．资本主义文化矛盾．严蓓雯，译．北京：人民出版社，2010：164－166.

跟物联系在一起的群体生活则给人以巨大的力量感。[①] 但在后工业社会，这些经验都淡出视野，社会结构就更加依赖道德秩序了。在一个深入的道德秩序中，证明规范正当性的基础是一套共有的价值体系。在历史上，宗教作为关注终极价值的意识形态模式，是共有道德秩序的基础。宗教的力量并不来自任何实用性质，宗教不是社会契约，也不仅仅是关于宇宙意义的一套普遍体系。宗教的力量来源于，它是将大家聚合进一个强大容器中的手段，这种神圣感可以作为突出的民族集体意识。神圣与世俗之间的区分是探讨社会世界命运的起点，人类创造出神圣与世俗的二分，并依靠神圣性来维持社会整合。因为社会生活在所有方面只有依靠象征符号体系才得以可能，所以，意识便固着在一些被认为是神圣的物体上。如果宗教在衰落，那就是神圣世界在萎缩，人与人之间的共通感觉和情感纽带在涣散和衰落。向人提供共通身份和情感交流基础的原始要素——家庭、教会和社区——被削弱了，在实践和空间中，人都丧失了维持彼此间持久关系的能力。因此，说“上帝死了”，实际上就是说社会纽带断了。[②] 正如贝尔对维科观点的引述，任何时代的文明因素都是宗教、婚姻和对死者的恰当尊重。每个时代都有其历史进程，当社会丧失了羞耻感，没有绝对的可行或不可行时，其衰落就明显了。那时，习俗和法再也不被尊重，平等导致了放纵，卑劣和嫉妒代替了仁爱。于是，内部出现瓦解，外部又起冲突，而在后工业时代，人类恰恰就是面临这样的“文化矛盾”。[③]

---

① 贝尔．资本主义文化矛盾．严蓓雯，译．北京：人民出版社，2010：160－162.

② 同①167－168.

③ 同①177.

三、文化矛盾与空间观念革命

后工业社会的来临不仅改变了以产业结构为基础的社会空间，还为文化领域带来了空间观念的重大变迁。工业时代所形成的资本主义文化在后工业时代面临着深刻的矛盾，并以“现代主义文化”“视觉文化”等形式表现出来。在对资本主义文化矛盾进行分析时，贝尔也提出了丰富的空间社会学理论。

按照韦伯的观点，禁欲主义的新教伦理为追求财富提供了神圣性和严谨理性的工作态度，构成了资本主义经济的精神基础。但是，资本主义制度中既有“禁欲”的成分，也有“贪欲”的成分。虽然新教伦理通过禁欲主义的文化价值观对资本主义经济生产领域中的贪欲部分进行了约束与引导，并在此基础上使西方在资本主义大工业生产时代创造了巨大的财富，但“禁欲”和“贪欲”之间的矛盾一直存在。“从一开始，禁欲和贪欲就相互缠绕在一起。一个是资产阶级精于算计的精神；而另一个是现代经济和技术表达出来的永不安宁的浮士德式的动机”，后者追求的是“无边无际的边界”和彻底改造自然、超越界限。贝尔认为，所谓的资本主义文化矛盾就是这种浮士德式的冲动突破了新教伦理的约束，禁欲元素及其对资本主义行为的某种道德合法化完全消失了。经济-技术的发动机失去了约束，一切都没有了界限，没有什么是神圣的。[①]

历史上的大部分文化和社会结构（技术经济秩序）呈现出统一性，

① 贝尔．资本主义文化矛盾．严蓓雯，译．北京：人民出版社，2010：9－11.

保证了观念空间与社会空间的整合、有序。古典文化通过融合理性和意志呈现出整一性，基督教文化在将天堂和地狱的等级复制到社会的等级秩序和教会的等级秩序时表现出连续性。早期的资产阶级文化和资产阶级社会结构以秩序和工作为主题建构了一个独特的统一体。作为一门学科，社会学的基本假定是，社会中的个人或群体之所以会有不同的行为与文化立场，是因为他们分属于不同的阶级或社会结构。依据明显的社会属性，人们在利益、态度、行为和文化风格等方面会有系统性差异。但是，越来越明显的趋势是，对于相当一部分人来说，社会地位跟文化风格的关系已经不复存在。这是因为，在当今社会，社会结构（技术经济秩序）和文化之间存在着根本的分裂。前者受经济原则支配，通过根据效益和功能理性给物制定秩序来确定如何组织生产。而文化则变得强调挥霍无度、不加选择，被非理性、反智主义主导。早期资产阶级的价值观在文化领域被彻底抛弃，而这恰恰是由资本主义经济体系本身的运作造成的。[①] 资本主义经济开创的大众消费模式催生了一种无节制的、反理性的“现代主义文化”。

资本主义在生产领域和工作领域仍然需要新教伦理的要求，但在消费领域，它却不断刺激对快感和娱乐的需求。都市生活的普及连同它的各种娱乐需求，通过电影和收音机形成的民族文化造成代表旧价值体系的社会权威的丧失。贝尔认为，现代社会的文化变革首先是因为大众消费的兴起，过去的奢侈品开始流向社会中低层阶级，并被重新定义为必需品。产品在流水线上大量生产；市场的发展让确定不同

① 贝尔．资本主义文化矛盾．严蓓雯，译．北京：人民出版社，2010：36－38.

购买群体及其消费欲望的手段合理化；分期付款购物的普及，更有力地打破了以往新教徒对欠债的顾虑。总之，大众消费意味着在生活方式领域，人们接受了社会变革和个人改变，这给了那些在文化和生产中进行创新并领导潮流的人合法地位。大众消费的首要象征是汽车，它改变了各社区之间的分离和遥远，扫除了地域社会中的许多约束。19 世纪的道德观之所以让人倍感压抑，很大一部分原因是人难以逃离所处的环境，难以逃避错误行为的后果。汽车可以让年轻人安全地躲开邻居窥视的目光，从而得以释放压抑，打破禁忌。①

贝尔所说的“现代主义”具有一定的“后现代”特点，它在风格上努力消除“距离”，包括心理距离、社会距离和审美距离，并坚持体验的绝对在场、同步和直接。另外在理论上，它坚持“自我”的绝对意义，强调人的“自我无限化”，并不断地追求超越。现代主义文化是对物理世界和社会环境变革的回应，在日常感觉印象世界里，因为通信和运输革命，人们对运动和速度、光速和声速有了新的认识，由此产生了时间和空间的错乱感。从美学的角度看，审美观念的根本变化跟运动和高度的时空错位有关。19 世纪以后，人类旅行的速度有史以来第一次超过了徒步或骑马，他们也因此获得了不断变化的景物、连续不断的形象和万物转瞬而过的运动感，这是以前从来没有过的经历。对运动、空间和变化的回应，为艺术提供了新的空间观念。②

首先，现代主义是一种狂乱，与秩序以及资产阶级的有条不紊截然相反。它强调自我，从不停止对经验的探索。理性主义被认为死气

① 贝尔．资本主义文化矛盾．严蓓雯，译．北京：人民出版社，2010：69－70，79.
② 同①48－49.

沉沉，永不停息的探索推动着创造力的涌现，但又不可能形成任何成熟的成果。在这种探索中，人无法设置任何审美界限，任由千变万化的想象力自由驰骋，这种体验没有任何边界。其次，现代主义意味着“距离的丧失”，就是消除审美和心理距离，努力获得直接、冲击、刺激和感性。现代主义抛弃了“理性宇宙观”：绘画空间中的前景与背景，时间中的开始、发展、结尾，艺术门类的区别及适合各种门类的工作方式。具体表现有文学中的“意识流”、绘画中画布上“内在距离”的消除、音乐中旋律与和弦间平衡关系的打破、诗歌中规则韵脚的破坏等。再次，现代主义对媒介极度重视，它不是对内容或形式的关注，而是对艺术媒介本身的关注：绘画中是颜料和材料的实际质地，音乐中是抽象的“声音”，诗歌中是诗歌的音韵或“呼吸”，文学中是“语言”的抽象性质。现代主义带着反抗姿态，反对资本主义社会结构，有其富有创造力的一面。但其代价之一是文化内在统一性的丧失，特别是反对道德规范的反律法主义的蔓延。①

从空间社会学的角度看，现代主义文化最核心的特征是理性宇宙观的瓦解。“从 16 世纪中期到 19 世纪中期，西方的审美意向就是要围绕着空间和时间的理性建构，建立某种正式的艺术原则。和谐一致的审美理念起到调节作用，它关注的是互相关联的整体以及形式的统一。”理性宇宙观具体指：世界的顺序（开端、发展、结局）、空间的内在距离（前景和背景，形象和底色），以及结合在单一秩序观念内的比例感和尺寸感。比如，绘画是“理性”运用正规的数学原理来描

---

① 贝尔．资本主义文化矛盾．严蓓雯，译．北京：人民出版社，2010：12－14.

绘场景（比如说比例与透视法），它试图将空间是深度、时间是次序的理性宇宙观转化为艺术。在音乐中，和弦形成了音程的有序结构，这种结构使得节奏和旋律被融入一个结构性和声。每一种艺术门类也都有着自己的相关领域，不能混淆，而潜藏在所有这一切艺术门类背后的是关于世界的根本宇宙观途径：深度，这一三维空间的透射创造了模仿真实世界的内在距离；叙述则有着开端、中间和结尾观念，它赋予顺序一个按时间发展的链条。①

现代主义否认外部世界的第一性，它既想重新安排现实，又想退回到自我内心的私人体验。比如，绘画领域中的后印象主义、未来主义、表现主义和立体主义都是对空间和运动的观念变化。在某一位作家的画作中，人物和背景几乎融为一体，在另一位画家的作品中，画作的“内在距离”被缩短了，前景和背景几乎没有区别。对未来主义者来说，距离——不管是时间距离还是空间距离——并不存在。他们声称建构绘画的目的是“将观看者放在画的中心”。他们寻找的是客体和情感的同一性，这种同一性不是通过审美观照而是通过行动而获得。现代主义也改变了时间的意义，在文学领域，不仅顺序失去了指示意义，而且，语词和单一意义之间有对应关系这个概念也被撕碎。“意识流”这个概念意味着，即便在时间裂隙处，意识在这流逝的时间后仍然和此间隔之前的意识相叠，因此，被体验到的时间不是顺时而是共时的。②

“距离”是一个重要的空间变量，而在所有艺术——绘画、诗歌、

① 贝尔．资本主义文化矛盾．严蓓雯，译．北京：人民出版社，2010：115，126.

② 同①118－120.

小说、音乐——中，现代主义有着一种共同的“表达语法”，即观众和艺术家之间距离的消逝，审美体验和艺术作品之间距离的消逝。我们可以把这个现象看成是心理距离、社会距离和审美距离的销蚀。心理距离的丧失意味着时间的悬置，现代主义分裂或瓦解了过去和现在的感觉。审美距离的断裂意味着人失去了对经验的控制，比如在实验戏剧中，舞台和观众没有区分，没有正规的舞台屏障，戏剧就在观众中间或周围开始、进行，将观众包围在行动中，或卷入事件里。所有这一切不可避免地造成了人类经验的整个范围内常识感知的扭曲，直接、冲击、同步和感性效果将每一个时刻都戏剧化了。“距离的失落作为一种美学、社会学和心理学事实，意味着对人类来说，对思维建构者来说，再也没有边界，没有经验和判断的有序原则。”①

现代主义还是一种视觉文化，在否认艺术有高下之分的过程中，现代主义走向了大众化，而大众文化总是视觉为上的。音响和画面构成了美学，指导着观众。不仅马戏、景观、戏剧等大众娱乐是视觉的，水坝、桥梁、地下仓库和道路样式等所有建筑和环境的生态关系都成为审美关注的问题。不管是在绘画、建筑还是在雕塑中，空间建构变成 20 世纪中期文化的基本美学问题，正如时间问题是 20 世纪初期的主要关注点一样。在这种对空间和形式的关注中，现代主义文化的生命力在建筑、绘画和电影中得到充分表达。贝尔认为，当代文化已经渐渐成为视觉文化而不是印刷文化。这种变化与其说是因为作为媒介的电影和电视，不如说是因为 19 世纪中期后人们开始感觉到的新的地

① 贝尔．资本主义文化矛盾．严蓓雯，译．北京：人民出版社，2010：126.

理和社会流动感。村庄和房屋的封闭空间开始让位于旅行，让位于速度的刺激，让位于在海滨、广场徜徉的愉悦。[①]

贝尔还对美国20世纪60年代的文化情绪进行了具体分析：他发现艺术和生活的界限被抹杀，绘画转化为行为艺术，艺术品从博物馆移入环境，所有的体验都变成艺术。在60年代，艺术和政治比任何时候都更紧密地融合在一起，但重点不在意识形态内容上，而在风气和情绪上。游击戏剧和示威艺术除了愤怒，没什么内容可言。60年代的文化不仅是反政府的，而且几乎完全是反体制的，并最终也是彻底反道德规范的。文化本质上是“沉思”，这需要在自己和审美客体之间建立一定的距离。但这个观点在60年代被现代主义者破坏，他们认为，艺术和文化的所在地已从独立的艺术品转移到艺术家的人格上，从永久的客体转移到过渡过程上。“对一个又一个美国画家来说，画布开始成为一个行动舞台——而不是重现、重新设计、分析或‘表现’一个真实或想象物体的空间。”古典意义上的雕塑曾作为固体形式定位于三维空间内，它树立在空间上，脱离了世俗地基或墙体的底基。在60年代，这一切都过时了，底基被移除，雕塑由此和环境融为一体。“物质融入空间，空间转化成运动。”“环境艺术抹杀了空间和人之间的界限。偶发艺术谋杀了情境或事件与观众之间的距离。在偶发艺术中，不仅色彩、空间，而且热度、气味、味道和动作都成了艺术品的一个方面。”[②]

贝尔指出，“越界”是一种普遍的文化现象，它伴随着19世纪中

① 贝尔．资本主义文化矛盾．严蓓雯，译．北京：人民出版社，2010：111-114.

② 同①132-135，139.

叶宗教神学权威的瓦解而发生，显示出神圣空间与世俗空间边界的模糊。“文化——特别是我们现在称为现代主义的新兴潮流——实际上接管了跟魔鬼的关系。但是现代主义文化不是如宗教的期待那样驯服魔鬼，而是接受它，探索它，着迷于它，把它看作某种创造力的源泉。”①

总之，现代主义和消费主义消解了资本主义的合法性基础，这一基础曾经建立在新教将工作视为神圣天职的观念中。新教的道德体系被享乐主义——它许诺物质享受和奢侈——取代，文化被颠覆了资产阶级生活的现代主义原则掌控，享乐主义和现代主义之间的相互影响构成了资本主义文化矛盾。而上述矛盾又跟资本主义社会的一个更为本质的问题联系在一起：工业主义的品格建立在经济和节俭的基础上，即讲求效率、追求最低成本、最大限度利用、最优选择和功能理性；然而，正是这种品格和现代主义发生了冲突，因为现代主义文化强调反认知和反智性模式，它渴望回到表达的本能源头。正是这种断裂导致了所有西方资产阶级社会的历史文化危机。

四、城市化中的时空变迁

后工业社会的一个重要方面就是大规模的城市化，并且城市化的进程由集中走向分散，形成了全球规模的城市体系。城市作为一种大规模、高密度的地理空间形态，集中分布着大量的人口、信息和景观，对人们开展社会交往的空间尺度和文化观念的空间基础都产生了根本性的影响。

---

① 贝尔．资本主义文化矛盾．严蓓雯，译．北京：人民出版社，2010：171.

资本主义文化矛盾以及现代主义文化同美国的城乡社区变迁存在着密切关系。美国的新教伦理和清教精神是农夫、小镇、商人和工匠的世界观和生活方式。长期以来，美国社会组织的基本形式就是小镇，可以说，美国社会的生活和特征是由小镇和它的宗教塑造的。在开垦时期充满敌意的环境中，非常有必要在这些小镇里强制推行社区规范准则，这些准则为生存经济中的工作和节制提供了意义与合法性。基督教清教主义的核心是对日常行为的理性道德规范，这不是因为清教徒本身是言行不苟的，而是因为他们将自己的社区建立成一个所有成员互相约束的契约共同体。如果人生活在一个封闭世界里，感受着外在的危险和心理压力，他就必然不仅关心自身行为，还关注整个共同体的情况。最初在荒凉地区，接着在草原上建起的那些城镇，面临着在一大群人中维持秩序的问题。由闲言碎语、羞辱、公开忏悔和改造控制的社会体系，变成了许多社区防止自己大范围崩溃的手段。体面观念，即反对轻浮、享乐和饮酒，变得如此深厚，以至于最初的物质匮乏已经消失了，它仍然延续了很长时间。①

美国社会结构的改造和小镇生活方式不再支配美国，导致了一系列重大的社会文化变革。人口分布的持续变化导致了都市中心的发展和政治力量的转移。更为影响广泛的变化是一个消费社会正在出现，它强调花费和物质拥有，这毁坏了强调节约、简朴和自我克制的传统价值体系。跟社会变化融合在一起的是技术革命，汽车、电影、收音机打破了乡村的与世隔绝，将国家第一次融入一个共同文化和民族社

① 贝尔．资本主义文化矛盾．严蓓雯，译．北京：人民出版社，2010：57，62.

会中。这些变化造成了清教主义的终结。到了20世纪，小镇新教再也没有任何有效的文化象征或文化模式能提供有效的文化意义或抵御攻击。新的文化系统浮现出来，它的基础是都市中产阶级和新兴激进群体。禁酒运动是旧价值的身份群体为了维持其合法性，求助于政治手段来重新确立旧文化的统治地位的尝试。而禁酒组织的基础，即旧社会的基础，是建立在农业价值观之上的乡村小镇生活。它实际上已经被20世纪初的新工业革命摧毁了，这在根本上决定了禁酒运动的失败。①

大城市是一个消费社会，这可以从广告对城市空间的塑造中看出来。贝尔说："如果不是灯光标牌，什么才是一个大城市的标记呢？坐飞机经过城市上空时，夜空折射下那一簇簇红色、橙色、蓝色和白色的灯光就像闪闪发亮的宝石闪烁着光芒。在大城市的中心——时代广场、皮卡迪利大街、香榭丽舍大街、银座——人们聚集到霓虹灯闪烁下的街道上，在摩肩接踵的人群中分享都市的活力。"广告最直接的影响就是改变了城市的中心面貌，它替换了旧的中央教堂、市政大厅或宫殿塔楼，为我们的文明贴上了新的标签。广告是物质商品的标志，是新生活方式的展示，是新价值观的预报。在一个成分复杂、群体繁多、地位流动的城市社会中，广告也具有很多新的"中介"作用。在广告的基础上，美国可能是历史上第一个大规模将文化变革融于社会的国家，许多社会地位问题的出现正是由于人们对如此快速的变化感到困惑。因为广告的作用更多的是改变习惯，而不仅仅是刺激需求。②

① 贝尔．资本主义文化矛盾．严蓓雯，译．北京：人民出版社，2010：67－68.

② 同①71－72.

大规模的城市化带来了感性革命，而这种革命是建立在数字和空间规模的基础之上的。在1789年美国建国之初，全国只有不到400万人，其中75万是黑人。没有什么人住在城市，那时的首都纽约只有33 000人。对大部分人来说，他们生活在彼此隔绝的地方，或人烟稀少的地区，生活的差异性是很大的。人们很少进行长途旅行，远方来客相当罕见。新闻就是当地的闲言碎语，仅有的几家报纸关注的主要是本教区的事件，普通人关于世界的印象相当狭隘。但如今，美国是一个人口众多的高度城市化的国家，很少有人与世隔绝地生活，甚至那些在农庄干活的人也通过大众媒体和流行文化跟国家社会联系在一起。跟1789年相比，每个人认识的人的数量不同了，人们遇到的人增多了，掌握的名字、事件和知识的范围大大扩展了。当然，当代社会的特点不仅体现在它的大小和数目上，也体现在它不断增长的相互影响上。既包括身体上的，如通过旅行、更大的工作单位和更高的居住密度，也包括心理上的，如通过大众媒体。这种相互影响将大量的人口直接地、象征地联系起来，作为一种经验模式导致了相应的心理影响：求变求新的欲望，对感性的追求，对文化的类比，所有这些都鲜明地标志着当代生活的节奏。①

感性革命最直接的体现就是视觉文化的兴起，而视觉文化也是以城市空间的环境特征为基础的。城市不仅是个地方，也是一种精神状态，是独特生活风格的象征，这种生活风格的主要特征是多样性和刺激性。城市也展示出规模感，要“了解”一座城市，必须走街串巷，

① 贝尔．资本主义文化矛盾．严蓓雯，译．北京：人民出版社，2010：94－95.

但要“看”一座城市，则必须身处局外才能纵览全貌。从一定的距离看去，地平线才“代表”了这座城市。城市内部的密度将导致认识上的震惊，而它的轮廓侧影则是让人认知的持久标记，这种视觉因素是它的象征表达。人为的城市景观镌刻在它的建筑和桥梁上，钢筋混凝土的使用让建筑师创造出“雕塑般”的形状，这形状具有自由流动的自我生命力。在这些新的形式中，人们可以发现一种强有力的对空间的新理解和新构造。在这种新的空间观念中，有着内在距离的丧失。不仅是现代交通压缩了自然距离，创造了旅行和使人得到看到那么多不同地方时的视觉快感，而且，新艺术的技术手段（主要是电影和现代绘画）也消除了观看者和视觉经验之间的心理距离和审美距离。立体主义对同步性的强调以及抽象表现主义对冲击力的强调，都是强化情绪直接性的努力，它们将观众拉入行动，而不是让他沉思这些经验。现代主义强调按照新奇、感觉、同步和冲击来组织社会与审美反应，它在视觉艺术中找到了主要表达方式。①

大规模的城市化通过空间变迁还改变了很多社会问题的基本格局。以种族问题为例，研究美国黑人政治角色不断变化的一个重要线索是：1910 年，大约 90%的美国黑人生活在南方，最晚至 1950 年，仍有 68%的黑人生活在那里；但 1960 年是“分界年”，在这个分界点上，黑人人口的一半生活在北方。20 世纪 60 年代期间，平衡的重心急剧转移。黑人不仅离开南方，他们也都市化了。1910 年，大约四分之三的黑人生活在农村地区；而到了 1960 年，几乎四分之三的黑人生活在城

① 贝尔．资本主义文化矛盾．严蓓雯，译．北京：人民出版社，2010：112－113.

市。事实上，在20世纪60年代，生活在都市中的美国黑人比白人更多。一种意义重大的新格局逐渐形成，即黑人集中居住在一些主要城市里。在1960年，在纽约的黑人超过100万，芝加哥89万，费城67万，底特律56万，洛杉矶33.5万。黑人集中居住的同时是白人移居郊区。这意味着在城市中心范围内，黑人人口开始占据总体中的重要比重。比如，一个具有象征意义的案例是，到了20世纪60年代中期，首都华盛顿人口的55%是黑人。这种人口密度和社会分量给了黑人社区施加其政治影响的可能性，这种影响可以在一个统一的政治体系里加以有效利用。黑人之所以能比以前更成功地要求改变权力结构，不断变化的人口政治地图正是重要的背景原因。①

随着规模的持续扩大，在城市化的基础上形成了一个民族社会。贝尔发现，民族国家的出现带来了三个显著问题。第一，社会问题成了全国范围的问题。居民可以轻松移居全国各地，而且移民条件变化多端，这些情况给特定地区增加了负担。第二，现有行政管理结构不够完善。美国由50个州组成，每个州都承担着本州的医疗教育和居民福利，但在一个民族社会中，很多小州的纳税基数很小，人口大都在别州工作，但行政费用依然很高。另外，随着交通运输技术的发展，郊区进一步向远离中心城市的地方扩展，不断扩大的都市地区合并形成了新的社会经济单位——特大城市。特大城市甚至跨越了州和地方政府的边界，给共同使用水、土地、交通运输体系等带来了新的协调任务。第三，全民表决政策应运而生。在美国，空间距离已经消失，

① 贝尔．资本主义文化矛盾．严蓓雯，译．北京：人民出版社，2010：198.

后果是华盛顿成为所有政治斗争的战场，压力被集中到一个地方。[①]

民族社会的进一步发展就是全球社会。经济方面，经济决策的决定权不再在任何一个国家手里，每个国家的经济命脉都日益超出了自己的控制范围。从 1830 年到 1930 年，有一个建立在黄金基础上的“自我调节”的国际市场，国家经济服从于这个市场的规律。尤其是 20 世纪 60 年代以后，随着世界贸易和全球投资的扩大，国际经济直接成为决策中心，并造成了一系列新的不稳定因素。跨国公司成为世界舞台上的活跃者，其产生的影响主要在于全球范围内的资金运用、技术和管理技能的改变。市场不再是国家市场，有些货币政策不再是为了保护国家的金融，而是为了保护跨国公司的收支平衡。而且，跨国公司的计划并不总是和任一国家的经济利益相一致。资本市场也国际化了，由于金融资本对收益差异越来越敏感，它快速跨越国家边界，以期获得更好的投资回报，世界视域因此成了一整块“画布”。交通和通信革命的影响也十分明显。大型喷气式客机增加了全世界旅客的数量，减少花费的时间。国际通信卫星的增多，将加快低成本国际资讯传播的速度，扩大“实时”事件的报道影响。这种结构变化带来了一对看似矛盾的后果：一方面，通信网络的扩展使得集中和控制的程度越来越高；另一方面，任何社会都越来越难以闭关锁国。[②]

距离的缩短是显而易见的。从军事角度看，这意味着能很容易地将大批士兵空运到世界上任何一个角落，而指挥部仍然留在国内的政

---

① 贝尔．资本主义文化矛盾．严蓓雯，译．北京：人民出版社，2010：209；贝尔．后工业社会的来临．高铦，等译．北京：新华出版社，1997：352.

② 贝尔．资本主义文化矛盾．严蓓雯，译．北京：人民出版社，2010：220－224.

治中心。从经济角度看，这意味着国家能低成本地从遥远的资源供应地进口大量资源。从心理和社会角度看，可以发现“传染力量”的蔓延，新观念、新主题和新策略被很快接受。总之，新的交通和通信方式使人与人交往更频繁，交易增多，相互之间的联系更为密切。随之而来的是又一个双重后果：一方面，由于各种事件被迅速报道，“震惊事件”越来越多，人们对这些事件的“反应时间”越来越短；另一方面，“震惊事件”的多样化和视觉化导致人们与事件之间产生了距离，感觉日益麻木，当电视上的轰炸场面变得稀松平常，人们的情绪反应能力就趋于迟钝。简单来说，正如社会其他许多方面存在过载一样，这里是感觉的过载。[①]

参考文献：

贝尔．资本主义文化矛盾．严蓓雯，译．北京：人民出版社，2010.

贝尔．后工业社会的来临．高铦，等译．北京：新华出版社，1997.

列斐伏尔．空间的生产//包亚明．现代性与空间的生产．上海：上海教育出版社，2003.

刘少杰．后现代西方社会学理论．2 版．北京：北京大学出版社，2014.

① 贝尔．资本主义文化矛盾．严蓓雯，译．北京：人民出版社，2010：224－225.

第四章　福柯的权力空间理论

尽管米歇尔·福柯并没有提出一个一般性的空间理论①，但他通过对精神病院、医院、监狱等独特空间之描绘，将知识、权力、主体、规训等议题与空间勾连，的确向人们展现了一套理解空间、把握空间的独特视角。与列斐伏尔一样，福柯相信空间绝非静止、僵化的，它蕴含了一种权力实践，也是权力规训的手段，使得空间中的主体得以被规划、管理和监督，形成一个个"驯服的身体"。与列斐伏尔重点关注城市空间（它是现代人熟悉和常见的日常生活空间）不同，福柯更像是在日常化之中寻找"另类空间"，这些空间既在生活之内，又在生活之外。因此可以说，福柯用空间这一独特意象勾勒了他对权力异化的日常生活的理解，他不仅仅是空间的"描绘者"，也是空间的"建造者"。

① 齐埃利涅茨．空间和社会理论．刑冬梅，译．苏州：苏州大学出版社，2018：137.

一、福柯的生平与著述

米歇尔·福柯（Michel Foucault，1926—1984）是 20 世纪最具批判性、洞察力和反思性的伟大社会理论家之一。他出生于法国维埃纳省普瓦捷市（Poitiers），生于一个医学世家，父亲是一名著名的外科医生，家境殷实。但由于童年和青少年时期的种种经历，他反感自己的父亲，也反感医学，甚至把自己的名字从“米歇尔-保罗·福柯”改成了“米歇尔·福柯”，丢掉了属于父亲的“保罗”。①

中学毕业后他经过两次尝试考取了法国最著名的学府——巴黎高等师范学院，他像当时大多数最优秀的学生一样选择专攻哲学，他在让·波弗莱的指导下研究了康德，在梅洛-庞蒂的指导下研究了探讨心身问题的种种方法，与还是青年教师的路易·阿尔都塞结下了友谊，他对黑格尔、马克思、海德格尔、萨特等人的理论做了深入研究，展现出非凡的天分和异于常人的刻苦。但福柯的大学生活并不愉快，他不善与人相处，性格孤僻古怪，说话尖酸刻薄，与同学们的关系不睦。福柯在入校第一年便遇到了同性恋伙伴，但在当时同性恋被视为一种耻辱，不能公开，这让他的日子更加煎熬。为了排解痛苦他在读书期

① 埃里蓬．权力与反抗：米歇尔·福柯传．谢强，马月樱，译．北京：北京大学出版社，1997：5.

间尝试吸毒，据称那是能给他提供“那种不可能想象的极度快乐的媒介”[①]。福柯当时被人们看作半疯状况，他自己也异常痛苦，两次尝试自杀，但均未成功。为了解决福柯精神上的困扰，1948年福柯的父亲将他带到了法国精神病学权威让·德莱教授的诊室就医[②]，这让他得以首次接触精神疾病的机构，这一议题在福柯的作品中占据重要位置。

1949年6月，福柯以《黑格尔〈精神现象学〉中的历史先验性的构成》完成了毕业论文答辩，并经过两次努力通过了教师资格会考。但他没有按照惯例去当中学教师，而是留在巴黎高等师范学院进行了三年研究工作，在此期间还获得了一个精神病理学学位。1952年他前往里尔大学担任助教，教授心理学和心理学史，在此期间出版了他的第一部专著《精神病与个性》，在这部书中，福柯将精神病称为“人被历史异化的社会矛盾的结果”，并认为只有建立人与环境的新关系，摆脱人的异化，才能实现这一疾病的根治。[③]

1955年福柯接到了瑞典乌普萨拉大学的任教邀请，他欣然前往。在瑞典，他开始了自己博士论文的写作——一部关于精神病史的研究。福柯在瑞典完成了博士论文的初稿，他希望在瑞典答辩，但没有成功。1958年6月，福柯从瑞典返回巴黎，不久前往波兰担任法国驻波兰大使馆文化参赞，他在华沙只待了一年就离开了，又在德国汉堡做了短暂的停留。1960年他回到法国，担任克莱蒙-费朗大学的讲师。在经过了充分准备后，他在1961年提交了自己的博士论文——《精神病和精

① 刘北成．福柯思想肖像．北京：北京师范大学出版社，1995：29.

② 埃里蓬．权力与反抗：米歇尔·福柯传．谢强，马月樱，译．北京：北京大学出版社，1997：31.

③ 同②86.

神失常：古典时代的精神病史》[①]，这本近千页的鸿篇巨制让答辩评审团折服，他顺利获得了博士学位，也由此晋升为教授。同年这部著作以《疯狂与文明》为名出版，很快大获赞誉，不久后该书出版了一个面向大众市场的删节版，并被翻译成英文，福柯开始蜚声海外。

1963年，《疯狂与文明》的续作《临床医学的诞生》出版，在这部著作的开篇，福柯明确写道，"这一是一部关于空间、语言和死亡的书"[②]，通过视角的转换，他试图呈现一个业已存在于世但前人从未涉足的别样空间。然而这本书引起的反响并不大。1966年10月，福柯出版了《词与物》一书，这部艰涩的著作出人意料地获得了巨大成功，他在书中断然宣称了"人"的消失，这使这本书魅力非凡，但又颇具争议。[③] 同年福柯离开克莱蒙-费朗大学，前往突尼斯大学任教，在此期间他在教学之余主要在进行《知识考古学》一书的创作，这是《词与物》后续的一部作品，福柯试图厘清陈述、话语的形成及其中所涉及的规律性、策略性问题，更要赋予"考古"这样一个概念以特别意义。

《知识考古学》于1969年出版，此时他已经重返巴黎，并成为一所新学校——文森斯大学哲学系的主任，但这所学校很快卷入了集会、示威、辩论、斗争的风潮之中，哲学系在这方面更是首当其冲。福柯深陷旋涡，两年后他就将职位交给了别人。1970年福柯经过激烈竞争被选为法兰西学院"思想哲学史教授"，法兰西学院被称为法国大学的圣地，这对于一个学者而言是极高的荣誉。此时的福柯才43岁，依然

① 埃里蓬．权力与反抗：米歇尔·福柯传．谢强，马月樱，译．北京：北京大学出版社，1997：114.

② 福柯．临床医学的诞生．刘北成，译．南京：译林出版社，2011：前言．

③ 米勒．福柯的生死爱欲．高毅，译．上海：上海世纪出版社，2003：12.

创作精力旺盛，根据要求，他需要每周三上一次课，课程的内容则要求不断更新。福柯在法兰西学院的讲坛上取得了巨大的成功，数百人的课堂上常常座无虚席。这些课程的讲稿后来成为《规训与惩罚》(1975)、《性经验史》（三卷本，1986—1984，2018 年最后一卷《肉体的自白》出版）等著作的重要内容，从 1970 年到 1984 年全部的课程讲座完成后，这些内容被出版为 13 部讲稿集，成为理解福柯思想的重要文本。

20 世纪 70 年代的福柯在世界范围内获得了广泛声誉，他开始频繁出访，特别是美国。1980 年福柯成为加利福尼亚大学伯克利分校的客座教授，他非常喜欢光顾旧金山的同性恋浴场，并将其描述为“真正创造快乐的可能性”。也正是在这里，福柯感染了艾滋病——这在当时还是一种鲜为人知的疾病。1984 年 6 月 25 日，福柯去世于巴黎的硝石库医院，据称，这所医院就是他在《疯狂与文明》中描绘的那一所。

二、权力运作机制的空间

尽管“权力”被置于福柯理论体系的核心位置，但他关心的并不是什么是权力、谁掌握权力以及权力包含何种资源这类问题，而是在权力运作中的各种力量关系。[①] 福柯在界定权力议题范畴的时候已经蕴含了一种空间的视角，在他看来：“权力机制的分析……仅仅只是为了知道这些是在何处发生、如何发生，在什么和什么之间，在哪个点与

① 齐埃利涅茨．空间和社会理论．刑冬梅，译．苏州：苏州大学出版社，2018：139.

哪个点之间，按什么程序，形成什么结果。”[①] 如此说来，权力的运作势必包含空间过程。然而为什么当代社会关于权力的理解要与空间勾连，权力空间又如何具体展开，这构成了福柯空间理论的中心议题。

（一）权力：一种策略性视角

福柯相信，社会生活中的一切事物都围绕“权力”这样一个核心展开。[②] 如果说19世纪人们面临的主要问题是贫困的话，那么在工业化社会，“谁在替我们做决定；谁在阻止我做这件事，又强迫我做那件事；谁在设计我的行为和活动；谁强迫我住在某个特定地区，虽然我在另一个地方工作；构筑我全部生活的这些决定是怎样做出来的”[③]，这些构成了人们最迫切而强烈关心的首要问题。然而人们关于权力仍然所知甚少，“我们当然要找出发号施令的人，”福柯写道，“我们要注意像议员、部长、秘书长这样的人。但是这并不很重要，因为即使把这些‘决策者’一一指明，我们仍然并不真正知道那些决定为何做出，怎样做出，怎么为大家所接受，又怎样对某些人产生了伤害。”[④] 由此，福柯认为有必要建立一种“研究权力的策略、网络、机制和所有这些决策赖以实施并迫使其得到实施的手段”的理论。对于这一理论，福柯阐述了“五点提示”，这可以看作福柯讨论权力问题的基本方法论[⑤]：

第一，权力可以被视作一系列机制和程序。福柯指出，试图给权

① 福柯．安全、领土与人口．钱翰，陈晓径，译．上海：上海人民出版社，2010：1.

② 福柯．权力的阐释//福柯．权力的眼睛：福柯访谈录．严锋，译．上海：上海人民出版社，1997.

③ 同②.

④ 同②.

⑤ 同①.

力做出一种定性的把握是困难的。长期以来，人们将权力看作一种禁止或阻止的力量，但实际情况要复杂得多，权力常常并非禁止而是观察，并非否定而是肯定，因此最好不要将权力看作一种物质，一种流体，或来自某种源头的东西，而仅仅是一系列的机制和过程，其任务就是确保权力而已，虽然有时甚至没有做到这一点。因此，我们要探讨的不是关于整个权力的理论，而是一系列权力过程的理论。

第二，权力的策略机制内在于各种社会关系之中。福柯认为，权力并不是像人们想象的那样只存在于统治阶级的手中，而是广泛存在于生产关系、家庭关系和性关系之中。他写道："这些关系不是自我生成的，也不是自我存在的，不是建立在它们自己身上……权力关系内在于所有这些关系之中，他们之间互为循环的因果关系，而且很明显，就在人们可以在生产关系、家庭关系和性关系之中发现的权力机制之间，有可能发现单边的协调关系、等级化的依附、同构现象、同化或技艺上的类似和连锁效应。"因此，只有在微观的社会生活之中把握权力，才能用一种逻辑的、协调的和有效的方式考察整体的权力机制，从而识别出他们在特定时期、特定区域的特点。

第三，权力分析的本质是一种知识关系的揭露。福柯写道："无论如何，我所做的一切……并不是历史学，不是社会学，也不是经济学……这与哲学有关，也就是说与真理的政治学有关……在我的脑海里，对权力机制分析的作用就是揭示知识的效果。"因此，福柯所谓"与哲学有关"并不是将对权力的探讨置于一个形而上的、非经验的层面上加以考虑，而是主张将权力机制本身看作知识的作用，只有借助于知识，权力才得以建立、保持和预设。福柯写道："我们应该承认，权力制造知识，权力和知识是直接相互连带的，不相应地构建一种知识领域就不可能有权力关系，不同时预设和构建权力关系就不会有任何知识。”① 因此可以说，权力和知识是一体两面的关系，福柯也经常使用“权力-知识”这样一个短语。

第四，任何话语都包含着权力，应作为分析的重要对象。福柯指出：“不存在任何一种理论或分析话语没有以这种或那种方式被某种命令式话语渗透并含有后者的意味。”所谓命令式的话语，实际上是蕴含着权力的话语形式，这种话语揭示了现实斗争的战场、斗争中的关键点、战线及斗争的限制和障碍。因此，要将命令式的话语作为立论分析的基础，从而更好地把握实践哲学——也就是斗争和真理的范畴。

第五，权力的运作最终不可能实现意义和效用，只会导向自我异化。福柯认为，尽管斗争和真理（或者知识-权力）是哲学的源头，但它们的运作并不会产生人们期望的结果，只会导致“自我戏剧化，变得消瘦憔悴，并在理论话语内部的辩论中失去意义和效用”。这一后果，实际上是现代性的后果，是工业社会的人们不得不面临的问题，因此福柯提出了他的“命令式话语”——永不搞“政治”，也就是以某种方式远离或抵抗权力的侵蚀。

由此，福柯提出了一种微观的、实践性的权力视角。权力不仅仅是那种对我们说“不”的重压在我们身上的力量，而且是穿过和生产各种事物的力量，它引发愉悦、形成知识、产生话语。既然我们要在

① 福柯．规训与惩罚（修订译本）．刘北成，杨远婴，译．北京：三联书店，2012：29.

实践中理解权力的复杂性，这势必涉及不同时间、地点、个体和组织机制，涉及权力施为的情境性问题。因此，正如福柯明确指出的那样："空间是任何公共生活形式的基础，空间是任何权力运作的基础。"①

（二）空间的权力化与权力的空间化

福柯说："应该写一部有关空间的历史——这也就是权力的历史——从地缘政治的大战略到住所的小策略，从教室这样制度化的建筑到医院的设计。"② 他没有完成从空间的角度去重写历史的宏大任务，而且他也因为比较喜欢使用一些空间化的概念——比如地区、领域、移植、移位、换位等而遭到批评。福柯认为，这种批评与旧式的历史进化论、科学主义的实证哲学及对空间的僵化理解密切相关。他谈道："令人吃惊的是，经过了很长的时间以后，空间的问题才作为历史-政治的问题浮现出来。空间曾经看作属于'自然'——也就是说，是既定的、基本的条件，是一种'自然地理'，属于'前历史'的层面……政治实践和科学技术对空间问题的双重介入迫使哲学只能去研究时间问题……空间遭到贬值，因为它站在阐释、分析、概念、死亡、固定还有惰性的一边……人家告诉我，空间是一种反动的东西，时间才与生命和进步有关。"③

福柯强调，至少从方法层面上，使用空间概念去描述知识与权力极为重要，因为通过这种方式，人们能够更加容易地理解知识作为权

① 福柯．空间、知识与权力：福柯访谈录//包亚明．后现代性与地理学的政治．上海：上海教育出版社，2001.

② 福柯．权力之眼//福柯．权力的眼睛：福柯访谈录．严锋，译．上海：上海人民出版社，1997.

③ 同②.

力的一种形式和播散权力的效应的过程。相对的，如果仅仅从时间连续性的角度去对话语进行分析的话，则人们会误以为话语不过是一种个体内部意识的生成，而忽略权力关系基础上的话语转换。[①] 更重要的是，从历史的脉络看，空间与权力始终紧密联系在一起。这种联系在不同历史阶段表现出不同特点：在 18 世纪末期以前，空间象征权力，是权力的表征，此时主要涉及的是“空间权力化”问题；18 世纪末期以后新的问题出现了，空间的问题开始牵涉人口、医疗、城市建设等复杂维度，空间的配置问题与经济政治的目的联系在一起，空间成为权力的手段、策略和实现机制，“权力空间化”凸显了出来。[②]

按照福柯的描述，在 18 世纪以前，空间、建筑、领土等与权力、神性和力量联系在一起，我们经常看到巍峨的宫殿、庄严的教堂、恢宏的庄园，这些建筑均以巨大为特色，象征了力量、统治和上帝。[③] 古罗马著名的建筑家维特吾威（Vitruvius）所著的《建筑十书》尤为清晰地体现了这一点。[④] 古代国家领土空间的划分和首都的设置更是权力秩序的集中体现。在这方面，福柯谈及了 17 世纪的新教徒亚历山大·勒麦特尔写给瑞典国王的著作《论首都》，该书颇能说明问题。

勒麦特尔将国家（一个传统的封建王国）分为三个基本阶级：农民、工匠以及包括君主和官员的第三等级。如果将国家比作一座大厦，

---

① 福柯．权力的地理学//福柯．权力的眼睛：福柯访谈录．严锋，译．上海：上海人民出版社，1997.

② 福柯．权力之眼//福柯．权力的眼睛：福柯访谈录．严锋，译．上海：上海人民出版社，1997.

③ 同②.

④ 福柯．空间、知识与权力：福柯访谈录//包亚明．后现代性与地理学的政治．上海：上海教育出版社，2001.

则其中农民是大厦的基础和底部，保证了大厦的坚实；工匠是中间部分，为大厦提供各种服务；在大厦高层的则是君主和幕僚了。因此，领土也必须包括基层、中层和高层。首先，基层就是乡村，所有的农民，而且只能是农民必须住在乡村；其次，所有的工匠，而且只能是工匠，必须住在小城市；最后，君主和他的官僚，以及对君主身边的人和宫廷的正常运作必不可少的工匠和商人，必须住在首都。由此，首都必须具备以下特点：（1）居于国家领土的几何圆心；（2）必须符合美学，能将领土变得更美好；（3）体现一种政治关系与象征关系，将法令与法律植入领土；（4）承担道德教化的职能，给出良善道德的典范；（5）能够生产科学和真理并进行传播；（6）是奢侈品聚集地和各种手工艺品的集散地。如此，国家的领土空间结构成为秩序结构的隐喻和象征，在这套隐喻中，首都占了关键性位置，它的行政的、经济的、道德的、美学的功能都蕴含了特定的权力表征，体现着统治者的意志。①

18 世纪末期以后，权力的作用机制遭遇了危机。福柯指出，古代统治者可以实现强制性统治，甚至将“统治渗透到身体政治，而进入到它最基本的元素之中”②。因为此时“社会”是不存在的，权力只需要加诸领土和他们的子民即可。然而随着资本主义公共政治的发展，西方进入一个新的时代。此时“统治不只是处理一个领土、区域和它的子民，而必须同时处理一个有自我法则、反应机制之复杂而独立的

① 福柯．安全、领土与人口．钱翰，陈晓径，译．上海：上海人民出版社，2010：10－11.

② 福柯．空间、知识与权力：福柯访谈录//包亚明．后现代性与地理学的政治．上海：上海教育出版社，2001：4.

社会现实……社会不能当成可被警察完全加以渗透的”[①]。“社会”的出现让权力的统治遭遇了危机，试图对全社会采取普遍性的强制统治不可能了。用福柯的话来说，“在那一刻的问题是，当统治越多时，其实什么也没统治”，新的问题呈现在统治者面前：“统治应如何进行方为可能？什么是统治行动的限制原则？如何使整件事处于顺应统治理性，无需干预的最佳状态？”[②] 这看起来是一种矛盾：权力既要实现对社会的把控，让其按照自己的“统治理性”展开，又不能进行全方位的渗透、控制与强制。难怪福柯将“统治应如何进行方为可能”郑重地提了出来。

这一危机的结果是权力话语（表现为知识或意识形态）向实际权力的转化成了空间的主要机制。空间不仅仅构成了权力的容器，还是权力的手段与策略，权力通过对领土的移植、分配、分界、控制，以及对区域的组织的控制构成了某种地理政治学。一个最直观的证据是，在18世纪以前，西方探讨政治学、统治艺术、好的治理方式的文章通常不会包含城市和建筑组织的章节，但18世纪以后这些文章大量出现。在这种背景下，类似于罗马帝国时期那些可以肆意闲逛、碰面、挑选、吃喝、作乐、讨论的享乐空间——比如浴场——逐渐消失，空间成为战略和战术性的东西。因此，权力被“空间化”了，当人们探讨领土、区域、位移、领域、土壤、地区、地平线时，人们不仅表达的是地理概念，也在诉说某种政治性意涵，福柯写道：

---

① 福柯．安全、领土与人口．钱翰，陈晓径，译．上海：上海人民出版社，2010：10-11.

② 福柯．空间、知识与权力：福柯访谈录//包亚明．后现代性与地理学的政治．上海：上海教育出版社，2001：4.

"'领土'无疑是地理学的概念，但是它首先是一个法律-政治概念，是某一权力所控制的地域。'区域'是一个经济-法律的概念。'移位'：对自己进行移位的是军队、团体和人口。'领域'是一个法律-政治的概念。'土壤'是一个历史-地质的概念。'地区'是一个财政、行政和军事的概念。'地平线'既是一个绘画概念，又是一个战略概念。"①

当然，福柯并没有让自己陷入一种"空间决定论"的陷阱中，他并不认为如果空间具备某种实施权力的潜质它就一定与权力联系在一起。他举了空想社会主义者古丹（Godin）在19世纪中叶创建的工业合作社的例子。这样一个工业合作社明确赋予了普通工人工厂管理和交易的权力，这里没有资本家，人们可以相互监督，促成工人团体的自律。但是这样一种设置也意味着人人都可能实现对他们的监控与压迫，不过不能就此断定这种压迫就会发生。因此，关键不在于空间，而在于人们是否能够展开实际的自由实践，展开自由的关系，如此才能实现自我和普遍的解放。

（三）权力空间化的几种机制

如果说18世纪以后权力的空间化成为一个主要的问题，那么这种空间化是如何展开并不断维持的呢？福柯在多个作品中对这一问题展开过论述，提出了规训空间、安全空间、知识空间、封闭空间、差异空间等一系列概念，展现了权力的空间化的复杂机制。当然，这些机制之间彼此交叉、相互重叠，绝非非此即彼，只是各有侧重而已。福

---

① 福柯．权力的地理学//福柯．权力的眼睛：福柯访谈录．严锋，译．上海：上海人民出版社，1997.

柯重点探讨了下面几种权力空间：

1. 作为监视与惩戒的规训空间

空间作为一种规训的技术在现代社会中广泛使用。权力常常经由一个不断扩张的社会制度复合体运作，并在不同建筑类型——如医院、监狱、工作场所、学校、住宅等——中展开。福柯具体探讨了几种类型的规划空间，监狱自然是一个典型的例子，福柯还专门对边沁设计的“全景敞式监狱”做了系统分析（见本章第三节）。

此外，作为规训的空间还广泛存在于医院中，比如福柯以杜菲黑设计的赫西福军人医院为例，这个医院的任务是正常化及控制各种瘟疫的危险，医院的秩序主要通过用药物治疗来控制事务的方式加以运作。在这里，方格辨识了病患，并将它们置于分析观察之下，病人依据年龄和疾病被隔离分类，很快地被一些特殊建筑元素固定，如：病室、走廊以及独栋病房。[①] 医院作为一种“规训”的设置总是与特定的医学知识联系在一起，医疗——或者说公共卫生——构筑了一个对人口的持续性政治关注。在这里，一整套关乎健康的空间技术得到发展，这是涉及医学与建筑之间关系的一整套形式，建筑师们通过宏观的建筑设计和微观的空间构造体现了对人们的身体进行全面监控的愿望，置身于其中的人们被整套规定限制——不仅涉及疾病，也包括生存和行为的一般性规则。

福柯还谈及了生计空间，展现了工业主义的“泰勒制”对于空间的规制与重组。在这里，工厂的区域按照职能被划分为特定的作坊，

① 莱特，雷比诺．权力的空间化//包亚明．后现代性与地理学的政治．上海：上海教育出版社，2001.

工厂的房屋极为高大，工作的桌子被分开摆成两排，而工头则在两排桌子中间的走廊来回穿梭进行监督。在这里，一切工作都被设定为一种生产的环节，工厂的建筑集中了生产过程，分化了生产步骤，实现了更好的监控，提高了生产效率。①

2. 作为分类与审查的知识空间

福柯认为，知识的空间化是把知识建构成科学（因而也更具权力势能）的关键因素。这里的“空间化”实际上就是知识分类体系的建构。福柯用下列陈述来阐释语词的“无序”：“在这样一个状态中，事物被如此相互不同地‘停放’、‘安置’和‘排列’在场所中，以至于不可能为它们找到一个居留地，不可能在他们的下面限定一个共同的场所。”② 福柯以植物知识为例，展现了知识的空间化的过程：首先是分析对象的空间化，他们会在一个可见的基础上，给出自己所研究与分类的植物规则。在此过程中，所有传统知识元素——如植物的药用功能——被褪去了，唯有被置于分类体系中的对象。其次是将分类的原则内嵌入植物的结构之中，这包括元素数量、排列、大小等。再次是图片的空间化，这是由于特定的印刷术才变为可能。最后是植物复制本身也变成空间化的，表现在书中。福柯强调，这里的“空间”是一种技术，而并非隐喻。③ 知识的空间化表现为分类，并形成了一系列的目录和清单，这种技术广泛应用于档案管理、人口统计等领域。这

① 莱特，雷比诺．权力的空间化//包亚明．后现代性与地理学的政治．上海：上海教育出版社，2001.

② 福柯．词与物．莫伟民，译．上海：上海三联书店，2001：前言，5.

③ 福柯．空间、知识与权力：福柯访谈录//包亚明．后现代性与地理学的政治．上海：上海教育出版社，2001.

些做法与权力密切相关，因为除了权力以外，没人对它们感兴趣，权力需要的是大量的信息，权力的战略使它对这些资料能够加以利用。①

地理知识的空间化形式——地图——对于权力而言有着独特的价值。地图作为权力/知识的工具跨越了三个阶段：希腊用地图度量，中世纪用地图探索，18 世纪以后则用地图展开审查活动。人们将选区、税收、行政、人口等因素绘制于地图之上，形成了一种财政、管理与政治模式，成为 18 世纪末大规模的社会调查的源头。当然，作为探索的地图和用作审查的地图之间其实并没有绝对界限，福柯谈道："我相信自然科学确实是在这一普遍形式的探索中把自己建立起来；就如同人的科学是在监禁和建立个人档案的程序的过程中诞生的……这种交叉马上就产生了后果，探索的形式与审查的形式交互作用，于是自然科学与人的科学在概念、方法和结果上产生了重叠。我们在地理学中可以找到很好的例子，证明惩罚系统地使用度量、探索和审查。"②

3. 作为治理与秩序的安全空间

福柯指出，权力的总体布局旨在打造一个关于安全的领域，实现权力所期望的秩序和治理结构。"安全"是对主权、规训各有侧重的权力的空间诉求。主权作用于领土，规训实施于个体，而安全则涉及人口、区域与城市的复杂关系。一个安全空间（比如城市）究竟何以可能呢？福柯认为这主要涉及四个方面内容③：首先，它必须与一系列的物质条件，如水流、岛屿、空气等发生作用。这是因为现代的城市

① 福柯．权力的地理学//福柯．权力的眼睛：福柯访谈录．严锋，译．上海：上海人民出版社，1997.

② 同①.

③ 福柯．安全、领土与人口．钱翰，陈晓径，译．上海：上海人民出版社，2010：15.

不可能是在一无所有的情况下拔地而起的，这些物质条件发挥着或正面或负面的作用。其次是确保尽可能最好的流通，使得风险和不便最小化。例如在法国南特城的设计中，道路的卫生、交易、通风和监控乞丐及流浪汉等人口的功能都得到高度重视。再次是要全面考虑流通的正面和负面影响，将所有因素纳入计划之中。最后是要给未来的变化留有余地。总之，安全空间是针对环境（自然的、人为的）的运作、装配和组织，它使得一切因素得以连接起来，让权力的毛细血管影响生活场域的每一个角落，让那些由个人和团体生成的种种事件得以符合权力设定的秩序。

当然，只要权力需要，流通也并不必然建构安全空间，限制或隔离（作为流通的反面）则可能是建构安全空间的要素。对于前者，福柯举了铁路的例子。他认为，铁路也是空间与权力联系的一个新面向。铁路极大地刺激了流通，实现着人口的转化，让距离遥远的人有可能相聚相识，然而这并不是铁路的全部用途，实际上铁路的出现还让战争变得更容易。① 这绝不能给人们带来安全，尽管掌握权力的人总能将其与“安全”的话语挂钩。对于后者，例子更为丰富，早在中世纪欧洲人就使用对瘟疫人口进行隔离的方式来构造安全空间。当瘟疫发作时，瘟疫区的所有空间都被官员控制，他们限制空间的移动，官员对人口流动、私有房产乃至人们的日常生活进行严密的监控，瘟疫患者被排除在社会之外，从而确保一个“纯净社区”的生成。在今天，大规模的空间隔离在不同阶级之间上演，工人阶级的住宅区、商人和工

① 福柯．空间、知识与权力：福柯访谈录//包亚明．后现代性与地理学的政治．上海：上海教育出版社，2001.

匠家庭的空间、有名望的大人物，甚至风花雪月的场所都被规划师与建筑师按照正确的秩序化规则加以设计，一个分层的、可见的和功能性的秩序得以建立和维持。[①] 在这种情况下，空间中心性（比如首都）不再仅仅作为一种精妙的象征，更包含了一种独特的地缘政治学。

三、权力规训的空间技艺

在前资本主义社会，权力主要用酷刑、惩罚、恐吓、暴力来使被管理对象屈服，在现代社会这种情况发生了改变。规训——一种谦逊而多疑的、精心计算的、持久的权力机制——成为社会控制的主要手段。权力的规训势必涉及某些空间手段，通过空间的分配，权力得以实现驯服身体的基础；通过空间机制实施层级监控，特别是借助所谓"全景敞式"的空间手段，规训得以从外在转向内在，实现了权力控制的"自动化"。在这个意义上，只要借助空间，权力被微观化为规则、要求和表象。"规训"系统还与所谓"异托邦"紧密关联，它们是非常规的空间，却是社会规范与权力准则的呈现、表征、反证与抗争。

（一）空间分配的技术

为了控制人和使用人，现代社会形成了一整套技术、方法、知识、描述、方案和数据来实现权力的规训。福柯将规训的技术分为四类：制作图表（即空间的分配）、规定活动（即对行动的安排和限定）、实施操练（对时间加以控制以实现积累）、组合力量（将被规训的肉体整

① 莱特，雷比诺．权力的空间化//包亚明．后现代性与地理学的政治．上海：上海教育出版社，2001.

合起来）。由此产生了被规训的肉体的四个特点：单元性、有机性、创生性和组合性。[①]

福柯强调，在这些技术中，空间的技术被置于基础性位置上，人们常常因为特殊的用途将空间组织起来，并对空间进行分割，将被规训者置于特定的位置上，使之明确规训的范围和秩序，这便是空间分配的技艺。福柯从四个方面探讨了这一技艺：

首先是封闭。这意味着规定出一个与众不同的、自我封闭的场所。这样一个场所被纪律、规则与要求所覆盖，不能随意与外界接触，它们是纪律的“保护区”。这一策略被广泛使用：在大学和中学中，为了让学生遵守规则、安心学习，寄宿制被广泛使用；在兵营中，为了严防军人产生暴力行为或出现开小差等现象，兵营必须采取严格的禁闭措施，使“纪律和秩序”得以落实；在工厂中，集体宿舍制度开始被广泛采取，工厂主们通过这种方法让生产力日益集中，也在最大程度上消除了种种不利因素。[②] 如果从更为广泛的意义上讲，对瘟疫病人的隔离、对犯人的监禁、对城市中的流浪汉的驱逐都属于这一范畴。通过空间的封闭，纪律的空间与非纪律的空间得以在地理边界上做出明确区分，当然，这种区分是粗线条的、武断的，在执行中也势必难以长久维系。

其次是单元化。对于被封闭的空间，常常需要用更加细致的方式进行操演：它首先依据单元定位或分割原则，将每一个人的位置加以

---

① 福柯．规训与惩罚（修订译本）．刘北成，杨远婴，译．北京：三联书店，2012：188.

② 同①160－162.

明确，有多少需要分散的实体或要素，就有多少分配的空间单元。任何含混不清、不受控制、四处流动、人员扎堆等都必须被禁止，从而在空间中形成一整套旨在了解、驾驭和使用的程序，将纪律解析到每一个空间。[①] 空间的单元化要求的是高度的秩序化，将权力的秩序与空间的秩序完全等同。

再次是类别化。第三种机制是将空间按照不同的用途加以类别化，并按照不同的类别进行控制和规训。福柯以法国的罗什福尔海军医院描绘了空间的类别化管理是如何形成的：该医院最初只是对贵重物品、药品进行管理；稍后发展出一套确定病人数量，验明其身份和部队的制度；接着医院开始对病人的出入进行管理，强制他们待在病床上；最后进行了严格的隔离和分床措施。通过这些手段，该医院逐渐实现了对逃兵的管理，对财物的管理，对药品的管理，对治疗方法、死亡、装病等一系列现象的管理，它逐渐形成了对不同身体、疾病、生死区别化的管理机制。同样的情况发生在工厂中，奥博凯姆普夫的工厂建立了一系列专业车间，每个车间只有一类工人，车间又包含若干工作台。在工作中，根据工人的技能类型和他们的速度对其进行分类，并将其固定在固定的网格中，再基于工作台、车间在空间上的有机联系整合并监督，保障生产工作的展开。[②]

最后是定位。福柯指出，在空间的划分中，每一个单位都可以用横竖两轴加以明确定位，纪律通过定位来区别对待各个身体，这种定

① 福柯．规训与惩罚（修订译本）．刘北成，杨远婴，译．北京：三联书店，2012：162.

② 同①163－165.

位并不是给他们一个固定的位置，而是使得他们在关系网络中流动和分布。在学校空间中，学生在课堂、走廊、校园里的座次和位置；每个学生完成任务的次数和考试后的名次；学生每周、每月、每年获得的名次；等等。这些都构成了对学生“定位”的等级指标。对于学生的规训者/管理者教师来说，应该把教室作为一个“大表格”，学生的一切定位——长处、性格、表现、整洁程度、家长情况等都被置于其中，按照这些表格定位，老师们需要为学生指定座位。福柯认为，正是通过座位等一系列定位，权力得以创造一套具有实用功能的等级体系：“它既提供了固定的位置，由允许循环流动，划分出各个部分，又建立起运作联系……他们既确保了每个人的顺从，又保证了一种时间和姿态的更佳使用。”① 因此，它们既是现实和理念的混合空间，即支配者各种现实生活中的空间设施，又包含了评价、态度、认知和种种复杂表征。

正是通过上述机制，空间的划分和分配得以实现，它是实现规训对肉体控制的诸种机制之一，体现了规训的单元性，构成了一种身体驯服的“战术”。② 当然，从广义上讲，身体本身也是一种空间，规训施加于身体，其实也就是施加于空间。如此，对身体的活动进行编码（比如规定节奏、安排活动、调节周期、规定动作与姿势、构建身体与对象的联结等）、展开反复操练、实现身体诸要素的统和等都可以看作规训的空间分配机制。从这个意义上讲，空间（身体的空间、客观的

---

① 福柯．规训与惩罚（修订译本）．刘北成，杨远婴，译．北京：三联书店，2012：167.

② 同①188.

空间）是权力规训的关键因素。

（二）监视的空间机制

福柯认为，纪律的实施必须有一种借助监视而实行强制的机制，这种机制能够诱发出权力效应。[①] 实际上，监视就是“看”的技术，最初的监视通过眼睛即可实现，慢慢地它日益借助各种物理技术手段（如望远镜、透镜、射线乃至摄像头）来实现，这些技术手段让观察得以实现而不被发现。监视无疑是空间化的，它依托空间、表现为空间、实现为空间，离开了空间是难以想象的。福柯指出，在古典时期就已经形成了一些观察人群的“监视站”，这些监视站能够实现“既能观察又不被观察”。军营是一个理想的“监视站”，权力可以在这里肆意展开部署，实现严格的监控。权力对于规训的要求使得古典时期的建筑面临困境：古典时期的建筑主要用于被观赏，而不便于对内进行清晰而细致的控制，于是，“旧式监禁和封闭的简单设计——限制出入的高墙大门——开始被关于开口的，关于被填充和空旷的空间、通道和透明物的精心计算所取代”[②]。福柯详细地论述了关于监控的空间机制，这主要包括三个方面：

首先是建筑的设计必须利于持续性监控。福柯以帕里斯-杜维内设想的军事学院的空间设置来对此加以详细说明。按照帕里斯-杜维内的说法，为了实现规训者提出的基本要求（健康的要求、资格的要求、政治的要求、道德的要求），必须建造学生的隔离房间，为了便于持续

---

① 福柯．规训与惩罚（修订译本）．刘北成，杨远婴，译．北京：三联书店，2012：194.

② 同①188.

性监控，这些房间必须设有孔眼。具体来说，“学院的……各个房间沿着一个走廊排开，宛若一系列小囚室，每隔一定的距离设置一个官员宿舍，每十个学生两边各有一个官员”①。另外，他还设想了一系列有助于监控的空间设计，比如：每个房间靠走廊的墙上从齐胸高的位置到距天花板 30～60 厘米的位置开一个窗户以便进行监控，在餐厅中设置教官桌子要稍高以便他们能够看到学生的餐桌，在厕所中装设半截门以便值班学监能看到学生的头和腿，等等。福柯认为，这些细微的设计类似于一种观察行为的显微镜装置，它让特定机构得以按照精细的分工形成一个观察、记录和训练机制，形成一张细密复杂的持续监控网络，由此可以形成单一的、持续性的权力源。

其次是将中心点构造成监控的核心。福柯认为，在一个规训机构中，中心点处于核心位置，是监视的关键。他写道：“中心点应该既是照亮一切的光源，是一切需要被了解的事情的汇聚点，应该有一双洞察一切的眼睛，又是一个所有的目光都转向的中心。”② 如此说来，作为规训的建筑可以被设计成一个环状，门窗相对，将中心点建设成一个高大的建筑物，承担行政管理、治安监视、经济控制、宗教安抚、发号施令等一系列功能。这种设计已经在一些建筑师的设计中呈现了出来。

最后是构造规训的层级性。然而，光有中心点显然是不够的，规训还需要“中继站”。所谓“中继站”，就是在不同层次中展开监视时

---

① 福柯．规训与惩罚（修订译本）．刘北成，杨远婴，译．北京：三联书店，2012：196.

② 同①.

的空间地点。福柯举了两个例子来论证这一点。一个是大工厂形成的一种监视方式。与传统的外在性的监控不同，这种监视是强化的、连续化的，它贯穿整个劳动过程，不仅针对生产，也考虑人的活动、技能、完成任务的方式等因素。这种监控已经变成一种专门的职能，雇主聘请专门从属于他们的代理人进行细致入微的监督，他们并不工作，只是监督工人并向经理报告，这成了生产的重要组成部分，也成为一种特殊的规训机制。另一个是学校改革后的监督机制，根据这种机制，老师从优秀学生中选出一批“干事”（班干部/助教），这些班干部/助教的工作，一是负责具体事务，再就是负责监督同学，所有监督职能都被认为是具有教学意义的，于是，一种明确而又有规则的监督关系被纳入教学实践的核心。①

不难理解，“监视”发挥作用的机制在于，它与特定的内在目标发生联系——比如医疗的监视与疾病的治愈、学校的监视与教育意义——这些关系的确定让规训权力变成了一种“内在”的关系，在这样一些监视机制持续运作的领域中，权力可以说无处不在，但又极为隐蔽，它们总是默默地发挥作用，通过玩弄一整套空间、线条、格网、波段、程度的游戏，权力物理学得以对肉体达到更加微妙的控制。

当然，监视的作用不仅仅是强迫性控制——这是韦伯意义上的权力意涵，它还可以是一种自我规训的形塑机制，这便是“全景敞式主义”（panopticism）下的监视。“全景敞式”是一种空间状态。按照构想，它由一个中间建有高塔的大中庭和围绕在其四周的一系列建筑组

① 福柯．规训与惩罚（修订译本）．刘北成，杨远婴，译．北京：三联书店，2012：197－200.

成，被分割为不同的牢房，每个牢房都有两扇窗户，一扇引入光线，另一扇则可以用于监视。它不同于那种通过严格的空间隔离、割裂而实现的监视，而是通过空间单位的安排，使得需要被监控的对象可以被一眼辨识。全景敞式建筑最大的特点，是使得被囚禁者始终处于一种有意识的和持续的可见状态，在这样一种状态下，被监视者很难去了解观察者和监视者是否在场，他们不得不始终认为监视者是时时刻刻在场的，于是他生活的任何一处都被置于“前台”之中，时时刻刻被规训——这种规训最初源于外在的监控，最后转化为自己对自己的监控，由此，一种被权力形塑的主体便生成了。

因此，以全景敞式监狱为代表的现代监视体系已经与中世纪隔绝瘟疫的权力机制大相径庭，它不再是被动员起来应对灾难的临时性机制，而是无处不在，却又似乎静默无声的机制，它可以改造犯人，也可以治疗病人，它是一种在空间中安置肉体、根据关系散布人员、安排权力中心点和渠道、确立权力干预的手段和方式的独特机制，在它的作用下，一种所谓的“规训社会”正逐步形成。[①]

（三）异托邦：权力透视的空间之镜

可以看出，权力存在于一切社会空间之中，以各种形式使用空间、征服空间、改造空间，不是人或者主体主动建构空间的意义，而是人或者主体的认同和角色在空间权力中被规训出来，肉体不断被空间权力锻造出来。[②] 然而，在如此众多的空间中，我们应该观察哪些空间去

---

① 福柯．规训与惩罚（修订译本）．刘北成，杨远婴，译．北京：三联书店，2012：235.

② 张锦．福柯的“异托邦”思想研究．北京：北京大学出版社，2016：116.

系统地把握权力呢？福柯提供了一个别样的视角——通过“异托邦”(heterotopia)。

福柯指出，我们并不是生活在一个均质和空洞的空间里，空间充满了各式各样的异质性，有一些空间是日常的，我们对其非常熟悉，还有一些空间则非常特殊，它们与我们习以为常的空间紧密联系在一起，但却以这样一种方式将一些关系悬置、中立或颠倒，它们在我们附近又远离我们。福柯认为存在两类这样的空间。一类是“乌托邦”(utopia)，它们是虚构的地点，与那些社会的真实空间有一个直接或倒转类比的普遍关系，它们或许以完美形式呈现社会，但它们终究是虚构的。[①]

还有一类空间，它们在现实生活中是真实存在的，但它们同时又嵌入特定的、带有虚幻性的、“在那边”的空间之中，而成为既是真实的又是想象的空间。福柯谈道，由于这些地点异于他们所反映与讨论的所有地点，更由于它们与虚构的地点的差别，故称之为差异的地点(heterotopia)[②]。因此，异托邦实际上是一些被社会机制认可的、真实的空间，但是它们又是常规空间的对立面，它们能将常规空间的真实反馈出来、表征出来，反映、呈现、连接、颠倒甚至反抗正常的空间。福柯把它们比作镜子，镜子本身是切实存在的，但是从镜子中却能看到不存在于其间的自我，让自我能在缺席之处看到自我。由此，异托邦可以成为一种

① 福柯．不同空间的正文与上下文//包亚明．后现代性与地理学的政治．上海：上海教育出版社，2001.

② 此处将 heterotopia 译作“差异的地点”，但通常译作“异托邦”，还有的翻译为“其他的空间”。

独特的视角（或镜子），由此可以观察到权力在日常空间中运作的细节。[①]

福柯指出了关于异托邦的六个基本原理[②]。第一，世界上不存在没有建立异托邦空间的文化，那是每一个人类群体中恒定不变的东西。第二，在历史延绵之中，一个社会会造就并不断造就异托邦，并以不同的方式运作它。第三，异托邦有能力在一个真实的场所并置几个本身无法比较的位所，比如在花园这样一个古老的异托邦中，世界各地的鲜花、建筑被整合到了一个空间之中，因此花园是世界最小的部分，它也构成了整个世界。第四，异托邦常常与时间的断裂联系在一起，这里的时间不是线性的，而是叠加的、并置的、奇异的，例如在墓地中，时间是永不终结的，而在博物馆中，时间则是堆积叠加，以至于无限厚实。第五，异托邦总是假定了一个开放和关闭的系统，使之既孤立，又有某种进入的方式，这种进入常常与一些仪式联系在一起，例如宗教圣地通常是不允许进入的，当进入时通常需要洁身等仪式。第六，异托邦与其他空间联系在一起，这种联系通过两种方式实现：一是创造某种幻觉空间，这个空间与真实截然相对，以揭露真实秩序的虚伪和异化；二是创造一个完美、拘谨、仔细安排的空间，以补偿现实中的不圆满。

福柯认为存在两种异托邦，一种可以称为“危险的异托邦”，它服务于那些处于特定危机状态的个体，比如青春期的男女、月经期的妇女等，某些不宜在日常空间实现的事情可以在这些“异托邦”中实现。

---

① 张锦．福柯的“异托邦”思想研究．北京：北京大学出版社，2016：131.

② 福柯：不同空间的正文与上下文//包亚明．后现代性与地理学的政治．上海：上海教育出版社，2001.

然而，这种传统的异托邦正在消失，取而代之的是“偏离异托邦”，这些空间用以安置那些偏离了必须遵循的规范的人们。因此，偏离的异托邦是被排斥的空间、被隔离的空间，是他性的空间。[①] 在这里，那些被权力界定为“异常”的人被监视、惩罚和规训，这同时也是以另一种方式证明权力的有效性。

不难发现，这些偏离异托邦及其具体形式正是福柯一直在挖掘、辨别、澄清和剖析的。在福柯的作品中，疗养院、精神病院、医院、监狱、寄宿学校都是典型的异托邦，不论是精神病院/疗养院对疯狂者的收容、禁闭与治疗，还是医院对病人的凝视、审查与对象化，甚或是监狱对犯人的监禁、惩罚与规训，都生动展示了知识和权力的作用机制，最终指向了福柯最重要的议题——主体是如何被客观化的。福柯谈道：“我将我的研究的主体客观化称为‘区分实践’，主体既在他的内部自我区分，也和他人区分开来，这个过程使他客体化了。例子是疯子与正常人，病人与健康者，罪犯和‘乖孩子’等。”[②] 无疑，在偏离异托邦中研究这些“区分实践”是一个很好的策略，因为在常规空间中这一切都会被掩盖，只有在这些作为断裂、作为反面的异托邦中展开考察，权力使得主体客观化的机制才会更容易被理解和把握。

四、医学话语的空间实践

空间可以作为权力规训的手段和工具来发挥作用，也可以作为一

① 福柯：不同空间的正文与上下文//包亚明．后现代性与地理学的政治．上海：上海教育出版社，2001.

② 福柯．为什么研究权力：主体问题//汪民安．自我技术：福柯文选Ⅲ．北京：北京大学出版社，2018.

种中介：特定的知识借助于某种空间化的方式得以被生产，而知识与权力紧密相连，正如福柯强调的那样，权力制造知识，知识蕴含着权力，两者可谓一体两面。对福柯来说，知识的空间化就是给知识/话语确立秩序的过程，在历史上，语词的秩序与事物的秩序从统一到分离，其演化过程实质上是人们对知识空间中秩序的追求，表现为表象从实物中生成并逐渐脱离实物的束缚、自成一套空间秩序的变化过程。而这一点，在临床医学的话语实践与空间关系中表现得最为透彻。医学话语的空间化和再空间化既是作为现代科学的医学不断生成的过程，更是权力透过知识作用于身体的过程。

（一）疾病话语的三次空间化

福柯将临床医学诞生的历史看作关涉"关于空间、语言和死亡"[①]的过程。按照他的看法，医学是与空间紧密结合在一起的，如其所言："人的肉体天然有权界定疾病的起源空间和分布空间：这种空间的线条、体积、表面和通路都是根据一种迄今人们熟悉的地理学，按照解剖图来规定的。"[②] 医学将疾病空间化从而界定出人体内的一种空间秩序，其中众多科学、理论等生产出了疾病构型的空间与病人在肉体中定位的空间。目视主宰了这些空间的生产，因为"在同一感知领域，循着同样的连续性或同样的断裂，经验'一下子'就能读出集体的可见病灶以及各种病理形式的来源……这'一瞥'不过是在它所揭示的真理上的运作，或者说这是在行使它握有全部权利的权力"[③]。由此，

---

① 福柯．临床医学的诞生．刘北成，译．南京：译林出版社，2011：前言，1.

② 同①1.

③ 同①2.

福柯区分了病理状态的三次空间化过程，同时也是医学对疾病的空间化处理，揭露了疾病作为知识是如何塑造一种理性秩序的，又是如何将人体的空间与疾病的空间关联起来的，最后是怎么和社会空间联系起来的。

第一次空间化形成了分类医学，它把疾病置于同系的领域，个人在那里没有任何正面的地位。[①] 福柯指出，18 世纪的西方医学体现了分类的原则："从索瓦热的《系统的疾病分类学》到皮内尔的《哲学疾病分类法》，这一分类支配了医学理论和医疗实践……在疾病被人们从浓密的肉体中抽取出来之前，它已经被赋予了一种组织，并被划归进科、属、种的等级系列。表面上，这不过是一幅帮助我们了解和记住疾病的衍生领域的'图像'。但是，在这种空间'比喻'背后的更深层次，为了造成这种图像，分类医学预设了疾病的某种'构型'……在这个空间里，其血缘关系是可以图示出来的。"[②]

因此，分类医学的种种安排把有机体内的定位当作从属的问题，构建了一种涉及内容、从属、区分和相似等关系的基本体系，这样一个体系包括纵向和横向两个维度，纵向的维度描述疾病的含义，横向的维度涉及同系现象相互转移（从身体的一个部位转移到另一个部位），从而形成了一个空间系统。福柯探讨了这一空间系统构成的四个基本原则[③]。第一，以一种历史经验，而不是以一种哲学知识来看待它（疾病）。福柯的意思是，此时的分类医学对疾病的界定仅限于它所表

---

① 福柯．临床医学的诞生．刘北成，译．南京：译林出版社，2011：16.

② 同①2.

③ 同①4－7.

现出来的现象，而不是追寻其根源、原理与起因。第二，在这个空间里相似性规定了本质，疾病之间的相似性程度决定了它们是否被归为一类，而不考虑逻辑和时间差异。第三，相似性形式揭开了疾病的理性秩序，人们将疾病看作一种特殊物种，属于自然秩序的一部分。第四，人们所面对的是一些既是自然的又是理念的类型。在这类型知识的引导下，疾病独立于人体的空间和社会的空间，自成一套形式和秩序。由此，福柯指出："这个空间是一个有深度的空间，先于一切感知而存在，而且从远处控制着感知；正是以这个空间为基础，通过疾病所交织穿行的线条以及疾病所配置和安排等级的肉体组织，疾病出现在我们的目视之下，体现在一个活生生的有机体中。"①

第一次空间化需要解决一个问题："平面的、同质的疾病类型空间怎样呈现在由体积和距离区分开的物质所组成的地理式有机体系统中，从而实现一种空间定位？根据分类中的地位加以界定的某种疾病，怎么会以它在有机体的一个位置作为标识呢？"② 第二次空间化对这个问题做出了回答——不是定位点，也不是时间延续的效果，而是"特质"。③ "特质"是疾病侵入身体后器官病变的特殊状态。比如躁狂病人的大脑比较轻、干燥、酥脆，而肺痨病人的大脑枯竭、萎缩、迟钝、贫血，由此，这两种疾病得以被区分。由此，疾病的特质集中于一个器官中，器官成为了各种症状的支撑物。④

第二次医学的空间化将作为一种构型的空间（疾病的分类系统）

---

① 福柯．临床医学的诞生．刘北成，译．南京：译林出版社，2011：3.

② 同①9.

③ 同①12.

④ 同①12.

与作为一种定位的空间（身体的器官）相联系，形成了三维的空间坐标系统。基于此，医学要求对各种特质做出精细的把握。为了实现这一点，医生不得不被卷入一种前所未有的与病人的亲密关系中，他们不得不更专注、更持久、更有穿透力地注视病人，发现病人身上所包含的种种特质。① 但是，第二次空间化也面临着问题，因为既然"特质"只与疾病不可变更的规则相连，这就意味着必须抹去个人和他的特性，这些都属于影响疾病被准确把握的负面因素。但是人们逐渐意识到，疾病从来不能脱离个人体质、特质等因素而存在，对个人而不是对身体某一个部位的观察的重要性凸显了出来，由此孕育了第三次空间化。②

第三次空间化既然要对病人的身体进行通盘而不是局部的把握，就要将其封闭起来，并划分出封闭的、特殊的区域，或者按照最有利的方式将其毫无遗漏地分配给各个治疗中心。③ 医院等关于疾病控制的人造场所，构成了一种选择系统，社会通过这一系统对疾病、病人等带来的威胁形成合法化的排斥机制和制度化的理性控制。福柯把医院这类指向疾病的社会空间构造称为"主动型医学"，以区别于分类医学导向的"观察型医学"。福柯认为，观察型医学的前提是疾病的自然场合就是生命的自然场合④，因此对疾病进行封闭是不利的，容易导致疾病的畸形和病态，倒不如让疾病自由地空间化，令其在诞生和发展的场所自发地分化，最终在自然场合中消除自我。主动型医学则反对这

① 福柯．临床医学的诞生．刘北成，译．南京：译林出版社，2011：16.
② 同①15.
③ 同①16.
④ 同①18.

个前提，要求将病人纳入特定的医疗单位之中，进行更加积极的目视和治疗。医院产生了，封闭的医院替代了开放自由的疾病空间，整个医疗经验遭到了颠覆，从而为医学知识确定了全新的基础，分类医学也逐渐被临床医学取代。

（二）临床医学：从医学空间到社会空间

在第三次空间化中形成的临床医学自萌芽开始，就深深卷入了国家的空间组织和规训机制之中。从 18 世纪末开始，人类医学应该与国家同心协力，形成一种强制的、普遍的而又区别对待的救助政策，让医疗成为国家的任务。国家在应对带有区域性、集体性特征的流行病时也倾向于辅之以强有力的强制干预。1776 年法国成立了应对流行病的委员会（或学会），展开种种与国家权力要求相适应的调查研究和监督工作。这个委员会包括一名主任、一名总委员和六名医学院学生。这一委员会与以往医学院的不同之处在于，它不跟原有机构合作，而是倾向听命于国家权力，成为关于疾病现象的集体意识的官方机构。它被认为起到了双重控制作用：对医学实践的控制及对医务工作者的控制。①

于是，医学知识与政治意识开始结合，形成了针对疾病的一种制度性空间，国家借此对社会秩序实施监控。医学目视发生在一个仅受自身控制的封闭空间里，以一种自发的运动而循环往复；它居高临下地向日常经验分配着知识。② 在这里，医学空间与社会空间实现了一种重合。人们开始想象医生的无所不在，医生的目视交织成了一个网络，

---

① 福柯．临床医学的诞生．刘北成，译．南京：译林出版社，2011：29.

② 同①33.

时时处处实施着一种连续不断的、机动的和有区别的监控。[①] 疾病空间的医学与社会空间的医学在国家政治的体系内寻得了一种媾和。如果说 18 世纪的医学更强调的是健康，那么 19 世纪的医学强调的则是正常——一种符合社会秩序和制度规范的常态。在这种情况下，医生成为公共道德和公共卫生的监督者，扮演了一种道德和准司法的角色。[②] 医院也被要求遵循一些新的空间组织原则：一个是“编排”，即制定每个医院负责一种或一类疾病；另一个是“分配”，即要对接收不同类型的病人次序做出安排。通过这些空间手段，医院实现了对每个病人加以分类和控制的任务。于是疾病陷入了两类观察系统之中：一种将被视作社会弊病的一部分而加以控制和消除，另一种则将其与其他社会问题分离出来，使其特有的真相得以凸显。

但是，18 世纪业已存在的临床制度主要出自既有的知识形式，它不过是业已被占有的知识展现的方式、一种教学实践，或者是一种知识实验，凭借其自身的力量，不足以发现新对象、形成新概念，也不能拥有另外的医学目光。[③] 在医学实践和社会力量的双重作用下，临床医学在 18 世纪末出现了急剧改组，它与知识的诞生、接受验证和自我实现的场域共同扩展，与全部医学经验合而为一。为了实现这一切，它主要沿着三个方面发展：一是目视方式的进化，二是相应医学语言表达方式的创制，三是生命、疾病与死亡的关系模式的重置。三者从不同层面、侧面促成了临床医学的空间化再造，同时营造了一种新的

① 福柯．临床医学的诞生．刘北成，译．南京：译林出版社，2011：34.
② 同①34.
③ 同①68.

普遍性的医学认知空间。

首先是目视方式的进化。目视意味着对目光所及范围的观察、感知、认识和分析，其中包含了聚焦过程、建构过程，国家的制度建构、科学的知识建构、个人的意识塑造都通过对具体观念普遍化过程的干预来作用于“目视”，营造出拥有具体导向性的感知空间。新的目视方式的进化具有三大特点[①]。第一，它不再是随便任何一个观察者的目视，而是一种得到某种制度支持和肯定的医生的目视，这种医生被赋予了决定和干预的权力。第二，这种目视并不受制于某种结构的狭窄格栅（形式、布局、数量、大小），而是应该并且能够捕捉到色彩、差异、细小的偏差，时刻警惕着异常现象。第三，这种目视不满足于观察显而易见的东西，它应该使人们能够大致测算出机会和风险，应该长于算计。更加明确地说，“目视”开始瞄向对可见性的深层结构的解读，这依赖于结构中的知识符码——主要是征候的语言结构和病例的随机结构。征候具有宣告性特征，摆脱了症状对疾病中能指与所指的封闭式建构，在意识的干预下把目光投向了原本晦暗的不可见物。

随着解剖医学的发展，“目视”发展到后来被“瞥视”取代。如果说目视意味着在一个开放的场域展开连续的记录和汇总，那么“瞥视”针对的并不是整个场域，它切入一点，一个中心点或关键点，直奔主题。它能够立即分辨出本质事物的路线，因此它会超越它所看到的东西；它不会被直接的感觉形式迷惑，因为它知道如何穿越它们；它从根本上讲具有破除神话的能力。[②] 瞥视使临床经验拥有了新的意象，可

---

① 福柯．临床医学的诞生．刘北成，译．南京：译林出版社，2011：98.

② 同①136.

以探索新的空间，这种空间与症状医学所建构的空间大异其趣，需要按照病理解剖学的发现才能组建起来。

其次是医学话语方式的创制。福柯指出，临床医学在诞生后实现了在医学经验的各个层次上对能指与所指的全部关系的重新安排。[①] 医学话语不再是一种既定的、封闭的空间，它从一开始就沿着三个维度将询问和检查联结起来，在相互交流的符码这一层次上界定医生与病人的“会面场所”[②]。一是在观察过程中言说阶段与被感知阶段的不断交替。观察的第一阶段是视觉的，涉及病人的外显状态；然后是语言与叙述，涉及医生的询问与病人及其家属对病情及相关方面的叙述；继而再回到感知，即对病情和治疗效果变化的感知；最后再次回到语言，包括对病人生活起居及治疗过程的规划安排。于是，“看”与“听”构成了彼此互文的文本，并且不断循环建构。二是确定目视与语言联系的形象，即将疾病中属于可见症状学并且可用言语分析的因素再现为空间清晰可变、概念前后一致的画面，将临床医师的眼睛在病人身体上看到的东西与在疾病的语言中了解的东西整合起来，构建一个既是空间的又是语言的结构。三是形成一种关于详尽的理想，即通过图表的独断性和复述性将临床思维引向可见物和可陈述物之间相关性的完全忠实之描述，这里的“完全”既意味着对象关系不能有所偏差，也意味着描述对象的语言必须毫无偏差。

最后是对生命、疾病与死亡的关系做出新的解读。比夏的解剖学分析不仅使得医学摆脱了对死亡的恐惧，而且把死亡整合进一种技术

① 福柯．临床医学的诞生．刘北成，译．南京：译林出版社，2011：前言，12.

② 同①123－126.

性和观念性的整体。在这个整体中，死亡具有了作为一种经验的独特性质和根本价值。① 生命、疾病与死亡在病理解剖学的实证精神导引下形成了一种新的三角形关系形象，其顶点就是由死亡来规定。在这一关系图式中，人们可以从死亡的高度观看和分析器官的相互依赖关系和病理的发展时序。② 从死亡的角度看，疾病具有一片土地、一方可标识的领土、一个隐蔽但坚实的场所。③ 在这一新的理念下，疾病既能够被空间化，又能够被个体化，空间与个人二者的联结得以从一种对死亡的直觉中派生出来。

可见，临床医学创造了一个全新的感知世界，在这里可以认识到“可见的不可见物”。如福柯所言，现代医学的经验主义“并不是基于对可见物的绝对价值的发现，也不是基于对各种体系及其幻想的坚决摒弃，而是基于对那种明显和隐蔽的空间的重组；当千百年来的目光停留在人的病痛上时，这种空间被打开了”④。此时医学的进步可以对人的身体做出更多的描述，可见物与不可见物之间的关系改变了结构，通过目光和语言解释了以前处于它们的领域之内或之外的东西。⑤ 临床医学把不同的感觉领域整合在一个单一的结构中，形成了视觉-触觉-听觉三位一体规定下的一个感知构型，“瞥视”在这一过程中变得日益复杂精细。这种结构既是知觉结构，又是认识论的结构。⑥ 临床医学的发展赋予了医学话语独特的地位，医生因此变成了伟大的专家和顾问，

---

① 福柯．临床医学的诞生．刘北成，译．南京：译林出版社，2011：164.

② 同①162.

③ 同①166.

④ 同①前言，4.

⑤ 同①前言，4.

⑥ 同①186.

即便不是在统治的艺术中体现，至少也是在观察、改进、矫正社会机体，在维护社会机体的永远的健康状态的活动中体现。[①] 由于其空间化的话语得以实现对身体的全方位控制，医学被政治和经济问题全方位需要，公共健康不仅成为健康问题，更是道德问题、经济问题，社会问题和政治问题，成为社会规训机制的重要一环。

参考文献：

埃里蓬．权力与反抗：米歇尔·福柯传．谢强，马月樱，译．北京：北京大学出版社，1997.

福柯．规训与惩罚（修订译本）．刘北成，杨远婴，译．北京：三联书店，2012.

福柯．临床医学的诞生．刘北成，译．南京：译林出版社，2011.

福柯．安全、领土与人口．钱翰，陈晓径，译．上海：上海人民出版社，2010.

福柯．权力的阐释//福柯．权力的眼睛：福柯访谈录．严锋，译．上海：上海人民出版社，1997.

福柯．空间、知识与权力：福柯访谈录//包亚明．后现代性与地理学的政治．上海：上海教育出版社，2001.

福柯．权力之眼//福柯．权力的眼睛：福柯访谈录．严锋，译．上海：上海人民出版社，1997.

福柯．权力的地理学//福柯．权力的眼睛：福柯访谈录．严锋，译．上海：上海人民出版社，1997.

① 齐埃利涅茨．空间和社会理论．邢冬梅，译．苏州：苏州大学出版社，2018：153.

福柯．词与物．莫伟民，译．上海：上海三联书店，2001.

福柯．不同空间的正文与上下文//包亚明．后现代性与地理学的政治．上海：上海教育出版社，2001.

福柯．为什么研究权力：主体问题//汪民安．自我技术：福柯文选Ⅲ. 北京：北京大学出版社，2018.

莱特，雷比诺．权力的空间化//包亚明．后现代性与地理学的政治．上海：上海教育出版社，2001.

刘北成．福柯思想肖像．北京：北京师范大学出版社，1995.

米勒．福柯的生死爱欲．高毅，译．上海：上海世纪出版社，2003.

齐埃利涅茨．空间和社会理论．刑冬梅，译．苏州：苏州大学出版社，2018.

张锦．福柯的“异托邦”思想研究．北京：北京大学出版社，2016.

第五章　布迪厄的场域空间理论

皮埃尔·布迪厄（Pierre Bourdieu）是当代法国著名的社会学家、思想家和文化理论批评家。他横跨众多领域，打破了学科界限，从跨学科的角度入手，对人类学、社会学、教育学、语言学、哲学、政治学、史学、美学、文学等都有研究。布迪厄理论体系中的空间思想并没有引起空间社会学研究的足够关注，而是在阶层研究和资本研究中大放异彩，但实际上，他的整个理论体系都深深地扎根于他所创立的场域空间理论之中。从空间的角度审视布迪厄的场域理论，把握其空间理论的学术脉络、基本原则、结构特征、动态演变以及不同场域之间的关系，有助于拓宽空间研究的理论视野。

一、场域空间的理论探索

1930 年布迪厄生于法国一个小城镇，他的父亲是一位乡村邮递员。布迪厄在 1949 年中学毕业后，考入了巴黎高等师范学校，大学读书期间，马克思的思想对布迪厄影响较大，并且他结识了福柯、德里达等人。1954 年，布迪厄在哲学家高歇（Henri Gouhier）的指导下完成了一篇关于莱布尼茨哲学思想的毕业论文。毕业后他到外省一所中学任教，一年后应征入伍，到阿尔及利亚服兵役。

在阿尔及利亚的经历对布迪厄的学术生涯具有非常重要的意义，他在这里走上了社会学研究的学术旅途。1958 年他发表了一部题为《阿尔及利亚社会学》的著作。1960 年，布迪厄返回法国，在巴黎大学人文学院担任助教。此间，布迪厄听了列维·斯特劳斯在法兰西学院讲授的符号人类学课程，后来，布迪厄还担任过雷蒙·阿隆的助手。这些经历对布迪厄的文化和符号研究以及关系论方法论具有启发意义。1964 年至 1968 年，布迪厄任法国高等研究实验中心主任，1968 年布迪厄开始担任欧洲社会学中心主任，到了 1982 年，布迪厄在福柯等人的鼎力相助下，获得了法兰西学院唯一的社会学教授职位，更确切地说是获得了法国社会学界最高的学术地位和学术荣誉。① 遗憾的是，布

① 刘少杰．后现代西方社会学理论．2 版．北京：北京大学出版社，2014：142－143.

迪厄在 2002 年去世。

（一）不同阶段布迪厄的空间思想

布迪厄在 20 世纪 50 至 60 年代对阿尔及利亚的社会学研究已经包含了空间视角的考察。布迪厄发现："内部和外部之间的区别，是纯洁神圣和不纯洁神圣之间的对立关系的另一种表现形式，它以一种具象的方式通过女性空间和男性空间之间清晰的区隔来表达。女性空间是封闭的、私密的、被保护的，如住宅和花园，是完全属于神圣的空间，禁止所有入侵和窥视；而男性空间，指的是机会的地方，或是清真寺、咖啡馆、田地或者市场。一边是私密的场所，整个空间都笼罩在羞耻的意味之下，而另一边是面向所有社会关系、政治以及宗教生活开放的空间。"①

布迪厄对卡尔比人的住宅内部结构进行空间分析，发现女性负责管理室内阴暗一边的物品和相关劳动，男女劳动分工与空间的划分基于同一原则，住宅内的重要组成部分都具有象征意义，并且由一连串相似的对立关系构成，住宅内部就是整个世界的缩影，同样，房屋的朝向也存在对应关系。② 这一时期的研究已经显现了布迪厄场域空间理论中的一些重要概念，如区隔、象征、对应性、同源性等，只不过其空间理论体系尚未建立，这些概念的内涵以及相互之间的关系尚未详细论述。

布迪厄在 1979 年出版了《区分：判断力的社会批判》一书，这是

① 布尔迪厄．实践理论大纲．高振华，李思宇，译．北京：中国人民大学出版社，2017：38.

② 同①56－74.

其空间理论研究的一部重要著作。在书中，布迪厄提出了“社会空间”（法文 espace social）、“生活风格”（法文 le style de la vie）、“场的动力学”（法文 dynamique du champ）、“区分”（法文 la distinction）、“趣味”（法文 goût）等一些重要概念。在此前后，分别于 1972 年和 1980 年出版了《实践理论大纲》和《实践感》两部著作，这两部著作着重论述他以实践为基础的社会学理论，里面有涉及结构和场域的内容，但并未系统论述。

1989 年出版的《国家精英：名牌大学与群体精神》一书是其场域空间理论的代表作，这本书的中心思想已经从《区分：判断力的社会批判》一书的“社会空间”概念过渡到了“场域”（法文 champ）概念，书中分析了名牌大学场域和权力场域的结构、历史与变化。1992 年出版的《艺术的法则：文学场的生成与结构》一书，将场域理论运用到分析文学艺术之中，1996 年出版的《关于电视》一书将场域理论运用到了传媒和新闻研究中。

20 世纪 80 年代末，布迪厄到芝加哥大学进行学术交流，在那里为一群研究社会学、人类学和政治科学的博士生开设研讨班，这期间的一些讲座和访谈由华康德编撰成一部著作《反思社会学导引》（1992）。因为这本书是以讲课和访谈的口吻呈现的，所以可读性很强，便于提纲挈领地理解布迪厄的场域理论。

1994 年出版的《实践理性：关于行为的理论》对前期研究（包括区分、学校场域、文学场域等）进行了回顾，这时，布迪厄拓展了“社会空间”的概念，社会空间不再只是《区分：判断力的社会批判》一书所偏向的社会位置和生活风格的空间，而是具有了社会科学研究的基础性地位，同时书中也分析了科层场域的生成与结构。布迪厄还将场域理论应用到科学场域、学术场域等其他领域。布迪厄的场域理论在其理论体系中具有极其重要的地位，其中蕴含了丰富的空间思想。

（二）场域空间论的基本立场

布迪厄的社会学理论被学者们称为社会实践论，“实践”（法文 pratique）的概念是其理论体系的基本立场。在布迪厄看来：“作为实践活动的实践理论与实证主义唯物论相反，它提醒我们，认识的对象是构成的，而不是被动记录的；它也与理智主义唯心论相反，它告诉我们，这一构成的原则是有结构的和促结构化的行为倾向系统，即惯习，该系统构成于实践活动，并总是趋向实践功能。”① 布迪厄的实践理论力图超越传统实证唯物主义和理智唯心主义的二元对立。

实践是什么？“实践具有一种不属于逻辑学的逻辑，因此，把逻辑学的逻辑运用于实践的逻辑，就是面临着，通过人们用来描述逻辑的工具而毁灭人们想要描述的逻辑。”② 这就等于说，犯了马克思所批判的“把逻辑的事物当成事物的逻辑”的错误，即把从理论上抽象出来的逻辑当成了实践中真实的逻辑的错误。

布迪厄的场域空间论立足在实践论的基础上，也对传统的二元对立和理论脱离实践展开了批判。“为了概述客观结构和主观建构之间的复杂关系，这种关系超越了客观主义与主观主义、结构主义与构成主义，甚至唯物主义和唯心主义之间通常的交替出现……社会空间把我

---

① 布迪厄．实践感．蒋梓骅，译．南京：译林出版社，2012：73.

② 布尔迪厄．实践理性：关于行为的理论．谭立德，译．北京：三联书店，2007：135－136.

当作一个点吞没了我。但是，这个点是一个观点，是从处于社会空间某个点出发而获取的见解的根源，是从客观位置开始，并通过客观位置而在形式和内容上确定的角度的根源。”① 布迪厄的空间概念强调了客观与主观的统一，客观表现为场域中的位置，主观表现为立场空间和惯习。

布迪厄的空间观是实践的空间观，他批判地指出：“系谱图用一个单义的、同质的、一成不变的关系空间，代替在时空中间断的一组等级化的、按当下之需组织起来的、时断时续存在于实践中的亲属关系群，而交通图则用几何学的同质连续空间取代实际路线之间断的和有脱漏的空间。”② 布迪厄主张重现实践的空间状态，抓住空间中的等级化、即时性、间断特征以及经验的复杂性，实践论是布迪厄场域空间论的一个基本立场。

场域这个概念用来指示在事物的建立过程中一种关于方法选择的理论和发生姿态③，根据场域概念进行思考就是从关系的角度进行思考④。“为了同以实体论方式考虑社会世界的倾向决裂，空间概念自身包含着对社会世界的关系性感知的原则；因为，它肯定它指出的整个‘现实’存在于组成‘现实’的因素的相互外在性中。”⑤ 基于此，布迪厄认为在社会学词汇里引进社会空间和场域的概念是必要而且合理的，

---

① 布尔迪厄．实践理性：关于行为的理论．谭立德，译．北京：三联书店，2007：15－16.

② 布迪厄．实践感．蒋梓骅，译．南京：译林出版社，2012：119.

③ 布迪厄．艺术的法则：文学场的生成与结构．刘晖，译．北京：中央编译出版社，2001：223.

④ 布迪厄，华康德．反思社会学导引．李猛，李康，译．北京：商务印书馆，2015：121.

⑤ 同①36.

因为社会空间和场域的概念正是突出强调了其中的关系性本质，而非实体论。

如何从关系的角度对场域进行研究呢？布迪厄在《国家精英：名牌大学与群体精神》一书中指出："我们既要预先认同场域（这个差异化了的社会中的特有的社会小宇宙）运作的普遍法则，又要对场域的效应给予经验性的关注，只有同时做到这两点，我们才能够把高等教育机构这个空间作为一个场域来对待，才能够找到在这些教育机构之间建构客观关系网的方法。"[①] 这是布迪厄提出的处理一般与具体、理论与经验之间关系的方法。

此外，"如果我们不对场域的结构进行共时性的分析，就不能把握该场域的动力机制；同时，如果我们不对结构的构成，不对结构中各种位置间的张力，以及这个场域和其他场域，尤其是权力场域间的张力进行一种历史分析，也就是生成性分析，我们也不能把握这种结构"[②]。这是布迪厄提出的处理结构与斗争、共时与历时之间关系的研究方法。

布迪厄的场域理论与卢曼的系统理论既有类似之处，又存在本质差异。"第一，场域理论排除了一切功能主义和有机论：一个既定场域的产物可能是系统的，但并非一个系统的产物，更不是一个以共有功能、内在统合和自我调控为特征的系统的产物；这就是说，对于系统理论中如此之多的基本假定，场域理论都拒绝接受。第二个重要差别

① 布尔迪厄．国家精英：名牌大学与群体精神．杨亚平，译．北京：商务印书馆，2004：228.

② 布迪厄，华康德．反思社会学导引．李猛，李康，译．北京：商务印书馆，2015：116.

是一个场域并不具有组成部分和要素。每一个子场域都具有自身的逻辑、规则和常规，而在场域分割的每一个阶段（比如说文字创作的场域），都需要一种真正质的飞跃。每一个场域都构成一个潜在开放的游戏空间，其疆界是一些动态的界限，它们本身就是场域内斗争的关键。场域比任何人可能设计出来的游戏都更变动不居、复杂难测。”① 区别于系统理论，布迪厄的场域理论突出强调了每个具体场域空间中的不协调、冲突、斗争、逻辑、规则以及潜在开放性。

（三）场域和社会空间的基础地位

布迪厄认为，场域和社会空间具有基础性地位，这不但体现在场域和社会空间的普遍性上，而且源于场域和社会空间是人们认识世界的基础，只有建构了研究对象所在的社会空间，分析这个空间的结构、关系、差异及动力学原理，才能够真正理解社会实践本身，才能够真正认识世界。

“除了那些最少分化的社会（这些社会还显示出不大容易按照象征资本衡量的差异）外，所有的社会都表现为社会空间，也就是差异的结构。”② “在高度分化的社会里，社会世界是由大量具有相对自主性的社会小世界构成的，这些社会小世界就是具有自身逻辑和必然性的客观关系的空间，而这些小世界自身特有的逻辑和必然性也不可化约成支配其他场域运作的那些逻辑和必然性。”③ 场域和社会空间是普遍存在的，每一个具体领域都存在场域，并被囊括进更大的场域中，与更

---

① 布迪厄，华康德．反思社会学导引．李猛，李康，译．北京：商务印书馆，2015：129－130.

② 布尔迪厄．实践理性：关于行为的理论．谭立德，译．北京：三联书店，2007：37.

③ 同①123.

大的场域以及相邻场域发生各种各样的关联，产生多种场域效应。

布迪厄认为，有多少里比多形式，有多少种“利益”，就有多少个场域，而每个场域在产生的同时，就生产一种利益形式。社会学的一个任务就是，确定社会世界怎样把生物的里比多，即未分化的冲动构筑在社会的、特定的里比多上。因为，社会设定的利润只存在于与某个社会空间保持的联系中，在这个社会空间里，某些事物是重要的，而另一些则是无关紧要的。[①] 社会学需要揭示，为何在这个空间中，这个事物或利润是重要的，而其他则是无关紧要的，这种设定过程是如何形成的，产生了什么样的场域效应。

布迪厄在借鉴马克思实践概念的同时，对马克思的阶级概念展开了批判。“当把只能在个体意识中形成的倾向算到团体或是机构的头上时——即便这些倾向是集体条件的产物，例如阶级利益的意识形成——我们忽略了对这些条件的分析，特别是决定有关集体的客观和主观均质性程度及其成员集体意识程度的条件。”[②] 布迪厄质疑社会阶级的普遍存在，他认为：“社会阶级并不存在（即使是受马克思理论指导的政治工作，在某些情况下，通过动员活动和代理人，至少能够有助于社会阶级的存在）。存在着的是一个社会空间，一个差异的空间，在这个空间里，阶级可以说是以潜在的状态而存在，以虚线的状态而存在，它不是作为已定的，而是作为要做的某件东西而存在。”[③] 布迪

① 布尔迪厄．实践理性：关于行为的理论．谭立德，译．北京：三联书店，2007：139，131.

② 布尔迪厄．实践理论大纲．高振华，李思宇，译．北京：中国人民大学出版社，2017：212.

③ 同①15.

厄由此对实体主义概念、外在决定因素以及个体主义研究展开了批判。

为何说场域和社会空间具有了认识论的基础意义呢？因为，“对置身于一定场域中的行动者（知识分子、艺术家、政治家或建筑公司）产生影响的外在决定因素，从来也不直接作用在他们身上，而是只有先通过场域的特有形式和力量的特定中介环节，预先经历了以此重新形塑的过程，才能对他们产生影响。一个场域越具有自主性，也就是说，场域越能强加它自身特有的逻辑，强加它特定历史的积累产物，上述的这一点就越重要”①。很多研究往往把外在决定因素直接与个体相连，但实际上外在决定因素在作用于个体过程中必然要经过个体所处场域的这个中间环节。

“马克思主义者们所援引的外在决定性——例如经济危机、技术改革或政治革命的作用——只能借助由此产生的场域结构变化而起作用。场域行使某种折射的（按棱柱体方式）效应，只要了解它的功能（它的折射系数，也就是说它的自律度）的特殊规则，我们就能理解作家之间各种体裁（如诗歌、小说和戏剧）的支持者之间或不同的艺术概念（如‘为艺术而艺术’和‘社会艺术’）之间的关系的变化。”② 场域不但是链接外部与内部、宏观与微观的中间环节，它的基础性地位还体现在场域效应、折射效应的存在上。

很多研究并没有弄清楚自己真正的研究对象，研究问题与研究对象之间存在鸿沟。“场域的观念提醒我们，即使人们在构建一个场域时

---

① 布迪厄，华康德．反思社会学导引．李猛，李康，译．北京：商务印书馆，2015：132.

② 布尔迪厄．实践理性：关于行为的理论．谭立德，译．北京：三联书店，2007：49.

不能不借助个体（因为统计分析所必需的信息一般都与个人或机构相联系），社会科学的真正对象也并非个体。场域才是基本性的，必须作为研究操作的焦点。这并不意味着个人只不过是‘梦幻泡影’或他们并不存在。他们确实存在，不过是以行动者（agent）——而不是生物性的个体、行为人（actor）或主体——的方式存在着；在所考察的场域中，他们是被各种社会因素构成为积极而有所作为的，而场域的这种构成影响则体现在以下事实上：这些行动者都拥有在此场域中发挥作用（亦即产生效用）所必需的禀赋。”① 所以说，场域和社会空间具有认识论的基础意义，我们想要真正认识个体、群体、社会结构以及外在因素对个体的影响，首要的是认识和分析研究对象所处的场域。

鉴于场域和社会空间的基础性地位，“我们必须系统地建构对象所在的空间，建构对象所持有的、差别性的、关系性的特性都受到影响的空间，只有这样，我们才能够真正掌握对象的特性”②。“社会科学应该构建的不是阶级，而是社会空间，在这个社会空间内部，可以划分阶级，但它仅仅存在于纸上。社会科学在任何情况下都应该构建和发现（在构建主义和现实主义之间的对立之外）分化原则，这一原则能够在理论上重新产生经验式观察的社会空间。”③ 场域和社会空间是真实存在的，孤立的个体、抽象的阶级、理想的结构都需要立足于具体的、经验的场域和社会空间中才能获得生命。

---

① 布迪厄，华康德．反思社会学导引．李猛，李康，译．北京：商务印书馆，2015：134.

② 布尔迪厄．国家精英：名牌大学与群体精神．杨亚平，译．北京：商务印书馆，2004：311.

③ 布尔迪厄．实践理性：关于行为的理论．谭立德，译．北京：三联书店，2007：37.

二、场域空间的结构分析

布迪厄并未把场域的结构特征和动态特征割裂开，但为了理论梳理和逻辑呈现的方便和清晰，可以首先提炼出场域空间理论中结构性的一面，包括概念本身的结构内涵、重要概念之间的结构关系、社会空间的区隔和分类系统、具体场域内的结构性特征等。

（一）场域概念的结构内涵：位置、构型、规则

“从分析的角度来看，一个场域可以被定义为在各种位置之间存在的客观关系的一个网络（network），或一个构型（configuration）。正是在这些位置的存在和它们强加于占据特定位置的行动者或机构之上的决定性因素中，这些位置得到了客观的界定，其根据是这些位置在不同类型的权力（或资本）——占有这些权力就意味着把持了在这个场域中利害攸关的专门利润（specific profit）的得益权——的分配结构中实际的和潜在的处境，以及它们与其他位置之间的客观关系（支配关系、屈从关系、结构上的对应关系等等）。”①

场域的概念内涵首先是各种位置的存在，而且这些位置之间存在一种构型，形成了客观的关系，之所以称其为客观的，是因为每个位置背后代表着不同权力（或资本）的分配结构。场域中的力量关系状况决定了场域的结构。场域中的位置是力量关系斗争的结果，反过来，这个位置也能带来相应的权力或资本。

① 布迪厄，华康德．反思社会学导引．李猛，李康，译．北京：商务印书馆，2015：122－123.

在方法论上，“各种位置的场域与各种立场的场域，或者说基于客观位置的主观态度的场域密不可分，也就是说，与行动者的实践和表达所组成的、受结构形塑的系统密不可分。不论是客观位置的空间，还是主观立场的空间，都应该放在一起分析。不过在平常情况下，位置的空间仍倾向于对立场的空间起到支配的作用”[①]。场域中的位置是相对客观的，但它同时包含了主观性的一面，因为立场空间的存在，或者说在位置空间作用下立场空间的存在，布迪厄对场域中位置的研究并没有走到客观主义的一元中。

场域的范围可以很大，也可以很小，大到整个世界存在着各种位置和各种力量之间形成的构型，如沃伦斯坦的世界体系理论；小到校园、社区，甚至家庭也存在着一种场域。“我们可以把场域设想为一个空间，在这个空间里，场域的效果得以发挥，并且，由于这种效果的存在，对任何与这个空间有所关联的对象，都不能仅凭所研究对象的内在特质予以解释。场域的界限位于场域效果停止作用的地方。”[②] 现实生活中，在原有场域中形成的“活法”或“玩法”到了新的环境中玩不转了，这是因为场域改变了，已经跨越了原有场域的边界，应该按照新的场域的规则进行。

场域的另一个特质就是每个场域都有自己的规则，这个规则不单是占支配位置的场域统治者制定的，也是占据不同位置的行动者相互斗争的结果。“在遵守游戏的默契规则和再生产游戏及其利害关键的先

① 布迪厄，华康德．反思社会学导引．李猛，李康，译．北京：商务印书馆，2015：131.

② 同①126.

决条件下，游戏者可以通过参与游戏来增加或维持他们的资本，即他们拥有的符号标志的数量；但他们也同样可以投身游戏之中，去部分或彻底地改变游戏的固有规则。”[①] 所以，场域的结构和规则并不是僵化的，而是在力量对抗和行动者的策略行动中变化的，尽管场域的结构迫使其中的每一分子采取与自己的位置相适应的策略[②]，但其中不乏潜移默化或轰轰烈烈的场域革命。

从场域的角度开展研究，涉及三个必不可少并内在关联的环节："首先，必须分析与权力场域相对的场域位置。其次，必须勾画出行动者或机构所占据的位置之间的客观关系结构。最后，必须分析行动者的惯习，亦即千差万别的性情倾向系统，行动者是通过将一定类型的社会条件和经济条件予以内在化的方式获得这些性情倾向的。”[③]

举例来说，假如研究对象是某一类人（如互联网公司的 IT 人员），首先要分析互联网公司所处的场域在整个场域（包括经济场域以及更大的权力场域）中处于什么位置，其次分析互联网公司场域中不同行动者之间的客观关系结构、IT 人员所处的位置、这个场域的游戏规则及其对 IT 人员的影响，最后再分析不同行动者尤其是 IT 人员的性情倾向、不同 IT 人员的资本构成、对场域游戏规则的态度以及不同行动策略等。

（二）场域、资本、惯习之间的结构关系

从场域的概念内涵中，我们可以发现场域与资本（法文 capital）

---

① 布迪厄，华康德．反思社会学导引．李猛，李康，译．北京：商务印书馆，2015：125.

② 布尔迪厄．国家精英：名牌大学与群体精神．杨亚平，译．北京：商务印书馆，2004：229.

③ 同①131.

和惯习（法文 habitus）是紧密相连的，布迪厄还给出了实践的公式，即"（惯习）（资本）＋场域＝实践"[①]，那么，究竟场域与资本、惯习之间是怎样的关系呢？

场域的结构（或者说场域中不同位置之间的构型）是由这一场域中灵验有效的特定资本形式的分配结构所决定的[②]，这是布迪厄给出的场域的操作化定义，为何"资本"之前要加上"特定"二字作为限定呢？因为每个场域的逻辑和规则决定了这个场域中通行的属性，这个属性而不是其他属性在这个场域中是有效的，比如学术场域中对科研创新和学术论文的强调，而非对创收能力和经济资本的看重，由此这个属性成了一种特定资本在实践中发挥作用。

行动者在一个特殊场域中被分配的社会地位和特定权力首先是依靠他们能够动用的特定资本，场域中的构型是被客观化的资本（属性）也是被归并的资本（惯习）体现在这个场域中的形式。[③] 也就是说，特定资本的分配结构是多方实践的结果，它只有在极特殊的场域中是一元分配的，更多地依赖资本（属性）的客观化程度、资本（惯习）的可归并程度、不同行动者的动员能力以及占据资源情况。

资本赋予了某种支配场域的权力，赋予了某种支配那些体现在物质或身体上的生产或再生产工具（这些工具的分配就构成了场域结构本身）的权力，并赋予了某种支配那些确定场域日常运作的常规和规

① 布尔迪厄．区分：判断力的社会批判．刘晖，译．北京：商务印书馆，2015：169.

② 布迪厄，华康德．反思社会学导引．李猛，李康，译．北京：商务印书馆，2015：135.

③ 同②188－189.

则，以及从中产生的利润的权力。[①] 也就是说，特定资本的分配结构不但能决定场域的结构，还能决定场域的游戏规则和利润渠道。

反过来，一种资本的价值（甚至是存在）依赖特定场域的存在。布迪厄指出："资本是一种社会关系，也就是一种社会能量，这种能量只在它得以生产和再生产的场中存在和产生其作用。"[②]"归根结底，一种资本（例如希腊语或微积分知识）的价值，取决于某种游戏的存在，某种使这项技能得以发挥作用的场域的存在：一种资本总是在既定的具体场域中灵验有效，既是斗争的武器，又是争夺的关键，使它的所有者能够在所考察的场域中对他人施加权力，运用影响，从而被视为实实在在的力量，而不是无关轻重的东西。"[③] 脱离了原场域，已经获得的某些资本的价值就会大打折扣。经验的例子如跳槽和转行区别开来，跳槽是在原场域（如经济场域）内的流动，但转行则往往是跨场域的，它所要付出的代价更大。

于是出现了一种解释学循环："要想构建场域，就必须辨别出在场域中运作的各种特有的资本形式；而要构建特有资本的形式，就必须知晓场域的特定逻辑。在研究进程中，存在一种循环往复的运动。"[④] 这里面并不存在单向的因果关系，特定场域与特定资本之间孰先孰后是实践的产物，不是先验的逻辑的或单向因果的产物，从分析的角度，需要在场域与资本之间进行反复研究。

---

① 布迪厄，华康德．反思社会学导引．李猛，李康，译．北京：商务印书馆，2015：127.

② 布尔迪厄．区分：判断力的社会批判．刘晖，译．北京：商务印书馆，2015：188.

③ 同①124.

④ 同①135.

场域与惯习之间的关系也很复杂。惯习的来源有两个：一是，场域外的来源是历史的、继承的、熏陶的产物，但它不是宿命，它是一个开放的性情倾向系统，它是稳定而持久的，同时又不断地随经验而变，从而在这些经验的影响下不断地强化，或是调整自己的结构。[①] 或者说，惯习就是一种社会化了的主观性。[②] 二是，场域内的来源是位置（法文 position）和资本的产物，在场域中占据不同的位置、掌握不同的资源和资本会赋予行动者相对应的性情倾向，慢慢地会影响到惯习。

同时，场域中不同位置的存在离不开惯习的差异化系统。“社会位置的空间借助于性情倾向的空间，在采取立场的空间里重新表现出来；或者，换句话说，行动者（或由行动者构建的阶级）特性里的差异系统，亦即在他们的实践和他们占有的利益里的差异系统，与确定社会空间两大方面的不同位置的差异系统相一致。”[③] 如若场域中位置的差异系统与惯习的差异系统相矛盾乃至在矛盾中并存，那么这个场域中的符号系统将是混乱的，这个场域存在的整体性和合理性将受到质疑。

惯习对场域中的位置、资本和力量存在反作用。“个体在空间中并非偶然的迁移，这部分是因为一些力量把这个空间的结构赋予了这个空间并（通过比如淘汰和指导的客观机制）强加给他们，部分是因为

① 布迪厄，华康德．反思社会学导引．李猛，李康，译．北京：商务印书馆，2015：164－165.

② 同①157.

③ 布尔迪厄．实践理性：关于行为的理论．谭立德，译．北京：三联书店，2007：9.

他们以自身的惯性也就是他们的属性抵制场的力量。”[①] 惯习是行动者受到场域结构制约而形成的，同时又在实践中不断对抗场域中限制其发展的力量。

（三）社会空间的区隔与分类系统

从总体来看，社会空间在两个维度上被划分等级：一方面从最大的到最小的全部资本总量，或者说行动者所占有的不同的资本分量来划分；另一方面从处于统治地位的资本种类到处于被统治地位的资本种类，即按照行动者资本的结构（如经济资本和文化资本的相对分量）来划分。[②] 在具体层面，社会空间的区隔是受到具体场域、资本、惯习共同作用的结果，因为场域的规则确定了有效的资本类型，惯习产生区分，并作用于场域结构。

惯习是一种发生公式，一种符号区分系统。惯习“是有区别的和被区别的；也是区别的操纵者，它们应用不同的区分法则，或者，有区别地运用共同的区分法则”[③]。这种区分包含两方面的能力：一种是产生可分类的实践和作品的能力，另一种是区分和评价这些实践和这些作品的能力（趣味）。[④]

在产生区分的能力方面，惯习与场域中的位置和资本相互配合，采取多种机制来完成这项“工程”。这里以高等教育场域以及不同类型

---

① 布尔迪厄．区分：判断力的社会批判．刘晖，译．北京：商务印书馆，2015：183.

② 布尔迪厄．区分：判断力的社会批判．刘晖，译．北京：商务印书馆，2015：209；布尔迪厄．实践理性：关于行为的理论．谭立德，译．北京：三联书店，2007：8.

③ 布尔迪厄．实践理性：关于行为的理论．谭立德，译．北京：三联书店，2007：10.

④ 同①268.

人群相应的惯习来详细介绍。

一方面，高等教育机构场域通过将学生引向已经分类的教学机构来履行它的分类职能，大门（著名大学）和小门（普通大专院校）之间的对立，作为这个空间的基本划分原则，既是教学机构的客观空间所固有的，也是学校工作、学习活动和智力活动的各种表现所固有的，再加上“象征性神化”（实践中、象征符号中能力差异的体现）以产生真实的差异效应。[①] 这种学校体制有助于重现文化资本的分配，并由此而重现社会空间的结构。[②] 大门与小门的分配机制体现了场域的再生产逻辑，而象征性神化则包含着惯习的内涵，经验的观念如“龙生龙、凤生凤、老鼠的孩子会打洞”。

另一方面，“不同场域中霸权位置的占据者总是将所有这些美德赋予他们自己，并且在每一次自行遴选中协调一致地向新来者索求这些美德。至于平民，他们被直接定位于那些不可能产生象征性增值的职务，其狭窄的专业能力和准确的技术性把他们钉在这些职务上……支配性美德所不屑的品德，比如说，认真、细致、严密、有效率”[③]。很多惯习是在场域支配力量的作用下养成的，它有利于巩固场域的结构，从而再生产着社会空间的区隔。

布迪厄深入研究了区分和评价可分类的实践和作品的能力（趣味）。“趣味是将物变成区分的和特殊的符号，将持续的分布变成中

① 布尔迪厄．国家精英：名牌大学与群体精神．杨亚平，译．北京：商务印书馆，2004：257.

② 布尔迪厄．实践理性：关于行为的理论．谭立德，译．北京：三联书店，2007：22.

③ 同①258.

断的对立的实践操纵机构；趣味使被纳入身体的物质范畴内的区别进入有意义的区分的象征范畴内……趣味是区分性特点之系统的根源，这个系统注定要被随便一个拥有实践认识的人当成一个特定的生活条件阶级的一种系统表现，也就是当成一种区分的生活风格。”①

举例来说，“纯粹外表的差别由姿态的差别即表现身体、行为、举止的方式上的差别而增大了，而且在象征意义上加强了，与社会世界的整个关系都表现在这种方式中……于是出现了一个身体的等级空间，这个空间除了生物学的偶然之外，倾向于按照它自身的特定逻辑再生产社会空间的结构……通用的分类倾向于将统治者身上最常见的（也就是最稀有的）属性与被统治者身上最常见的属性分成等级，使他们相互对立”②。这便是人们常常说的，暴发户与贵族之间的区别，具体表现在爱好、穿着、消费、吃饭方式、举手投足、神态等多个方面。

人们往往在身份地位与外貌体态之间、非生物继承性的逻辑与社会继承性的逻辑之间建立严格的对称关系，但也不乏反例，如贫困者的美貌（人们有时说这种美貌是致命的，因为它威胁了等级），以及相反，有时“大人物”没有高大的身材或美貌。③ 这种情况下，人们原有的刻板印象就会面临认知危机，但只要当事人足够强大就不会影响到原有的符号区分系统，如网民对马云相貌及其智商隐喻的肯定性

① 布尔迪厄．区分：判断力的社会批判．刘晖，译．北京：商务印书馆，2015：274.

② 同①300－301.

③ 同①301－302.

评价等。

场域位置和惯习的社会空间区隔都是很容易进行测量的，以高等教育场域为例，“关于位置空间，我们通过学生的社会轨道（父母的职业与文凭、祖父及外祖父的职业、家庭的规模及住所）、他自己的轨道，以及他的学业资本（就读过的学校和学科、中学毕业会考的评语）中的客观特性来定位；至于立场空间的定位，则通过体育运动实践和文化实践方面的材料，如看戏，听音乐会，看日报、周报或杂志的频率，或者通过智力、宗教或政治实践和表现方面的材料来完成”[①]。还有一种方法更加直接，比如不必考虑实际情况，让学生列举他们最想邀请来参加毕业典礼的五个人，由于学业旨趣、娱乐旨趣、财富旨趣、权力旨趣的不同，学生的选择往往存在明显差异，再结合他们的出身、经历，其中有很多值得分析的问题。

布迪厄根据资本总量差异和不同类型的资本绘制了社会位置空间和生活风格空间，如图 5-1 所示[②]。

想要揭示场域的结构，不能单方面地研究场域中的不同位置以及相应的资本，还要对场域中不同行动者所形成的惯习进行理论建构，以此厘清“经济和社会条件的相关特点（从共时性和历时性方面所领会的资本总量和结构）与跟在风格空间中的相应位置密切联系的区分特征之间”[③] 事实上的关系。

---

① 布尔迪厄．国家精英：名牌大学与群体精神．杨亚平，译．北京：商务印书馆，2004：265.

② 布尔迪厄．区分：判断力的社会批判．刘晖，译．北京：商务印书馆，2015：204.

③ 同②268.

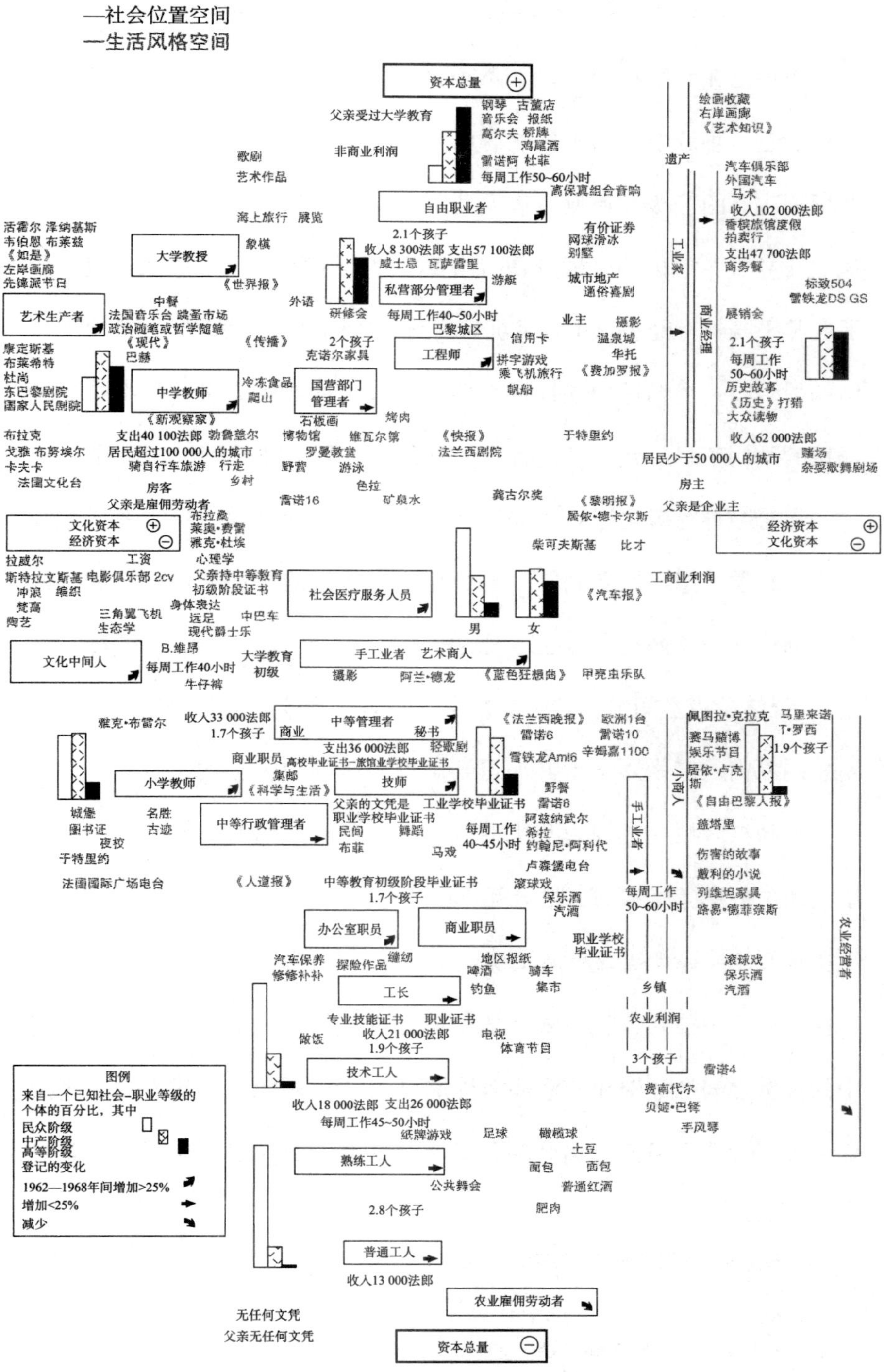

图 5-1　社会位置空间和生活风格空间

（四）场域中的交叉状结构、同源性逻辑与模态轨道

布迪厄在研究权力场域和教育场域时都提出了一种交叉状结构，它指的是，场域中根据主要的等级化原则（即经济资本）构成的分布与根据次要的等级化原则（即文化资本）构成的分布在某种意义上形成“交叉”。[①] 它的两个极点是结构相反的“资产”，居于中间位置的是那些几乎既拥有经济资本，又拥有文化资本的社会类别。[②] 这种交叉状结构揭示了一个场域中往往存在两股及以上的对抗力量，再次指出了场域的结构不是一元的，因而它区别于“机器”，也区别于“系统”。

尽管一种等级化原则（如经济资本）的经验呈现为资本总量差异巨大的离散状态，但受到同一等级化原则作用的行动者往往有着共同的规则认同，这便是布迪厄所说的同源性（法文 homologie）逻辑。

“统治阶级空间与中产阶级空间之间的同源性通过这些空间的结构是相同原则的产物这个事实而得到解释……同源位置的占据者，比如小学教师与教授或小商人与大商人，主要由在他们的财产结构中占据统治地位的那类资本的总量分开，也就是被等级差别分开。”[③] “是同源性逻辑而不是厚颜无耻的计算使得作品符合其观众的期待……这是一个在生产场中被确定的作家或艺术家的位置与其观众在阶级和阶层场中的位置之间的结构和功能同源性的结果。”[④] 同源性逻辑有助于理解处于不同社会空间的行动者为何具有一些共同的性情倾向，进而容易

① 布尔迪厄．国家精英：名牌大学与群体精神．杨亚平，译．北京：商务印书馆，2004：465.

② 同①268.

③ 布尔迪厄．区分：判断力的社会批判．刘晖，译．北京：商务印书馆，2015：199.

④ 同③374.

形成一致的实践行动。

在社会空间的区隔和分类系统的作用下形成了一种模态轨道。它确定相遇、亲和力、同情，甚至欲望的可预测距离，具体说，这意味着处于空间高处的人不大可能同处于底部的人结婚，因为他们接触的机会很少，各种观念差异巨大。相反，位置上的接近预先安排了关系上的接近。但是，布迪厄提醒我们，社会空间的临近不会自动产生统一性，它并不意味着会自然而然地构建出一个阶级，只能说是规定了统一性的客观潜在性，规定着一个可能的阶级。[①] 这种空间区隔和生活轨迹是按照资本总量进行划分的。

同源性逻辑同样会形成一种模态轨道，社会上存在的分配机制（如高等教育）正是旨在缩减轨道交叉的规模与频率，例如，减少银行家和工业界老板子女进入巴黎高导师范学院，继而进入教师队伍和文化性职业的可能性。这样做的目的是减少模态轨道转换的代价（包括培训成本、认同危机、半路脱轨的风险等），减少惯习和位置之间的差距和不协调中所包含的危险冲突。[②] 最终是在维系这个场域的结构，避免场域中矛盾的力量不断激化而引起场域的变革，它的推动者是场域中居于支配地位的行动者，是居于支配地位的资本形式的力量。

三、场域空间的动态分析

场域的结构特征是骨，场域的动态特征是血肉，因为有了场域的

---

① 布尔迪厄．实践理性：关于行为的理论．谭立德，译．北京：三联书店，2007：13－14.

② 布尔迪厄．国家精英：名牌大学与群体精神．杨亚平，译．北京：商务印书馆，2004：290－291.

动态性，场域才是鲜活有生命力的。场域空间理论中的动态性包括概念本身的动态内涵、场域的生成与演化、场域内具体实践的动态分析与策略行动三个方面。

（一）场域概念的动态内涵：斗争、落差、变革

场域这个概念本身就是动态的，场域作为包含各种隐而未发的力量和正在活动的力量的空间，它是一个争夺的空间，这些争夺旨在维续或变更场域中这些力量的构型，一个场域的动力学原则，就在于它的结构形式，同时还特别源于场域中相互面对的各种特殊力量之间的距离、鸿沟和不对称关系。“场域”和“机器”的一个基本差别就是：斗争，以及因此产生的历史性。只有在极特殊的情况下，当支配者成功压制了被支配者的反抗和敌对时，这一场域可能会以一种“机器”的方式运转，但只有当人们反抗、革命、采取行动时，才存在历史。[①]实际上，完全的压制几乎是不可能的，高度集权的帝国往往暗藏革命的危机，其中的被支配者是以一种不外显的方式进行反抗的。对社会空间进行动态分析，就是要时刻把场域视为一个斗争场，去分析场域内部的行动者如何按照他们在力量场结构里的位置，以他们的资本和不同的目的而互相对立。[②] 场域内的斗争是一种常态，但斗争本身并不是坏事，决定好坏的关键要看场域内通用的、有效的斗争方式是否是规范的、专业的。

上文已经提到了模态轨道的概念，它本是一种结构状态，但当个

① 布迪厄，华康德．反思社会学导引．李猛，李康，译．北京：商务印书馆，2015：127－129.

② 布尔迪厄．实践理性：关于行为的理论．谭立德，译．北京：三联书店，2007：38.

人的轨道与个人出身类别的模态轨道之间存在客观差距时，也就是说，当已经走过的轨道的倾向与可能的人生历程的模态倾向之间有差距时，场域的结构便不那么牢固了。因为，这种可能的人生历程的模态倾向一直存在于最深层的关系之中，它就像是一种喜好、一种癖性、一种倾向、一种（人们持之以恒、孜孜以求的）能够滋生期待的趋势。① 这体现了场域内不可避免地含有个人轨道和模态轨道之间的落差，它近似于戴维斯的"J"曲线相对剥夺感理论，但解释的源泉不只是社会期望和社会能力，而且包含了再生产、惯习以及场域结构的机制。

社会上的分配机制总是旨在缩减轨道交叉的规模与频率，但在实践中，总是存在一些异常的轨道或者中断了的轨道。那些仍然留在他们空间里，没有达到他们可能预期的人的轨道交叉，是造成场域变革的最重要因素之一。交叉的轨道所导向的位置总是突兀的、不稳定的，这些位置所促进的某种立场和观点也是极不稳定的、很容易衰亡的，而且常常是摇摆不定的。② 比如，经济资本雄厚的后代却没有获得他们预想的经济场域的位置，文化资本雄厚的后代却没有取得他们被期望的教育场域的位置，这时，关于选拔规范性、流动合理性、模态轨道有效性的质疑之声就会出现，取得场域中优势位置的行动者想要稳固场域结构就需要与那些未实现期望或者轨道交叉的人进行斗争，场域的牢固性将受到考验。

（二）场域生成、演化与自主性概念

一个场域的形成不是突兀的，布迪厄在《艺术的法则：文学场的

---

① 布尔迪厄．国家精英：名牌大学与群体精神．杨亚平，译．北京：商务印书馆，2004：320－321.

② 同①317－318.

生成与结构》一书中总结了场域的三个阶段：一是自主的获得，这是场域出现的关键阶段；二是双重结构的出现，表现为艺术与金钱两种逻辑的斗争；三是象征财富的市场。[①] 其中，一个场域的自主性是非常关键的，缺少了这种自主性，也就缺少了这个场域的存在根基，丧失了在更大场域内的地位。

在艺术场域中，布迪厄举了“为艺术而艺术”这个场域形成的例子。一种主张就是有待确立的位置，它不是在艺术场域中已经存在的现成的位置，而是处于潜在的状态，它需要依靠场域的变革才能获得艺术场域的位置[②]，从而改变被排斥的局面。因为，文学艺术种类的等级制度，其中包括风格和作者的相对合法性，是可能性空间的一个基本方面。[③] 艺术场域里包含着一种等级制度，什么样的艺术形式占据什么样的位置，什么样的风格有存在的价值，都是艺术场域的等级化体现。在这个场域形成的阶段，自主的原则转化为场的逻辑是必不可少的客观机制。[④] 若想获得想要的位置、凸显某一风格的价值，就需要寻求这种风格、主张、理论在艺术场域中的自主性。

“自主”到底是什么意思？布迪厄说：“一个非常自主的场，如数学场，是这样一个场：在场中，除了与自己竞争的同行，生产者就没有别的顾客，竞争对手们完全可以取代他们，发现他们所介绍的成果。要获得自主性，必须要建构一个象牙塔，人们在塔内互相评判、互相

① 布迪厄．艺术的法则：文学场的生成与结构．刘晖，译．北京：中央编译出版社，2001.

② 同①92.

③ 同①106.

④ 同①142.

批评，甚至互相斗争，但互相都知根知底，明明白白；在塔内尽可以对阵，但用的武器应是科学工具、技术和方法。”[①] 自主凸显的是专业性，是场域内规则和逻辑的独立和神圣，它较少地受到场域外力量的干扰。

现实生活中，场域内的斗争是每时每刻都在进行的，尤其表现在两种等级化原则之间的斗争，即不能自主的原则和自主的原则的斗争。“这场斗争中的力量关系状况取决于场总体上掌握的自主权，也就是场自身的律令和制约在多大程度上加诸全体文化财富生产者和暂时（临时）在文化生产场中占据统治地位的人以及有待占据统治地位的人。”[②] 那么，如何评判一个场域的自主程度呢？这体现在“外部等级化原则在多大程度上服从内部等级化原则：自主程度越高，象征力量的关系越有利于最不依赖需求的生产者，场域的两级之间的鸿沟越深，也就是有限生产的次场和大生产的次场之间的鸿沟越深”[③]。从动态演变的角度看一个场域，就是要认识这个场域在其具有同源性逻辑的更大场域中在多大程度上获得了自主性，如何获得自主性以及获得自主性之后它与它所在的更大场域之间形成了怎样的鸿沟。

社会进化旨在产生一些自己的规律、自主独立的场域。经济场域的规律，由功利主义、哲学家们创立：生意归生意。艺术场域的规律由所谓的“为艺术而艺术”的学派明确提出：艺术的目的是艺术，艺术除艺术外没有其他目的。于是，我们有一些社会领域，它们具有一

---

① 布尔迪尔．关于电视．许钧，译．沈阳：辽宁教育出版社，2000：72.

② 布迪厄．艺术的法则：文学场的生成与结构．刘晖，译．北京：中央编译出版社，2001：265.

③ 同②.

个基本规律，一项有别于其他领域的法则的法律，这些领域是自治的。[①] 从更宏观的社会分工和社会进化来看，越来越多场域自主性的生成是一种必然现象，这与越来越多的专业分工、学科分工、社会分工是同步的。

（三）配置系统与寻求自主的策略行动

不单场域内的斗争和场域的形成是动态的，场域内的每一次具体实践也都是动态的。场域中的位置不是既定的或建成的，它往往处于发生状态，是有待建立或正在建立的，因为场域中位置的建立依赖特定资本的分配情况、行动者形成的惯习以及惯习所代表的配置（法文disposition）系统。留给配置的自由随着场的状况（特别是场的自主）、在场中占据的位置和相应职位的制度化程度而变化。[②] 惯习只有变成了配置，才能产生合乎情理的实践和能够为由此产生的实践提供意义的认识，惯习作为普遍的和可移植的配置，实现了一种系统的和普遍的应用。[③] 有多少种惯习就有多少种配置，如审美配置、政治配置、文化配置、时间配置等等。

位置与配置之间的关系显然是双重意义上的。惯习作为配置系统，实际上只能通过与社会规定位置（尤其被占据者的社会属性规定，位置通过社会属性才能显现）的确定结构发生关系才能实现；反过来，就是通过这些自身多少有些彻底地与位置协调的配置，存在于位置的

① 布尔迪厄．实践理性：关于行为的理论．谭立德，译．北京：三联书店，2007：137-138.

② 布迪厄．艺术的法则：文学场的生成与结构．刘晖，译．北京：中央编译出版社，2001：314.

③ 布尔迪厄．区分：判断力的社会批判．刘晖，译．北京：商务印书馆，2015：268-269.

这种或那种潜能才能发挥出来。[①] 位置与配置之间的协调能够完成一种巩固场域的实践，反之，二者之间的冲突将引发场域的变革。

布迪厄告诉我们换一种提问方式，即“应该考虑的不是某个作家如何成了这个样子，而是，鉴于他的社会出身及其造就的从社会角度构成的属性，他如何占据，或在某种情况下，造就文学场等场域的确定状态所提供的已有或将有的位置，以及提供在这些位置中处于潜在状态的占位的多少有点完备或一致的表达”[②]。也就是说，去思考场域结构决定的位置以及惯习决定的配置系统之间如何协调的问题。

惯习是一种性情倾向系统，而配置则属于行动层面的实践。场域动态分析中一个很重要的组成部分就是分析配置系统。“场域是这些位置的占据者（用集体或个人的方式）所寻求的各种策略的根本基础和引导力量……行动者的策略又取决于他们在场域中的位置，即特定资本的分配。”[③] 场域的规则和结构启示了行动者应该积累哪些资本形式、采取何种玩法，行动者根据自己在场域中已经取得的位置来决定自己接下来的目标、可能采取的行动。这里列举以下一些策略行动。

一种是垂直转移或横向转移。“社会空间准许两种转移形式，传统的流动研究混淆了这两种形式，尽管它们丝毫也不均等而且具有不均等的可能性：首先是在相同的垂直空间区域也就是在相同的场中的垂直转移，即上升的或下降的转移（如小学教师变成大教授，小企业家

---

① 布迪厄．艺术的法则：文学场的生成与结构．刘晖，译．北京：中央编译出版社，2001：313.

② 同①263.

③ 布迪厄，华康德．反思社会学导引．李猛，李康，译．北京：商务印书馆，2015：128.

变成大企业家）；接下来是横向转移，这种转移意味着从一个场转移到另一个场，它可能要么在相同的平面上实现（当小学教师或他的儿子变成小商人时）要么在不同的平面上实现（小学教师或他的儿子变成企业家）。”① 垂直转移显然符合惯习的性情倾向，是基于同源性逻辑而推出的理想流动方案，而横向转移则往往是垂直转移无望情况下的策略行动，它将面临模态轨道交叉的成本和风险。

一种是表面和气的内斗策略。任何社会场域，要在场域里进行革命，就是同意被这个场域默示要求的那个核心东西，很多时候我们可以发现，在某个场域里占有截然不同的位置，并且好像完全对立的人之间，在对于场域里有关正在进行的事情值得一争这件事上，有着某种隐秘的、心照不宣的一致，他们之间形成了一种深深默契的模糊意识，即他们互相争斗，但是，他们至少在矛盾客体上是意见一致的。② 这里有多种可能性，比如内斗的多方并不想将矛盾公开，或者他们担心公开矛盾将引发场域结构的改变进而增加未知风险。

一种是直接的挑衅、贬低或对抗。有时在一个场中，对立各方往往以挑战的笔调来表现与其竞争的其他对手：他们把一些陈词滥调或侮辱性的语言用到对手身上。这种丑化的表现往往是根据实力对比关系进行斗争的策略，而斗争的目的则在于改变和维持力量的关系。③ 这种情况往往出现在势均力敌同时又符合场域斗争规则的情况下，如特朗普和希拉里之间的相互诋毁。

① 布尔迪厄．区分：判断力的社会批判．刘晖，译．北京：商务印书馆，2015：209.

② 布尔迪厄．实践理性：关于行为的理论．谭立德，译．北京：三联书店，2007：130.

③ 布尔迪尔．关于电视．许钧，译．沈阳：辽宁教育出版社，2000：56－57.

一种是再生产社会空间和维系场域结构的策略。“处于同一个场域的两个不同极点的行动者都服从一种有利于构造的行动，这一行动是按照场域的基本对立面组织起来的。”① 这是因为，处于同一场域两个极点（如经济资本和文化资本两个极点）的行动者均是这个场域的受益者，维系这个场域的牢固是对他们有益的，同时，处于两个极点的任意一方并没有想要打破这种均衡的野心。

一种是努力使场域外部的游戏规则替代场域内部的游戏规则。这种策略往往出现在那些并不具备足够自主性的场域中，或者那些并不具有足够专业资本的行动者身上。以新闻业为例，行动者把他律的生产者引入独立自治的领域，他们借助外部的力量，可以得到无法从他们的同行那得到的认可。如今，各场之间的力量对比关系大大改变了，以致外行的评价标准——如在节目上亮相、杂志上的好评、人物专访等——越来越比同行的评价更权威。对于那些不自主的行动者，他会把自己的产品投向大生产的市场，借助外部权力，如国家、教会、党派、电视等，屈从于他们的要求和指挥。② 布迪厄对此种策略持明显的批判态度。

布迪厄指出：“若科学场、政治场、文学场受到传媒控制力的威胁，是因为在这些场的内部，有一些不能自主的人热衷于到场外去寻求认可。”③ 一个结构松散的场域，其特点就是自主程度较低。在这样的场域里，不合法的动机产生着不合法的策略，甚至是在科学上毫无

---

① 布尔迪厄．国家精英：名牌大学与群体精神．杨亚平，译．北京：商务印书馆，2004：277.

② 布尔迪尔．关于电视．许钧，译．沈阳：辽宁教育出版社，2000：69－73.

③ 同②74.

价值的策略。[1] 外行评价内行永远是悲哀的，而借助外行评价来获得场域内期望的位置则是一种策略行动，至于该行动能否取得预期效果则取决于场域自主的程度，评判该行动的好坏则取决于场域结构和规则的导向以及该行动所产生的社会影响。

四、不同场域之间的关系

不同场域之间的相互关联是一个极其复杂的问题。布迪厄认为这个问题只有通过经验分析才能解决，不存在超越历史因素影响的场域之间关系的法则。[2] 这部分内容包括不同场域之间的对应关系、权力场域的主导地位、新闻场域的特殊性及其与其他场域的关系等。

（一）不同场域之间的对应关系

不同的场域之间是紧密联系的，尽管每个场域都有自己的逻辑、结构、规则和自主性，但临近场域乃至并不太直接相关的场域之间总是发生着千丝万缕的联系。布迪厄用“对应关系”这样的概念来解释。

“不同场域（如权力场域、经济场域、高等教育场域、文化生产场域）的对立之间存在着对应关系，这种对应关系是一切效应的根源，而人们又拒绝理解这一根源……事实上，在大多数情况下，不同水平的对立与对抗总是倾向于相互交叠。”[3] 这是比较好理解的，因为行动者往往同时身处几个场域，而且不同场域之间也有资本对等或交换的

① 布迪厄，华康德．反思社会学导引．李猛，李康，译．北京：商务印书馆，2015：217.

② 同①137.

③ 布尔迪厄．国家精英：名牌大学与群体精神．杨亚平，译．北京：商务印书馆，2004：467.

渠道，这时，一种场域效应的出现往往包含着多个场域叠加的效果，所以人们需要找到社会关系空间里与社会人群及其特征不期而遇的地位的特性，找准对应关系，从而弄清场域效应的缘由。

那么，都存在哪些对应关系呢？布迪厄指出，哲学场域、政治场域、文学场域等与社会空间的结构（或阶级结构）之间，在组织结构和运作过程方面都存在全面的对应关系：二者都存在支配者和被支配者，都存在旨在篡夺控制权与排斥他人的斗争，都存在自身的再生产机制，正是通过这样的对应关系，那些哲学斗争、文学斗争才产生了政治效果，发挥了政治作用。[①] 也就是说，一位在哲学场域占支配地位的行动者，往往能够在更广大的社会空间结构中获得相应的位置空间，离开了这种对应关系，很多人往往是不适应或无法忍受的，比如某一领域著名的科学家在政治场域探讨该领域问题时的缺场，或者一位身居高位的官员暂时离开权力场域进入日常生活中遭到卖菜商贩的轻视，如此等等。

布迪厄认为，场域的一个普遍性质在于各种场域都是关系系统，而这些关系系统又独立于这些关系所确定的人群。[②] 各个场域之间的对应关系和转换关系是更大范围社会场域中各种力量（资本）相互斗争的结果，是各个场域自主性的逻辑以及场域内外不同规则之间斗争的结果，它尽管受到行动者策略行动的潜在影响，但不是以行动者的个人意志为转移的，行动者更多是需要顺应这些不同场域之间的对应关系和转换关系。

---

① 布迪厄，华康德．反思社会学导引．李猛，李康，译．北京：商务印书馆，2015：132－133.

② 同①133.

（二）权力场域的主导地位与国家资本

布迪厄非常重视对权力场域的研究，他使用“权力场域”（法文 champ du pouvoir）的概念，而非统治阶级的概念，就是要与实体主义的思维方式相决裂，因为统治阶级就是一个实在论的概念，它指的是一个实在的人群，他们持有一种我们称之为权力的有形实体。布迪厄用权力场域来说明社会位置之间存在的力量关系，这种社会位置确保他们的占有者握有一定量的社会力量或资本，以便使他们能够跻身于对权力垄断的争夺之中。[①] 如果没有权力场域这样的概念，单纯地从其他具体的场域（如文学和艺术场域）内部去分析是难以全面准确理解场域效应的。

那么，权力场域是如何处理不同场域和不同资本之间关系的呢？布迪厄认为，权力场域是各种行动者之间力量关系的空间，行动者拥有各种不同类型资本中的一种，能够支配相应的场域；不同类型资本之间存在相对价值，譬如文化资本和经济资本之间的“汇兑率”；这些转换关系负载着权力场域的再生产要求，但当“汇兑率”存在争议时，场域的平衡将受到威胁。[②] 这是不同场域之间对应关系、转换关系（更具体地说是不同类型资本之间的汇兑率）在实践层面的呈现。

更具体来说，权力场域中的争夺，首先是对合法权力形式的界定权的争夺——是经济资本的合法权力居于主导，还是政治资本的合法权力居于主导？这是历史、文化、斗争、法律等一系列因素的共同结果。其次，在确定了居于首要地位的合法权力后，其他的合法权力与

① 布迪厄，华康德．反思社会学导引．李猛，李康，译．北京：商务印书馆，2015：327.

② 布尔迪厄．实践理性：关于行为的理论．谭立德，译．北京：三联书店，2007：39－40.

这种居于首要地位的合法权力之间具有怎样的对应关系和转换关系？比如在科学场域中获得支配地位的行动者相应地在权力场域中会获得怎样的位置空间？他原有的权威在转换过程中存在多大程度的减损？最后，是否存在尚未被纳入合法权力的力量和资本形式？这部分力量的行动者将要寻求怎样的行动来构建自身场域的自主性，从而获得他们所期望的与权力场域的对应关系和转换关系？

布迪厄用图示展现了艺术场域、权力场域和社会空间三者之间的关系，主要揭示权力场域位于社会空间的支配极内，而艺术场域位于权力场域的被支配极内，如图 5－2 所示：

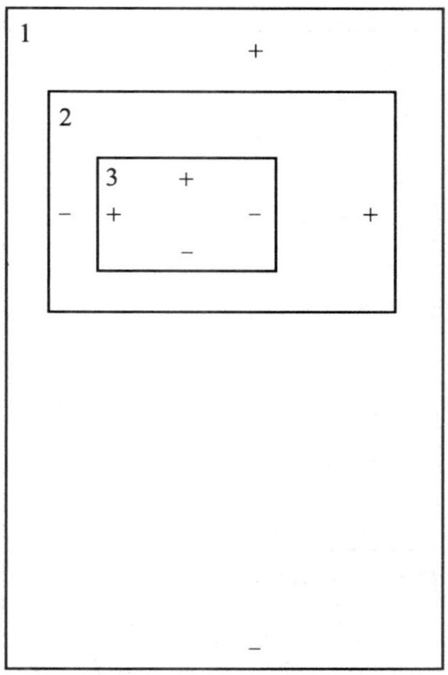

图 5－2　艺术场域、权力场域与社会空间之间的支配关系

注：艺术场略图 3 位于权力场 2 的被支配极内，权力场本身则位于社会空间 1 的支配极内。

＋＝正极，支配地位。

－＝负极，被支配地位。

资料来源：布尔迪厄．实践理性：关于行为的理论．谭立德，译．北京：三联书店，2007：55.

如果将经济资本、文化资本、特殊的象征资本、场域的自主性程度、场域内的主场和次场等维度都纳入图示当中，不同场域之间的关系如图 5－3 所示：

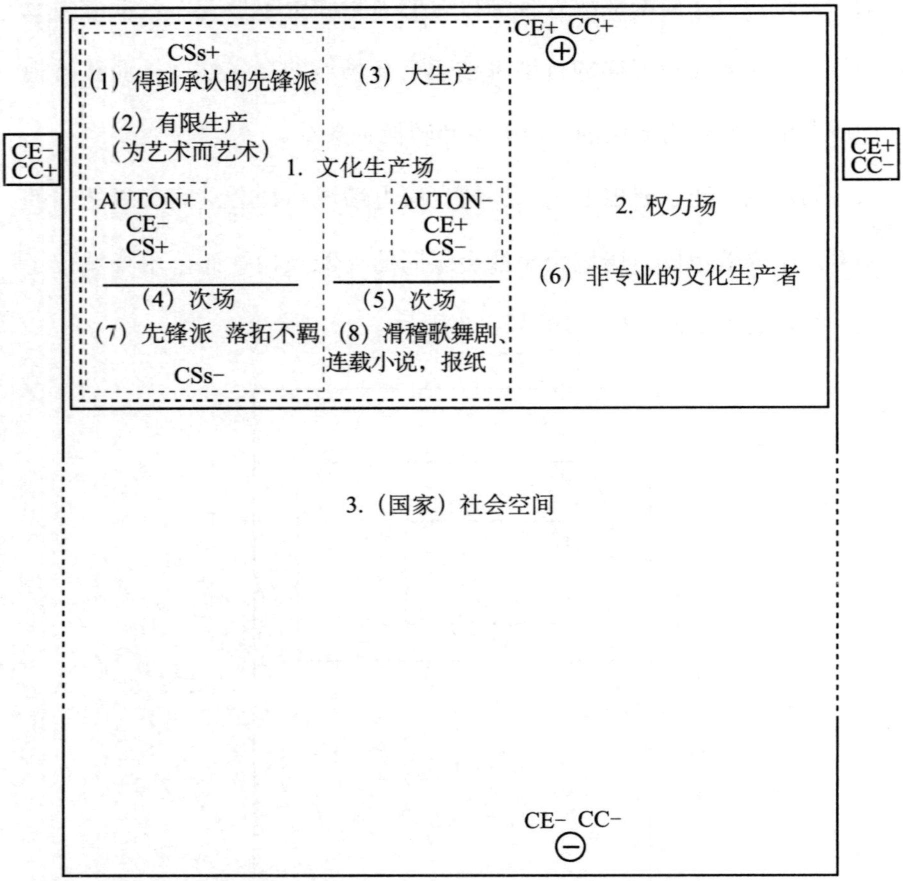

注：1. 文化生产场　2. 权力场　3.（国家）社会空间

——社会空间　　　　CE经济资本

——权力场　　　　CC文化资本

---- 文化生产场　　　　CSs特殊象征资本

---- 有限生产的次场　　　　AUTON+高度自主

AUTON−低度自主

图 5－3　权力场域和社会空间中的文化生产场

资料来源：布迪厄．艺术的法则：文学场的生成与结构．刘晖，译．北京：中央编译出版社，2001：153.

权力场域中占据支配地位的机构便是国家。"由于国家集中了全部的物质资源和象征资源，它能够调整各种不同场域的功能，或通过财政的介入，或通过法律干预。"[①] 而不同种类的资本的集中（与相应的不同场域的建构同时进行）导致了某种特殊资本，即国家资本的出现；这一特殊资本使国家能够对不同场域、不同种类的特定资本，尤其对这些不同种类资本之间的汇兑率（同时对这些资本持有者的力量关系）行使权力。[②] 于是，围绕支配国家资本权力的斗争成为占据权力场域支配地位的最重要途径，这就是有那么多人热衷于报考薪水不高的国家公务员的原因。

反过来，国家资本地位的突出对其他场域的逻辑、资本的形式以及社会空间的再生产都产生了重要影响。"人们从一个扩散性的，以唯一的集体认可为依据的象征资本过渡到一种由国家规范、指派并确保的科层化的客观化象征资本。……限制奢侈法的目的是严格地以等级制方式来处理贵族与平民之间，尤其可能是不同地位的贵族阶级之间的符号表现（特别是衣着方面）的分类。"[③] 这些法律、制度、风俗都再生产着社会空间的结构，即便在当今赋予人们更多的饮食、服饰、品位等自由的情况下，支配、等级化原则和符号区分系统始终具有旺盛的生命力。

（三）新闻场域的特殊性及其与其他场域的关系

上文已经解释了场域内两种等级化原则（不能自主的原则和自主

---

① 布尔迪厄．实践理性：关于行为的理论．谭立德，译．北京：三联书店，2007：39.

② 同①88.

③ 同①100－101.

的原则）之间的斗争。“新闻界有一个独立的小世界，有着自身的法则，但同时又为它的整个世界的位置所限定，受到其他小世界的牵制与推动。”[①] 尽管这是每个场域的处境，但之所以把新闻场域单独拿出来分析，是因为布迪厄揭示了新闻场域不同于其他场域的独有的一些特点。

布迪厄认为，新闻场域具有特殊的一点，那就是比其他的文化生产场，如数学场、文学场、法律场、科学场等等，更受外部力量的钳制。它直接受需求的支配，它是被经济场域通过收视率加以控制的场域，一个自身难以自主的、牢牢受制于商业化的场域，也许比政治场域还更加受市场和公众的控制。“纯粹”和“商业”在所有场域中都可以看到。在新闻场域中，这两者的冲突尤为激烈，商业化一级的力量特别强大。[②] 这是新闻场域的性质决定的，新闻的目的就是让更多的人关注讯息，收视率和注意力是新闻场域的永恒追求，哪怕新闻场域里萌生了新闻精神的自主性，但它必然是受到商业化、政治性等外部力量钳制的。

反过来，新闻场域又以其特殊的传播性质对其他场域施加控制力，布迪厄认为在目前阶段，所有的文化生产场都受制于新闻场域的结构，而不是受制于某某记者、某某电视台的台长，因为它们本身也被场的力量控制。于是他开展批判，一个越来越受制于商业逻辑的场，在越来越有力地控制其他的天地。[③] 这种趋势愈演愈烈，其他场域也变得越

① 布尔迪尔．关于电视．许钧，译．沈阳：辽宁教育出版社，2000：44.
② 同①61－62.
③ 同①65.

来越不自主，越来越受制于商业的逻辑。

布迪厄对电视进行了研究，他提出电视产生了两种后果。一方面，它限制了进入某些场域，如哲学场域、司法场域等的入场权：它可以把以行业内部标准衡量根本没有入场权的人冠为社会学家、作家或哲学家等等。另一方面，它能够触及最广大的民众。他认为难以做出正当解释的是，电视以增加观众为由，限制入场权。① 这实际上是让外行的思想横行天下，同时也拉低了观众的审美。

布迪厄并不认为自己是精英主义的，他以科学场域为例，告诉我们“之所以有必要跟这些不可自主的知识分子做斗争，是因为他们是特洛伊木马，通过他们，他律，即商业的法则、经济的法则，可渗透到知识场来”②。布迪厄号召人们必须努力去建设一座科学城，在这个场域中，各种力量的斗争是规范、科学、专业的，它能够避免受到场域外力量的侵蚀。我们应该做的是，或者说社会学研究的理论旨趣应该是维护每个场域应有的自主性，在肯定不同场域之间对应关系和转换关系的基础上，避免场域内外规则的混淆、权力的滥用以及市场的绑架。

五、对场域空间理论的反思

布迪厄反对结构主义和能动主义的二元对立，场域空间理论也强调了能动性的一面，但实际上惯习和配置都深深地扎根于各类资本的

---

① 布尔迪尔．关于电视．许钧，译．沈阳：辽宁教育出版社，2000：77.

② 同①74.

传承之中，场域空间的结构深深地压制着行动者的能动性，这给人以明显的“无力感”——人们无力挣脱压制在每个人身上的重重场域之网，更扭转不了烙刻在人们内心的趣味和倾向，这些枷锁禁锢着人们，让人只能在社会空间的再生产中往复。这种“无力感”是真相还是理论家建构的命运呢？或者说，作为一位读者，在知道和认清了这些枷锁之后是否更不利于他们挣脱出来去改变自己的命运呢？

场域空间理论分析了不同类型的场域，也分析了这些场域生成演化的过程，已经包含了历史的维度，但无论在什么历史时期，场域的结构、逻辑、法则及其自主性等重要概念均具有充足的解释力，时代改变的只是场域和社会空间内部的细枝末节。这种内部循环往复的结局真是一成不变的吗？布迪厄明显不同于其他理论家那样重在提出不同于以往时代的空间理论，如网络社会中的流动空间等，但时代的发展真的没有让场域和社会空间有过一些本质性的改变吗？

场域空间理论立足于关系主义方法论，深刻地批判了原有的阶级、权力等实体概念，对此有必要思考：关系论在什么意义上存在？真的没有实体概念了吗？当把场域的结构归结到特定资本的分配结构时，占据支配地位的行动者在实践层面会在多大程度上顾忌场域内的关系？在多大程度上会从关系论的角度再生产社会空间，而不是从实体的、一劳永逸的、牢固的层面去占有、使用和建构权力和阶级（或集团）？

布迪厄突出强调了场域和社会空间的基础性地位，认为外在决定性必须要经过场域这个中介才能施加于个人，场域行使某种折射效应。从实践的层面，而不是从理论的层面来思考，有必要明确地回答以下问题：场域的折射效应在哪些事项上起作用（或者更加有效）？在其他方面，实体组织（单位、家族、社区）的作用是否更大？个体确实是暴露于外的吗？是哪些因素致使场域的折射效应打了折扣？

总之，布迪厄的场域空间理论给我们开展空间社会学研究留下了宝贵的理论财富，留下了大量值得细细品味以及检验的理论概念，如场域中的位置、构型、规则、区隔、资本、交叉状结构、同源性逻辑、模态轨道、力量、斗争、自主性、配置系统、极点、内外部关系以及不同场域之间的对应关系、转换关系、汇兑率等等。同时，场域空间理论也留给了我们很多值得反思的问题，对这些问题的研究有助于推进场域空间理论的发展，对其建设性地反思批判才能焕发其源源不断的理论生命力。

参考文献：

布迪厄．实践感．蒋梓骅，译．南京：译林出版社，2012.

布尔迪厄．实践理论大纲．高振华，李思宇，译．北京：中国人民大学出版社，2017.

布迪厄．艺术的法则：文学场的生成与结构．刘晖，译．北京：中央编译出版社，2001.

布尔迪厄．区分：判断力的社会批判．刘晖，译．北京：商务印书馆，2015.

布迪厄，华康德．反思社会学导引．李猛，李康，译．北京：商务印书馆，2015.

布尔迪厄．国家精英：名牌大学与群体精神．杨亚平，译．北京：商务印书馆，2004.

布尔迪厄．实践理性：关于行为的理论．谭立德，译．北京：三联书店，2007.

布尔迪尔．关于电视．许钧，译．沈阳：辽宁教育出版社，2000.

刘少杰．后现代西方社会学理论．2 版．北京：北京大学出版社，2014.

第六章　吉登斯的时空理论

与列斐伏尔、哈维和卡斯特相比，吉登斯并不是一位以空间研究而著称的学者，甚至在吉登斯的著作中，也很少直接将空间作为具体的研究对象，展开细致的经验研究或者直接进行概括性的理论建构。但是，吉登斯却仍然对空间研究领域做出了巨大的理论贡献，时间与空间的理论视角贯穿于吉登斯的理论体系的始终。按照其本人的论述，吉登斯最为著名的结构化理论，与之前的主流社会学理论相比，一个较为显著的区别就在于时间与空间观念的引入。① 时空观是吉登斯整个思想理论体系的核心内容之一。而对于整个社会学学科而言，吉登斯也提出了学科融合的概念，应当将社会学与研究空间的地理学和研究时间的历史学进行融合②，借鉴这两者的研究成果，而对于现代社会城市空间的研究，显然可以是这种学科融合的最佳研究领域。

---

① 吉登斯．社会的构成：结构化理论纲要．李康，李猛，译．北京：中国人民大学出版社，2016：9.

② 同①.

一、时空概念的基础地位

吉登斯的学术生涯著作颇丰，研究领域也涉及社会的基础理论架构、现代性、民族国家、家庭、信任与风险等多个领域，时间和空间问题恰好是串联起吉登斯理论体系的核心问题。我们将吉登斯涉及时间和空间的理论分为三个部分来看，分别是吉登斯在结构化理论中的时空论述，在现代性议题中的时空论述以及关于社会学和地理学与历史学的学科融合的讨论。

在构建起著名的结构化理论体系之前，吉登斯对经典的社会学理论就进行过十分详细的梳理。结构化理论体系的大厦是建立在涂尔干、韦伯、帕森斯、加芬克尔的常人方法学以及戈夫曼的符号互动论等等诸多理论的基础之上的。之所以在帕森斯遭遇到严厉的批判之后，吉登斯仍然要建构起一整套涉及社会理论基础概念的抽象理论体系，是因为他有理论抱负与理论野心。结构化理论需要解决的第一个问题是社会学理论内部的主要分歧，即社会结构的制约性和社会行动者行动的自主能动性之间的矛盾。[①] 这一矛盾衍生出社会学内部宏观与微观、主观与客观、制约性与生成性等等之间的多重理论冲突。

① 吉登斯．社会学方法的新规则：一种对解释社会学的建设性批判．田佑中，刘江涛，译．北京：社会科学文献出版社，2003：10－17.

从结构主义一方的视角，诸如涂尔干等传统实证主义者看来，结构是一种具有强制性的、逻辑先在性的、相对稳定的解释变量，社会学往往需要对结构进行描述，也需要用结构性的变量来解释社会现象。[①] 而在韦伯乃至韦伯之后的人文主义和后诠释主义流派看来，结构的概念是一种静态的、抽象的、本身就需要解释的现象，结构掩盖了社会的个体的主观意义和主观诠释。[②] 但是这种从个体出发的理论取向往往无法回应从微观个体行动到宏观社会结构之间的逻辑鸿沟，以及个体的微观行动究竟是怎样构成宏观的社会结构的。帕森斯给出的结构功能主义的社会系统理论已经被认为是一种过于宏大的、解释力不足的理论尝试，吉登斯需要做的工作，就是给出一套不同的理论方案，弥合社会学理论阵营中的分裂。

结构化理论正是这样一种尝试，"结构化"并未抛弃结构的概念，意味着它并不是一种后诠释主义取向（仅从微观的主观意图出发）的理论，"化"（-ation）的英语单词词缀表明这是一种动态的过程。为了完成结构与能动之间、宏观与微观之间的这种关联，在吉登斯看来，时间与空间的视角恰好是在理论逻辑上解决这一问题的关键。他认为："各种形式的社会行为不断地经由时空两个向度再生产出来，我们只在这个意义上，才说社会系统存在着结构性特征。"[③] 时间和空间是吉登斯整个结构化理论的核心部分。

首先，从微观的个体社会行动到宏观的社会结构之间，有着一种

---

① 迪尔凯姆．社会学方法的准则．狄玉明，译．北京：商务印书馆，1995：10－19.

② 韦伯．社会学的基本概念．顾中华，译．桂林：广西师范大学出版社，2005：23－27.

③ 吉登斯．社会的构成：结构化理论纲要．李康，李猛，译．北京：中国人民大学出版社，2016：10.

时间维度上的意义。“结构化”首先是一个动态的时间过程，这就与传统实证主义中相对静态的结构进行了区分。这就意味着承认社会中看似稳定的先在于社会个体的结构，是一种在时间中的产物。因此，吉登斯在结构化理论中多次提到日常生活的“循环往复”“例行化的”日常生活，也多次引用马克思的“再生产”的概念，实际上就是将社会结构和社会制度视作一种历史和时间的产物。

其次，吉登斯并未将整个结构化的过程抽象为一种形式化的、脱离具体情境的过程，而是将其视为一种在具体的情境中展开的过程，这就体现了空间意识在社会结构的再生产中的重要性。具体的空间和时间意味着从构成宏观社会结构的微观社会行动开始，这一过程就是发生在一定的场景之中的，随着时间和空间的转化，日常生活中人们具体经历和体验到的行动，逐渐在时间和空间上扩展和延伸，才构成了相对外在于个体、看似处在个体理解范围之外的社会制度。

在涂尔干看来，外在的结构是不以个体的主观意愿为转移的、对社会个体成员具有强制性的外在之物。[①] 如此一来，似乎外在的结构具有一种逻辑上先于个体存在的优势地位，因此，结构具有逻辑先在性，似乎与个体的能动性之间存在着割裂，并不以个体的意志为转移。而在吉登斯这里，他通过时间与空间的扩展，很好地解释了为什么个体的社会行动和宏观的社会制度之间，具有看似难以调和的鸿沟。因为这一鸿沟恰好是时间与空间的扩展造成的，个体日常生活中的易于理解的熟悉的行动，发生在熟悉的日常场景之中，而上升到社会系统的

① 迪尔凯姆．社会学方法的准则．狄玉明，译．北京：商务印书馆，1995：7.

层面，在时间和空间上都不同于原有的场景，因而常常是在行动者主观意图之外的，或者不以行动者的意志为转移的。这并不意味着社会结构不是从日常社会行动中来，相反，恰恰表明了社会结构的起源正是微观的社会行动，只是在二者之间存在时空上的复杂变化。由此，总有社会结构是在人们行动层面之外、处在可以理解的意图之外的，成为一种人们行动的主观意向之外（unintended）的产物。吉登斯写道："意外后果的反馈圈是如何在漫长的时间里完成再生产的呢……定位在某一时空情境里的重复性活动，会在相对自身情境而言较为'遥远'的时空情境中产生例行化的结果。……而这些与原初情境相距甚远的情境中发生的事件，又会直接或间接地影响到原初情境下的行动以后所面临的条件。"[①] 时间与空间的转化，是从微观的社会行动到宏观的社会结构的关键过程。

时空观念贯彻于吉登斯著作的始终，不仅仅体现在结构化理论中，也体现在吉登斯对现代性的描述中。在吉登斯看来，现代性是17世纪发端于西方的一种特质，其实质就是现代社会所具备的与传统社会相比截然不同的、断裂性的特征。[②] 在梳理现代性的动力机制时，吉登斯提出了著名的"时空延伸"的概念，作为现代性的主要表现和推动力量。而由时空延伸出发，现代社会中的全球化、信任关系、亲密关系、国家、心理认同等等都与时间和空间问题产生了某种关联。可以说，时空的延伸是吉登斯在论述现代性问题时一以贯之的核心线索之一，

---

① 吉登斯．社会的构成：结构化理论纲要．李康，李猛，译．北京：中国人民大学出版社，2016：75.

② 吉登斯．现代性与自我认同：晚期现代中的自我与社会．夏璐，译．北京：中国人民大学出版社，2016：1－5.

它使得看上去分散在心理、政治、日常生活等领域的话题在吉登斯的著作中成为具有逻辑关联的体系。我们将在后文中详细分析这些分散的议题与时空转变之间的关联。

在吉登斯看来，时间与空间问题之所以如此重要，一方面是因为社会学的传统理论对时间与空间重视不足，与地理学和历史学的研究产生了割裂，需要在社会理论中重新引入时间和空间的视角。另一方面是从社会的本身来看，吉登斯认为社会秩序的核心问题就是时空问题。从孔德和涂尔干开始，社会学家将秩序问题作为社会学研究的重大研究对象，而吉登斯认为时间与空间的分布和组织，其实就是对整个社会秩序的组织，在这个意义上，社会学对秩序问题的关注，有必要产生出一种时间与空间的理论视角。不仅仅要将时间与空间作为一种研究对象，也要将其视为一种组织社会的基本方式，视作一种研究社会的理论视角。这些，都在吉登斯的研究中体现得淋漓尽致。

二、日常行动的时空情境

如同韦伯和帕森斯一样，吉登斯在构建其结构化理论的体系时，仍然是从日常的社会行动出发，日常行动是构成宏观的社会结构和社会制度的逻辑起点。但是与韦伯不同（韦伯在分析社会行动时，将社会行动抽象为具体的理想类型，而这些理想类型是一种抽离了具体情境的概念，他并未注重社会行动发生的时空背景），帕森斯在论述社会行动的结构时，涉及了社会行动所具有的资源和环境问题，但是并未将分析重点放在微观行动的背景因素上。[①] 吉登斯关于日常社会行动的论述显然更多地借鉴了符号互动论、常人方法学以及时间地理学的研究成果。

符号互动论是社会理论研究重心从欧洲逐渐向美国转移后，美国社会学界具有特色的微观社会行动研究。米德、库利等学者将心理学与社会哲学的思想融合到对社会成员的微观互动过程的考察上。[②] 后来，托马斯等学者关于社会行动的情境定义的研究也在学术界影响颇深，然而真正对吉登斯的思想产生深远影响的是戈夫曼关于社会互动的研究。在吉登斯看来，学术界一直低估了戈夫曼思想中蕴含的社会理论层面上的深远意义，往往将其视为一种实用性的、肤浅的现象研究。实际上，戈夫曼的戏剧理论蕴含着更为普遍意义上的社会理论的基础性思考，只是戈夫曼的写作风格以及其意愿的原因，包括他并不愿意进行更深入的抽象理论探讨，这些因素都使得戈夫曼的理论价值被忽视了。[③] 戈夫曼最为著名的研究，体现在他对日常人际互动、身体、形象的印象整饰中，他将社会成员的日常互动比喻为在舞台上的表演。[④] 舞台的比喻，体现出日常生活的时间和空间的特征。

从基本的社会行动出发，意味着从日常生活出发，舒茨和加芬克尔等人的常人方法学对日常生活中的反常表现进行论述，对吉登斯的理论也有所影响。因为微观层面上的个体社会行动并不是发生在真空

---

① 帕森斯．社会行动的结构．张明德，夏遇南，彭刚，译．南京：译林出版社，2012.

② 米德．心灵、自我与社会．赵月瑟，译．上海：上海译文出版社，2008；库利．人类本性与社会秩序．包凡一，王湲，译．北京：华夏出版社，2015.

③ 吉登斯．现代性与自我认同：晚期现代中的自我与社会．夏璐，译．北京：中国人民大学出版社，2016：117－118.

④ 戈夫曼．日常生活中的自我呈现．冯钢，译．北京：北京大学出版社，2008.

之中，而是发生在具体的日常生活场景之中的。这也是吉登斯如此注重常人方法学和戈夫曼的日常生活互动的重要原因。吉登斯的时空观念首先就体现在他对微观社会行动发生的空间和时间的强调上。

微观层面上，空间首先体现为身体，或者围绕着身体展开的情境。社会交往或者社会互动过程中的所谓在场，就以身体的空间性作为基础的。吉登斯在论述身体的空间性时，引用了梅洛-庞蒂关于身体空间的论述。梅洛-庞蒂认为身体空间并不是一种单纯的物理空间，因为身体自身占据的空间是有限的，真正有意义之处在于身体是各种形式的行动与自觉意识的核心①。“以身体为核心的在场时空关联，并不是一种位置空间性，而是一种情境空间性。”② 这意味着吉登斯讨论的在场和空间概念是围绕着行动的任务来展开的，同时围绕着身体的各种知觉和意识来展开，并非简单的物理空间的概念。这就将时间、空间与微观行动更加紧密地联系在一起。

戈夫曼讨论的日常接触显然也发生在这样一种情境性的时空关联之中。吉登斯进一步引用了戈夫曼关于日常接触和微观互动的类型划分。微观层面的互动可以具体划分为“共同在场”“聚集”“社会场合”“无焦点互动”“有焦点互动”“日常接触”“例行常规”等。吉登斯重点分析了“聚集”，指出“情境就是指发生聚集的时空‘层’或时空‘带’，任何进入时空层、带的人都使自己有条件参与该聚集……聚集

① 梅洛-庞蒂．知觉现象学．姜志辉，译．北京：商务印书馆，2003：135-138.

② 吉登斯．社会的构成：结构化理论纲要．李康，李猛，译．北京：中国人民大学出版社，2016：60.

意味着必须共同在场，通过共同在场，完成对行为交互的反思性监控”[①]。聚集是最初步的互动形式，从聚集更一进步延伸，吉登斯认为聚集发生的形式化程度更强一些的情境就是“社会场合”，社会场合“是包含了众多个体的聚集，有明确的时空界限、特定形式的固定设施。从空间的视角来看，社会场合是一种时空区域，社会聚集在其中发生。这样一种时空区域中，蕴含着日常生活例行化的意味，很多日常生活就是在这样的时空区域中循环往复”[②]，而社会场合时空的扩展和延伸，是微观的日常的社会行动向更广阔的社会领域扩展的关键。

日常接触和聚集的空间并不是完全杂乱无序的，恰恰在这样的空间中蕴含着社会的秩序。例如，吉登斯指出的日常接触的空间安排，实际上遵循着一定的序列性和惯例性，这些都是微观行动被宏观社会整合的体现。常规、惯例、习俗这些概念实际上表明了微观空间中的日常生活秩序。[③] 吉登斯对微观互动情境，就是情境化的空间的考察，其目的之一就是发现日常生活中，看似复杂多变、充满策略性、流变性的微观行动与相对制度化、稳固性的宏观社会结构之间的关联。

从身体空间和围绕微观行动的空间进一步延伸，吉登斯借鉴了“时间地理学”的研究，开始探讨时间、空间和区域化的问题，来解释勾连微观和宏观的社会整合问题。时间地理学是 20 世纪 60 年代，在欧洲兴起的地理学研究潮流，首先由瑞典地理学家哈格斯特朗（Hgerstrand）等人倡导。地理学中的区位研究以空间分析为主，在空间地图

---

① 吉登斯．社会的构成：结构化理论纲要．李康，李猛，译．北京：中国人民大学出版社，2016：66.

② 同①.

③ 同①.

上进行空间的分布，但是缺乏对空间形成的时间路径、空间中的人的活动轨迹的描述。时间地理学就是将人文现象的时间和空间发展轨迹，用地理图示的方法来表达，从而将人文活动的演化与时间、空间轨迹联系在一起，例如对人口移动的研究、对城市居民时间、空间移动的研究[①]。吉登斯在其著作中多次引用哈格斯特朗的研究。

时空路径是时间地理学中的重要概念，地理学家采用图示的方式，来描绘社会个体成员在时间和空间上的分布和演变情况，图 6－1 是一种典型的时间地理学图示，将个体成员活动的时间和空间路径，以图示的方式记录下来。

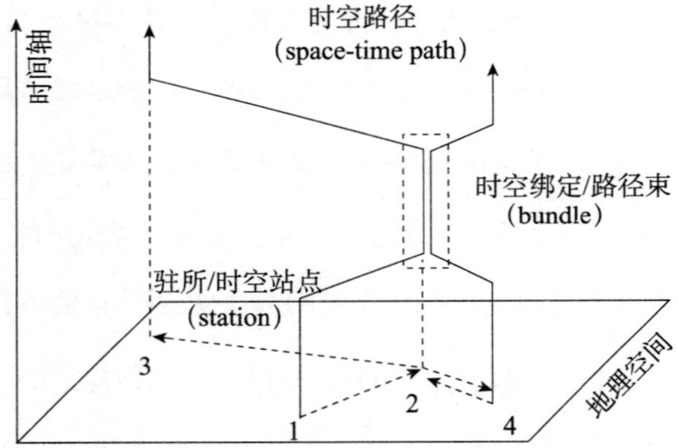

图 6－1　时间地理学的典型时空路径图示

资料来源：科学出版社地球科学公众号“时间地理学与时空 GIS”（http：//dy. 163. com/v2/article/detail/E3MK81FE0512TRKA. html）。

在这样一种时空图示中，个体在不同的时间点、不同的地点移动和停留的轨迹被记录在图示上。为什么吉登斯会如此重视时间地理学的研究？首先是因为时间地理学的研究实际上揭示出社会成员在日常

① 柴彦威．时间地理学的起源、主要概念及其应用．地理科学，1998（1）.

生活时空轨迹上的例行性和规律性，揭示出日常生活中的社会时空分布的规律，这种在图示上出现的轨迹，实际上正是社会行动在时间和空间上的结构。并且，在时间和空间的路径图示上，重要的社会情境场所被清晰地标示出来，这些特定的时空场所就是社会行动发生的时空情境的形象化表达。

这些情境在时间地理学图示上显现为时空的停留点。吉登斯认为，对时间地理学而言，它行动者的停留点是一种黑箱，但是对社会学而言，它是极具意义的社会场所。① 例如，对于每一个社会成员而言，如果考察他们的生命的时空路径，可以发现学校是一个重要的停留点，一个重要的社会行动的情境。吉登斯指出学校是一个与外界时空界限明显的空间，具有一种封闭性，在封闭的边界内运行。同时，学校又是一个产生权力的容器。② 正如福柯等学者对规训权力的论述那样，学校通过对学生身体的规训、对行为习惯的养成、对学校中课程设置和时间的安排，成为一种权力的封闭空间，这些纪律的灌输和训练，都体现了对社会成员的时间和空间的安排。③ 也有研究表明，在资本主义和工业主义发展的早期阶段，学校对学生的教育主要是为了培养学生的时间意识，让社会成员学会适应资本主义工厂的时间安排，养成服从和完成任务的习惯。④

吉登斯对福柯关于身体规训和学校作为权力空间的引用，体现了

① 吉登斯．社会的构成：结构化理论纲要．李康，李猛，译．北京：中国人民大学出版社，2016：111－128.

② 同①.

③ 福柯．规训与惩罚：监狱的诞生．刘北成，杨远婴，译．北京：三联书店，2003：153－168.

④ THOMPSON E P. Time，work-discipline and industrial capitalism. Past and Present，1967，38.

社会学与时间地理学在解释空间场所上的差异。社会学与时间地理学都同样关注个体社会行动在时空维度上的分布模式，但是社会学显然对时间和空间的停留点——社会行动发生聚集的空间场所的社会意义的阐释更富于兴趣。诸如学校这样的空间场所，是整个社会中发生社会互动的重要情境，这种情境的意义对于个体而言，是个体重要的生命轨迹中的时空停留点；对于社会系统而言，这样的情境实际上是一个建立起时空秩序的重要空间。[①] 在从微观社会行动到宏观社会行动的时空情境变化过程中，类似学校这样的时空情境，承担起整合社会秩序的重要任务。由此，我们也可以看到，在吉登斯的从微观时空情境到宏观时空背景拓展的过程中，时间和空间是被整个社会宏观系统所整合的。现代社会之所以呈现出一定的结构性和规律性的特征，在某种程度上就是因为日常生活中人们所感受到的时间和空间，在更广阔的层面被系统性地组织和整合起来。

由此，吉登斯关于微观社会行动的时空情境的论述，对于其整个理论体系而言，至少有以下的意义：它明确了社会结构和社会行动之间的相互作用的关系是在具体的时间和空间中展开的，也就是吉登斯所谓的“定位”。它也提出了日常生活情境和场景中的社会行动之所以在时空扩展后可以构成一种结构性和规律性的产物，是因为时间、空间与行动本身就是蕴含着规律性、例行性和结构性的，尤其是日常生活往往是一种循环往复的过程，所谓的再生产必然是在这样的循环往复中才能得以实现。而从微观拓展到宏观的过程中，宏观社会系统对

① 吉登斯．社会的构成：结构化理论纲要．李康，李猛，译．北京：中国人民大学出版社，2016.

时间和空间的整合，实际上是整个社会形成秩序的关键环节。

三、结构化中的时空秩序

吉登斯本人是反对将社会学中的微观和宏观进行割裂的，甚至拒绝使用“微观社会学”和“宏观社会学”的理论术语。① 因为在他看来，日常生活中的时空秩序与社会系统层面的时空秩序是联系在一起的。我们并不能直接将社会制度解释为微观情境的聚合，宏观社会过程也不能简化为微观情境中互动的结果。吉登斯批判了柯林斯关于社会宏观结构的微观转译的观点。

柯林斯认为，社会宏观理论需要有更加坚实的微观基础，而这种微观基础可以用来解释宏观的社会现象。宏观的社会结构特征是由空间、时间和数量三个维度构成。从微观到宏观的关系是一种数量上的聚合关系，所谓宏观的社会现实在本质上是一种微观经验，而微观经验在时空上的数量聚合，构成了宏观的社会系统的结构性特征。如果按照柯林斯的这一聚合的逻辑，似乎吉登斯论述的日常活动涉及的时空场景，如果在数量上加以聚合，就构成了宏观的社会时空场景。但是，这恰恰是吉登斯所批判和反对的。吉登斯认为，所谓宏观和微观、结构和能动之间的距离，绝对不是一种数量上的聚合关系②，甚至二者本身就是紧密联系的，具有一种内在的一致性，勾连起二者联系的恰恰就是时间和空间的联系。

---

① 吉登斯．社会的构成：结构化理论纲要．李康，李猛，译．北京：中国人民大学出版社，2016：132.

② 同①.

更具体地说，在传统社会学理论看来，从微观的日常社会行动到宏观的社会结构的过程，一定发生了某些事情，例如博弈的结果生成或者制度化等等，这个过程，在吉登斯这里，就是结构化的过程，就是社会行动的情境在时间和空间维度上的扩展。这种扩展绝非微观社会行动相互作用，或者在空间数量上进行叠加，而是社会行动在时间和空间上的影响超出了原有的范围，在更广阔的时间和空间上产生了影响，并且这种影响反过来又作用于日常生活的社会行动之上。吉登斯写道：

“一旦我们着手对微观和宏观的空间分化这种观念进行考察，就会发现它是不准确的。这是因为，要想完成对日常接触的形塑乃至反复形塑，就必定得跨越更大的空间范围，超出面对面互动的无中介情境……这些时空路径也受到它们潜在涉及的社会系统基本制度参数的强烈影响。”①

因此，无论是日常生活的时空秩序，还是更广阔范围的社会系统的时空秩序，它们在内在上是一致性的，是相互影响的关系。“即使是那些最为变动不居、范围有限的微观情境，也蕴含着制度化的行为模式。”② 勾连起日常生活的社会行动和社会系统结构之间关联的，是时间和空间的社会整合机制。这个整合机制又可以具体划分为社会整合和系统整合，分别对应不同层面的整合机制。吉登斯将社会整合定义为“行动者在共同在场情况下所进行的实践活动的交互性，可以理解

① 吉登斯．社会的构成：结构化理论纲要．李康，李猛，译．北京：中国人民大学出版社，2016：135.

② 同①134.

为日常接触的各种连续与断裂”，将系统整合定义为“跨越广袤时空、外在于共同在场条件的诸多行动者或诸多结合体之间的交互性”①。这些整合机制是结构化的基础，使得无论是日常生活的秩序，还是社会系统层面的秩序都具有内在的关联性和一致性。

我们可以从吉登斯的结构化理论中，归纳出日常接触的时空秩序与社会系统层面的时空秩序所具有的共同特征。

其一，在场与缺场的意义超越了传统的微观社会互动。在传统的社会学理论中，在场与缺场的概念主要用来描述微观社会互动的场景。在场与缺场实际上涉及行动主体/身体与发生社会互动的场景之间的关系。在场意味着各方社会行动者的主体或者身体都处在同一个互动的场景之中，缺场则意味着主体或者身体在互动场景内的缺席。在研究微观社会行动的学者那里，无论是在场还是缺场都是对微观社会行动的类型的描述，但是吉登斯却认为在场和缺场的概念蕴含着社会系统层面的意义。

在场的概念对应着日常生活中的大多数社会行动。在大多数时候，日常生活的社会互动发生在人们熟悉的范围之内，人们在熟悉的场景中，和熟悉的人与事物相遇。人们的日常实践和日常交往的特性决定了在大部分时间中，人们与周围的人处在同样的在场情境中。这是一种自然的时间和空间限制。因为人们日常活动的范围具有先天的物理限制，总是趋向和周围的人与事物发生关联。在这样的场景中，时空

---

① 吉登斯．社会的构成：结构化理论纲要．李康，李猛，译．北京：中国人民大学出版社，2016：354－355.

同样具有一种自然的秩序。例如，每天几点钟吃饭、几点钟工作、几点钟散步等等。这些时间的安排和行动地点的转换，在日常生活中往往具有一种循环往复的特点。这种循环往复，实际上就形成了在日常生活中的习惯、风俗、规律，也就是我们常常提到的制度，这是发生在日常情境中的制度化。

吉登斯提出日常生活的时间是一种循环的时间。[①] 无论是每天形成惯例的重复性安排，还是在更长时间段上的四季更替、一年的周而复始，都体现了在场社会互动的规律性。这些日常接触对个人的行动而言，是一种行动的流，但是却在时空秩序上形成一种稳定的制度化安排。这就是在场/日常意义上的时空秩序。

而缺场的社会互动，在吉登斯这里，并不仅仅是指交往的当事者没有出现在现场的微观互动，而且指向了更加宽广的时空范围中的社会行动，这些社会行动往往超出了个体的日常互动范围。这里的缺场，我们可以理解为在时空延伸后，一些社会行动发生在更广阔的时间和空间中，对于每一个生活在日常情境中的个体成员而言，这些社会行动超出了个体的感受。因此，总有个体在这些社会行动中处于一种缺席的位置。但是这些个体缺场的社会行动，却对日常生活的行动产生了深远的影响。正如同蝴蝶效应：南美洲的蝴蝶扇一扇翅，就有可能引发美国得克萨斯州的一场龙卷风。对于现代社会而言，随着全球化的发展，整个世界的联系日益紧密，在法国巴黎街头爆发的黄马甲运

① 吉登斯．社会的构成：结构化理论纲要．李康，李猛，译．北京：中国人民大学出版社，2016：11.

动[1]，可能直接影响到中国南方乡镇从事服装加工业的工人的日常工作任务，尽管人们可能在很多时候，并不能直接理解这些变化发生的根源。

对于巴黎街头的抗争运动而言，中国南方的工人们处在一种行动主体缺场的位置，但是这场运动却对工人们的日常工作安排产生了直接的影响。在这些社会成员可能从未去过的地方，一些社会行动的出现，直接影响了社会成员的日常工作安排。更不用说在更深层和更间接的层面上，全球政治和经济错综复杂地交织在一起，发生在法国的社会抗争所产生的政治经济影响，也可能以一些更加隐蔽和复杂的方式，间接地在一些意料之外的方面影响到其他国家的民众。这些间接和深层的影响方式，可能发生在离个体日常的时空更加遥远的范围之外，以更加抽象和复杂的运行机制展开，这些就是在社会系统层面上生成的结构化过程。

无论是在场还是缺场，其实都是对社会的时间和空间秩序的一种描述。在场意味着发生在日常生活中的实践，熟悉、易于理解、充满惯例，同时又构成日常生活中的风俗、习惯和制度。缺场则意味着有意义的社会行动不仅仅是发生在日常行动的时空场景之中，还有可能发生在时间和空间大大超出日常场景的更遥远的场景之中。这些在遥远的时空情境中发生的事情同样反过来影响日常场景中的实践，甚至在一定程度上重新组织日常生活中的时空秩序。在日常——在场和系统——缺场的时空

① 2019年，法国爆发了抗议马克龙政府的社会运动，因抗议者身穿常见于交通警察的荧光黄马甲，故被称为黄马甲运动。黄马甲运动带来了中国浙江义乌地区生产黄马甲订单的数量激增。

情境中，使得时空秩序化，也就是生成稳定制度的社会整合过程都在发生着。在场和缺场的区别也并不是绝对的，而是一种相对的联系的关系，恰恰是在场与缺场之间的相互交织，构成了社会的时间和空间秩序。

其二，结构化的时空秩序中，存在前台与后台的时空区域划分。前台和后台的概念来自戈夫曼的拟剧理论。人们在日常生活中进行社会互动时，需要扮演特定的社会角色。戈夫曼将不同的社会互动情境比作舞台，行动者是舞台上的演员，在舞台上表演，需要按照一定的脚本和台词进行，这些台词和脚本实际上是由社会的规范和惯例来决定。[①] 在吉登斯的结构化理论中，前台和后台的概念被借用过来，用以对时间和空间的区域进行划分。

在日常生活层面，也就是在场社会互动经常发生的时空范围内，吉登斯认为前台首先体现在身体的区域化。戈夫曼所说的脸面就是涉及身体，涉及身体存在一些隐藏和开放的空间，包括行动者的深层精神动机和表面的形象的区别。[②] 从身体到身体所属的空间，同样也遵循这样一种前台区域和后台区域区分的形态。于是，日常接触中的在场空间，存在着一种相对开放的区域，可以表露给他人，也存在一些隐秘或者封闭的区域，是行动者的行动不愿意暴露的空间。

这种对空间的划分，接近人们通常理解的公共空间和私人空间，但是又与公共与私人空间的划分不尽一致。我们可以按照吉登斯的逻辑设想，因为即使在私人空间中，面对不同的互动对象，社会行动者

---

① 戈夫曼．日常生活中的自我呈现．冯钢，译．北京：北京大学出版社，2008.

② 吉登斯．社会的构成：结构化理论纲要．李康，李猛，译．北京：中国人民大学出版社，2016：63.

也会进行一些角色的扮演，区分出前台和后台。尽管在很多时候，行动者自我并未意识到其在刻意从事扮演的工作。同样，公共空间中也存在着一些空间作为个体暂时的后台区域，可以隐藏自己，或者悄然地释放一些不同的自我。吉登斯认为这些“后台区域形成了一种意义重大的资源……所有人都可以通过利用这种资源，使得自身对社会过程的解释和正式规范提倡的解释之间存在一种心理距离”①。这就是说，日常空间中的后台区域，使得人们可以利用这些空间，保持的一种内心的真实想法，这些想法可能是非道德的，或者不符合社会规范的，在一定程度上，后台区域类似于一种隐秘的心理空间。值得一提的是，这种心理空间并不是孤立的，它在吉登斯的论述中，实际上与真实的后台地理空间是联系在一起的。如果社会空间中缺乏一种后台的空间，就意味着个体心理上的隐秘空间是难以存在的。

吉登斯特别指出在特殊的仪式性场合，前台和后台空间的划分更加接近剧场的隐喻，因为人们更加清晰地意识到自己在扮演着某种角色，从事某种仪式性的活动，需要维系在公众面前的形象。但是仪式性的后台空间可能并不能让行动者完全放松，行动者仍然处于其他的社会关系中。在其他的大多数场合，后台空间是一种让行动者消除紧张的空间。②在这里，吉登斯通过前台空间和后台空间的划分，引出了现代国家对空间的监控问题。现代国家在一定程度上通过监控，来保持对个体身体的权力控制。从而，前台区域和后台区域的区分，也与权力密切

---

① 吉登斯．社会的构成：结构化理论纲要．李康，李猛，译．北京：中国人民大学出版社，2016：120.

② 同①116－117.

相关。

值得注意的是，前台和后台空间的划分，不仅引发了国家、权力与身体监控的诠释，同时在吉登斯看来，也涉及心理空间。物理空间与心理空间存在着一种相互交织的关系。吉登斯在论述本体性安全和基础信任时，也正是以空间的区域分化作为逻辑的起点的。后台空间，包括一些最亲密关系存在的空间，同时也是身体紧张放松的空间，实际上是基础信任和安全感建立的空间。心理空间与地理空间（情境）的相互关联，对我们从更多维度重新思考空间问题具有重要的意义。

吉登斯对时空区域前台和后台的划分，并没有仅停留在日常接触的层面。他认为，这种分区的区域化在更大的时空范围内同样具有重要的意义。“我们不仅可以用封闭与暴露、前台区域和后台区域这些分析共同在场的情境，而且可以分析涉及较大时空范围的现象。”[①] 前台区域和后台区域上升到较大范围，首先就体现在城市社会学研究中。在城市空间中，同样存在着区域的分化。吉登斯以西方大城市逆城市化的发展进程为例，指出在城市发展早期，城市中心的城市景观是一种前台区域，它展示出城市的面貌，而在郊区化的过程中，城市的衰落也形成了新的前台和后台区域。富有的阶层逃离城市，将郊区构成了新的前台区域，而贫民被隔离和限制在一些区域内，形成封闭的后台区域，变成一种不可见的区域，迁移和流动出贫民区都变得困难。[②] 这些城市空间中的前台和后台区域，以及封闭与不可见的区域的理论提法，与这些区域形成

① 吉登斯．社会的构成：结构化理论纲要．李康，李猛，译．北京：中国人民大学出版社，2016：123.

② 同①124.

背后的时空秩序，实际上对于城市空间研究而言都具有极高的借鉴意义。

在更大的时空范围内，例如上升到全球和国际的层面，吉登斯引用了世界体系理论中的中心——边缘的概念，指出在全球空间内也存在着不同区域的分化。全球空间中的中心，就如同前台的空间，边缘就如同后台的空间。当然吉登斯更愿意用局内人和局外人来形容中心和边缘的这种时空秩序。国际体系中的发达国家和地区处在支配的地位，而那些相对落后的国家和地区则被隔离在世界舞台之外。[①] 这种空间上的分布，与各种复杂的因素有关，但是吉登斯更强调其中的时间意味。正是因为发达国家在时间积累上的优势地位，才使其具有在空间分布中的优势地位，而随着时间的变化，这种空间区分也可能发生改变。这说明前台-后台、中心-边缘、局内-局外的划分不仅形成了一种空间秩序，更形成了一种时间空间秩序。

无论是日常接触中的前台和后台，还是城市空间层面的前台和后台，乃至全球空间层面的前台和后台，所遵循的逻辑关联是一致的，具有一种逻辑上的同构性。前台和后台的区域分化，涉及行动者的身体和心理空间，涉及暴露和封闭，涉及可以显现的和那些隐秘而不可见的空间，它们共同交织在一起，成为社会的一种客观存在的秩序。

总体上讲，区域化是整合日常行动与宏观系统的时空秩序的重要环节。吉登斯之所以认为传统理论中微观行动与宏观系统的割裂是无意义的，是因为其坚信从日常接触到社会系统都是处在同样的社会之

① 吉登斯．社会的构成：结构化理论纲要．李康，李猛，译．北京：中国人民大学出版社，2016：124.

中，仅仅是社会行动的时空范围发生了变化。从日常接触到社会系统具有一种内在一致的秩序的根源，在于社会的整合机制。这种社会的整合机制，也是通过对时间和空间的组织和安排来产生的。区域化，是吉登斯结构化理论中时空秩序整合的重要环节。

吉登斯将区域化定义为“场所之内或场所之间各区域在时间、空间或时空上的分化”[①]。实际上，区域化就是时空的分化和延伸。吉登斯用了一套概念图示来表示区域化与社会整合、系统整合的关联（如图 6－2所示）。

日常时空路径

日常接触的分布

场所的区域化

区域的情境化

场所的相互交织

图 6－2　吉登斯的区域化概念图示

资料来源：吉登斯．社会的构成．李康，李猛，译．北京：三联书店，1998：125.

这一套概念图示，涉及了从日常个体层面到社会系统层面的空间和时间延伸，揭示了日常的社会行动发生的路径和轨迹，以及上升到更宽广范围的场所之间的理论过程。最终，形成的是一种在更宽广时空范围内的场所交织，社会的时空秩序也在这样的过程中形成。

最后，我们再次总结吉登斯在结构化理论中关于时空秩序生成的总体思路。吉登斯对结构化理论中的时空秩序的论述是高度抽象的，我们在理解结构化中的时空秩序时，需要意识到吉登斯的整个具体的

① 吉登斯．社会的构成：结构化理论纲要．李康，李猛，译．北京：中国人民大学出版社，2016：354.

思路是从日常接触的社会行动情境展开，那些更加复杂的社会系统层面的时空秩序并不是凭空产生，而是从社会成员的日常社会行动中起源。只是，这种传统意义上从微观行动到宏观结构和制度的过程，吉登斯给出了不同以往的理论设想。他首先否定了更广阔的社会时空秩序是日常时空秩序的数量叠加，同样也是对简单地在数量上汇总微观社会行动就能构成宏观社会结构的理论的一种否定。那么既然从微观到宏观并不是数量上的相加，那么二者究竟是一种什么关系呢?

在吉登斯看来，日常接触的时空秩序和宏观社会系统的时空秩序具有内在的关联性。这种关联就是，日常的具体的社会行动在日复一日的例行性中形成了自身的秩序，正如同时间地理学所描绘的日常生活的时空轨迹结构那样。因此，日常行动本身就构成了时空上的秩序。日常生活的秩序与社会系统层面的时空秩序，二者并不是完全没有区别，这种关系类似于在场与缺场之间的关系。

日常生活的秩序与社会系统层面的时空秩序之间，并不是一个黑箱，这个过程吉登斯没有回避，它被吉登斯称为区域化。它是时间和空间在不断分化和扩展的过程。也就是说，宏观系统的时空秩序和日常的时空秩序并不是两种事物，而是同一种事物在空间和时间上的扩展，两者具有一种逻辑上的关联。例如，关于前台区域和后台区域的时空分区机制。无论是微观的身体层面上的前台和后台、简单社会互动情境的前台和后台，还是城市空间层面上的前台和后台（城市的区域分化），乃至全球层面的前台和后台（中心与边缘、局内人和局外人区域），都符合这种封闭和开放、公开和隐藏的区域逻辑。在这样的区域化过程中，社会系统实际上完成了一种整合过程。正是社会系统所具有的整合机制，使得人类从微观到宏观的时空秩序具有一种一致性和自洽性。

四、现代性议题与时空延伸

如果说结构化理论是吉登斯在社会学的基础理论领域做出的巨大贡献，那么吉登斯关于现代性的论述则体现出结构化理论的思路对于解释现实世界的重大意义。他对现代性的动力机制、现代社会中的个体心理、信任、家庭、民族国家乃至全球化的论述，都体现出结构化理论中的内在逻辑。而串联起吉登斯关于现代性论述的一个关键的线索，就是他在结构化理论中反复强调的时空问题。

（一）现代性动力机制背后的时空问题

吉登斯将现代性定义为“在后封建时期的欧洲首先形成，而后却在20世纪日益具有世界和历史性影响的制度及行为模式”[①]。简单地说，现代性问题就是在探讨人类社会从传统社会到现代社会转变的问题，现代性就是可以理解为现代社会所独有的、与传统社会不同的特性。吉登斯认为，现代社会的各种制度和行为模式与传统社会的制度与行为模式之间出现了一种断裂，现代社会并不是简单延续传统[②]，而是产生出新的特质，这些特质可以体现在社会的诸多层面。

为什么会出现这种断裂，出现现代社会与传统社会截然不同的特征？吉登斯将其归结为现代性的动力机制。这种现代性的动力机制与时空间

① 吉登斯．现代性与自我认同：晚期现代中的自我与社会．夏璐，译．北京：中国人民大学出版社，2016：14.

② 吉登斯．现代性的后果．田禾，译．南京：译林出版社，2011：3.

题紧密相连。在其专门论述现代性问题的《现代性的后果》一书中，吉登斯用较为概括和抽象的话语描述现代性的动力机制与时空问题之间的关系：

“现代性的动力机制派生于时间和空间的分离和它们在形式上的重新组合，正是这种重新组合使得社会生活出现了精确的时间-空间的分区制，导致了社会体系（一种与包含在时-空分离中的要素密切联系的现象）的脱域机制，并且通过影响个体和团体行动的知识的不断输入，来对社会关系进行反思性定序与再定序。”①

概括来看，吉登斯所谓的现代性动力机制具体涉及三个方面，分别是时空分离、脱域机制和制度化反思性②。其中，前两者直接与时间和空间问题密切相连，而制度化的反思也与时空的变化有着一定的关联。

我们首先来看时空分离，这意味着现代性的动力与人类社会时间和空间发生的变化密切相关。从常识性的角度来看，时间和空间似乎都是客观存在的物理现象，不会因为从传统到现代的社会变迁而变化。但是在社会理论中，时间和空间都是相对的概念，是被社会塑造和限定的概念。吉登斯提出，与传统社会相比，现代社会的时间和空间发生了至少两个方面的变化，先是时间的虚（抽离）化，紧接着是空间本身的虚（抽离）化，这些共同构成了时间和空间的分离③。

时间的虚化是指现代社会相对于传统社会的时间概念和时间意识变化。在传统社会中，尤其是有钟表之前，人们对时间的认识是和地

---

① 吉登斯．现代性的后果．田禾，译．南京：译林出版社，2011：14.

② 吉登斯．现代性的后果．田禾，译．南京：译林出版社，2011；吉登斯．现代性与自我认同：晚期现代中的自我与社会．夏璐，译．北京：中国人民大学出版社，2016：15-26.

③ 同①.

点联系在一起的。这个时候，时间是和具体的场景相关联的，人们必须通过对场景的确定来确定时间。类似的观点我们也可以在涂尔干、布迪厄以及一些人类学者的著作发现。在原始社会或者农耕文明时期，时间并不是完全精确和恒定的，往往是围绕着人们的生产、劳作和仪式展开。[①] 这个时候，人们对于时间的认识是具象化的，时间并不是抽象的概念，而是和实践发生的情境融合在一起。

随着机械钟表的发明，人们对时间的衡量更加精确，使得时间和空间开始产生最初的分离。这个时候，时间逐渐成为一个脱离具体场景的概念，人们可以不依赖具体的事件和地点，来运用抽象的时间概念。[②] 从具体到抽象的转变，使得时间可以具有一种普遍性的意义。真正到现代工业主义的发展，资本主义生产方式与组织方式确立之后，时间彻底成为一种和地点无关的、具有恒定性的、可精确度量的事物。

不仅仅是时间与地点产生了分离，吉登斯认为空间和地点也产生了分离。[③] 在前现代社会，人们对空间的认识是基于具体的位置和场所的，很少抽象地认识空间。因为人们的活动范围和区域是有限的，日常生活中大部分的社会互动发生在面对面的场景之中，吉登斯称之为“空间维度受到在场的支配”[④]。而到了现代社会，很多社会行动超越了地域性的限制，出现了“缺场”的社会互动。也就是说，随着人类的社会活动的地理范围不断扩展，更大时空范围内的相互联系增强，很多有意义的事件超出了本地的范围，远方发生的事件也会对本地的日

① 吉登斯．现代性的后果．田禾，译．南京：译林出版社，2011：15－18.

② 同①.

③ 同①.

④ 同①

常互动产生深远的影响。[①] 这时候，现代社会中的空间就不仅仅指代具体的地点，而是更加具有普遍性。

从常识性的角度来看，吉登斯描述的时间与空间的分离，实际上就是指时间和空间从具体的、本地化的概念，变成了抽象性的、超出本地化的具有普遍意义的概念。这似乎是从传统到现代社会变迁的现象之一。但是吉登斯认为，这种时空的变化具有一种推动性的力量。因为时空分离是后面的脱域机制的前提条件，同时，只有在这样的时空分离条件下，人们才能组织起现代社会的生活和组织。而现代社会的一些历史性特征也嵌入在这样的时间和空间模式中。[②] 与马克思主义的历史唯物主义不同，吉登斯没有将生产力的发展，或者资本主义生产关系的出现，作为社会变迁的动力，而是将时间和空间的变化，视作各种社会实践的组织和秩序变化的前提条件。

脱域机制是吉登斯提出的现代性的动力机制的第二个部分，也涉及现代社会中时间与空间的重大变化。吉登斯再一次提出了较为抽象的脱域定义："社会关系从彼此互动的地域性关联中，从通过对不确定的时间的无限穿越而被重构的关联中脱离出来。"[③] 如果用更加简化但是不那么精确的说法重新理解这个定义，实际上我们可以认为吉登斯是在强调现代生活中的人和事，如何被卷入一个在本地时空范围之外的、更加广阔的抽象的现代社会系统之中。原有的社会成员和他自身周围可以理解、可以感知、范围有限的社会关系，在现代社会中被打

---

① 吉登斯．现代性的后果．田禾，译．南京：译林出版社，2011：43－46.

② 同①18.

③ 同①18.

乱、重组、分化，而更加遥远的、不可预知的、难以理解的、超出日常感知范围的现代社会系统，以及系统中各种遥远的事件，反过来重新影响和组织个体的日常生活。例如，假如在传统的中国乡村中，村落里鸡犬之声相闻，人们也就和周围临近空间的熟人发生关联。而在现代社会中，人们走出村落，在更广阔的城市空间生活，更遥远的时空范围、更抽象的难以理解的事件，可能都会具有新的意义，对生活产生新的影响。

在脱域的机制下，传统社会更加具有一种具体性和特殊性，和地方的社会互动、地方的生产实践紧密相连，而现代社会系统则更加具有一种抽象性和普遍性，使得人们和熟悉的社会关系脱离开来，卷入现代社会系统的制度体系、运转体系之中。故而，对于所有的传统社会而言，并不特指中国社会，人们所面临的都是一种本地化的和熟悉化的时空场景，而到了现代社会中，人们面临的除了日常接触以外，还有很多陌生的、不确定性的和超出个人经验层面的场景。这样的从熟悉到陌生的时空场景变化，还不仅仅涉及一些学者笔下的“陌生人”社会，也涉及现代人和专家系统、制度体系，现代人和各种超出日常经验的事物之间的陌生与疏离。

至此，我们可以发现，吉登斯在分析现代社会与传统社会最显著的特征时，主要聚焦在人与人、人与事物之间的社会关系变化上，抓住社会成员社会行动的时空范围的根本变化。当时空范围发生变化时，随之而来的是人们时间和空间观念、组织社会的原则、构成社会秩序的方式发生了变革。之所以时间与空间在社会变迁的过程中，具有如此重要的意义，是因为在某种程度上，人类对时间和空间的组织，就构成了人类社会的基本秩序。

（二）时空问题与心理认同

吉登斯关于现代性的论述，并不仅仅局限在对现代性动力机制的考察上，同时他也对现代性涉及的诸多具体问题进行了分析①。吉登斯认为，从传统社会到现代社会的转变，必然带来社会成员心理上的变化，这样一种心理变化实际上仍然与时间和空间问题发生了关联。

吉登斯将心理认同的分析建立在人们日常生活的社会行动基础之上。在对基本社会行动进行分析时，吉登斯提出了在场社会行动和缺场社会行动的区分。实际上就是在时空范围上，对社会行动的情境进行了划分。吉登斯认为，在场社会行动中，人们在面对熟悉化的场景，反复地、例行性地行动时所构成的行为方式和心理方式，具有一种心理上的安全感。在引用了埃里克松关于婴儿和儿童的发展心理学研究后，吉登斯指出这种安全感的建立与人类在婴幼儿时期，与父母等抚养人建立亲密关系的心理过程是类似的。儿童通过与父母之间的面对面的互动、亲密的接触建立起一种基本的安全感和心理认同，被称为本体性安全。人们在面对面的日常互动中，也会建立起对外部世界的本体性安全感。②

而随着人类社会进入现代社会，社会行动的时间和空间范围逐渐扩大，人们越来越多地受到缺场社会行动的影响，对社会成员具有意

---

① 吉登斯．亲密关系的变革：现代社会中的性、爱与爱欲．陈永国，汪民安，译．北京：社会科学文献出版社，2001；吉登斯．现代性的后果．田禾，译．南京：译林出版社，2011；吉登斯．现代性与自我认同：晚期现代中的自我与社会．夏璐，译．北京：中国人民大学出版社，2016.

② 吉登斯．现代性与自我认同：晚期现代中的自我与社会．夏璐，译．北京：中国人民大学出版社，2016：34.

义的时空场景空前扩张。这个时候，人们对外界的心理会产生变化，在日常接触和在场行动中建立起来的本体性安全，就会面临着新的挑战。[①] 换言之，这也是我们通常感觉到的现代社会中个人的安全感缺失，个体面对未知和不确定性的外部空间的无力感和失落感。缺场社会行动的影响逐渐增强，意味着遥远的在人们熟悉范围之外的陌生世界对个人生活境遇产生了重要的影响，人们越来越发现生活中超出个人控制的因素，自然原有的安全感会受到威胁，这是现代社会中个体心理发生变化的一个重要因素。

既然安全感受到威胁，但是成员又不得不建立起一种基本的安全感，才能在社会中正常地生活，这个时候就不得不建立起现代社会中所特有的信任方式。面对更加广阔的时空范围影响，面对个人无法把握的未知因素，吉登斯认为现代社会成员建立起一种对专家系统的信任。[②] 正如同我们乘坐飞机却无法亲自操控飞机一样，这时我们被迫将生命交付给专业的飞机驾驶员、指挥员、工程师、飞机制造商、气象专家等等一系列的专家系统。这是现代社会的信任的常态，也是现代社会中社会成员对周围的人和物的心理认同的变化。

我们可以看到，在吉登斯的现代性心理认同理论中，传统社会的社会行动，对应面对面的日常互动，对应在场性，对应一种有限的时间和空间范围，对应一种婴幼儿时期与父母建立的安全感与亲密认同。而在现代社会中的社会行动，对应一种系统层面的社会行动，对应缺

---

① 吉登斯．现代性与自我认同：晚期现代中的自我与社会．夏璐，译．北京：中国人民大学出版社，2016：34－39.

② 同①.

场性，对应一种无限延伸的时间和空间范围，对应一种基于现代抽象制度体系和专家系统的心理认同，如图 6－3 所示。社会成员的心理认同问题，与时间和空间紧密地联系在一起。

传统社会行动	现代社会行动
面对面社会互动	社会系统层面的社会行动
在场	缺场
本地性、有限空间	远方、广阔空间
婴儿时期的安全感	制度性信任

图 6－3　心理认同变化与行动的时空情境变化的关系

从图 6－3 中，我们可以看到吉登斯关于心理认同与时空之间的逻辑关联，实际上这与中国社会学界关注的中国传统社会中的差序格局和熟悉社会等概念具有相通之处。在传统中国社会的差序格局中，个体面对周围的社会关系尤其是伦理关系时，具有一种远近亲疏的空间结构分布。对于这种波纹型空间中近的人，我们自然会有一种心理上的熟悉感，建立其一种安全感，而对于空间中远的人，自然会有一种陌生感和戒备感。只不过在现代社会中，现代社会成员必须与陌生人进行互动，并且在吉登斯的空间意义上，不仅仅是伦理关系上的空间，而且是地理空间和社会结构空间意义上的空间，社会成员还必须同遥远的事物发生关联，甚至被迫发生关联，这个时候也必须建立其对未知事物的信任，保证其依赖现代专家系统和现代抽象制度系统。

现代社会在本质上就是全球社会，吉登斯将全球化视为现代性的一种必然结果，也是时间与空间延伸的产物。[①] 全球范围的时空延伸和个体发展心理学意义上的信任密切相关，也产生出现代社会的风险。信任的出现正是因为缺场的存在。

“信任形成之初的一个基本特征，就是确信照料者还会回到身边。母爱的缺场并不代表失去关爱，当婴儿意识到这一点时，便确立起了对他人既信赖同时又独立的经验感受，而这对自我认同之连续性特别重要。所以，信任消除了在时间和空间上的距离感，因此也阻断了种种存在性焦虑。”[②] 在应对现代性带来的时间和空间延伸时，信任是一种社会成员必须具备的心理特征，是人们克服时间和空间距离感的、生存于现代社会所必须具备的一种信任，如果缺乏这种信任，就会产生一种基本的焦虑。

时间和空间的延伸，还带来了全球化时代的风险。吉登斯指出，现代社会的风险可以分为两种，一种是自然的风险，一种是制造出来的风险。[③] 在传统社会中，人们面临的是有限时空范围内的危险，而在现代社会中，风险被放大，同样与时空问题相关。

首先，随着时间和空间的扩展，人们面临的超出自身控制的事物越来越多。在不同的时空场景下，社会成员对外界的感知是不同的。在传统的有限空间中，面对熟悉的事物，人们感受到的风险也是有限的。而在全球化的空间中，人们必须面对难以理解或者意料之外的事物，面临的风险是截然不同的，从而社会成员关于风险的心理感知产

① 吉登斯．现代性的后果．田禾，译．南京：译林出版社，2011：46.

② 同①85.

③ 吉登斯．失控的世界．周红云，译．南昌：江西人民出版社，2001：22.

生了巨大的差异。

其次，随着时间和空间的扩展，缺场情境，也就是遥远的时空之外的事件，对社会成员日常生活的影响是逐渐加深的，因此随之而来的遥远的风险也会影响到个体。[①] 在传统社会，遥远的地球另一端发生的事件，并不会跨越时空对社会成员产生任何危险。而在全球化的时代，时间和空间被延伸，重新组织的世界、遥远的时空发生的事情，很可能对日常生活产生深远的影响，例如，吉登斯举出了全球气候变暖、切尔诺贝利事件等等现代社会的风险事件，这些事件的影响力并不是本土化的，而是跨越空间的。[②] 同样，在当今全球社会的时空背景下，系统性的国际金融危机、跨国流行病毒的传播、日本福岛核电站的事故等等现实发生的风险事件，实际上都如同吉登斯所描述的那样，跨越时间和空间，对我们的日常生活产生了深远的影响。

五、对新空间研究的启示

正如前文所言，吉登斯并未直接将具体的时间和空间作为实证研究的对象，但是却将时间和空间的视角贯穿于他的理论始终。时空问题既作为一种理论的核心线索，又作为一种研究现代性的基本视角，构成了吉登斯社会学理论体系中较为鲜明的特色，区别于传统主流社会学理论对时间和空间视角的忽视。

吉登斯本人多次呼吁，应当在社会学中引入时间和空间的视角，

---

① 吉登斯．失控的世界．周红云，译．南昌：江西人民出版社，2001：24.

② 吉登斯．失控的世界．周红云，译．南昌：江西人民出版社，2001；吉登斯．现代性的后果．田禾，译．南京：译林出版社，2011：25.

用一种时间和空间的思维来看待社会。这是因为社会秩序在其本质上，就是人类将时间和空间组织起来的秩序。[①] 如果缺失了时间与空间的视角，我们就很难发现社会实践的真实过程，以及社会系统形成和运行的实质问题。时间与空间的扩展不仅仅是吉登斯弥合传统社会理论中微观与宏观的关键所在，也是吉登斯解释现代社会与传统社会的断裂性变革的关键因素，更是在全球化时代理解社会成员心理认同变化、亲密关系变化和信任制度变化的要义所在。对于未来有志于继承吉登斯的学术财富，拓展传统社会学的空间研究的研究者而言，吉登斯的时空理论至少可以给予未来的新空间研究以下的启示：

空间的概念不仅仅存在于一种地理空间的意义之上，更是应当建立在社会行动的情境之上。吉登斯的空间定义充满了社会学的意味，区别于地理学界定的空间，他更多地将空间界定为一种情境性的空间。这种空间是充满了社会关系的空间，也是一种结合了具体和抽象的空间。具体的地理场景是一种空间，社会行动发生的情境也可以是一种空间。事实上，按照吉登斯本人的说法，空间的抽象化正是现代社会（从传统社会）变革的产物。[②] 现代性下的空间，自身就在走向抽象化，和具体的地理场景进行分离。因此，空间在吉登斯的笔下同时具有抽象和具体的二重属性就不难理解了。

这也为今后的空间研究扩展了新的领地，因为这意味着空间实际上是一种多元化概念，不仅仅是具体的城市空间和地理空间可以被纳

---

① 吉登斯．社会的构成：结构化理论纲要．李康，李猛，译．北京：中国人民大学出版社，2016：333.

② 吉登斯．现代性的后果．田禾，译．南京：译林出版社，2011：15－18.

入空间研究中。社会交往发生的情境性空间，可能是脱离地理场景的，诸如互联网空间也可以被纳入研究之中。而其他的抽象意义上的社会关系构成的社会空间，以及社会成员的心理空间都可以是空间的不同表现形式。空间在社会学意义上本应是具有多重性的。

时间空间与心理之间的关系是异常复杂而又深刻的。吉登斯笔下的时空对现代社会成员的心理认同塑造超越了以往的社会认同和社会心理研究。以往的社会学和心理学研究，在考虑空间和心理之间的关系时，往往从空间的密度、空间的构成对所处空间中的个体心理的影响出发，更多地在地理意义和物理意义上，考察空间密度对心理的影响。例如在群体心理学中，共同空间中的聚集会引发社会成员心理的变化。这些研究还是停留在对中观和微观心理现象的描述上，而吉登斯将时空与心理问题放在更广阔的社会变迁背景下考虑，揭示出时空的延伸和个体的心理认同之间的关系，对社会成员心理变化背后的时空根源进行了分析。

在传统社会中，社会成员生活的时空范围是有限的，产生的社会心理也处在有限的空间中。有限的时空范围，意味着心理上的熟悉和安全。吉登斯将这种熟悉和安全与婴儿时期对周围世界建立起的基本安全和信任联系在一起。而当时空范围发生变化时，现代社会尤其是全球化社会出现了所谓的“脱域”现象，也就是时间和空间构成的社会秩序发生了重大的变化。当遥远的时空发生的事件可以影响到人们的日常生活时，人们不得不学习面对自己难以控制的“失控的世界”，承担更广阔的时空情境下的不确定性。于是，在现代社会中，人们为了维系基本的本体性安全，不得不信任现代专家系统和抽象的制度系统。这些抽象系统也进一步带来更大的风险和不确定性。在吉登斯这里，远与近、本地与远方、在场与缺场的变化和相互影响，构成了人们心理变化的重要根源。

最后，吉登斯关于融合地理学与历史学的社会学研究的设想，是未来拓展社会学传统时空研究的一种可能方向。在《社会的构成：结构化理论纲要》中，吉登斯批判了以往社会学研究对时间问题和空间问题的忽视，认为历史学研究时间的视角和地理学研究空间的视角，都应当为社会学研究所借鉴和学习。人类社会的结构并非一种静态的结构，而是一种在历时性中生成的、动态的系统。为了分析社会生活中的时空结构，吉登斯借鉴了时间地理学的研究成果，把区域、场所、时空轨迹、个体生命的空间历程这些因素纳入社会学的理论体系之中。值得注意的是，吉登斯明确指出，现代社会的城市空间，是最能体现出现代社会时空秩序重组的空间[①]，这凸显出新的城市社会学研究的重要意义。尽管吉登斯本人并未像传统城市社会学家一样，对城市空间进行详细的经验化研究，但是这些关于时空的理论创见和洞察，对于我们更进一步深入理解当代社会的时空变迁问题，具有极其重要的意义。

参考文献：

柴彦威．时间地理学的起源、主要概念及其应用．地理科学，1998（1）.

① 吉登斯．社会的构成：结构化理论纲要．李康，李猛，译．北京：中国人民大学出版社，2016：344.

迪尔凯姆．社会学方法的准则．狄玉明，译．北京：商务印书馆，1995.

福柯．规训与惩罚：监狱的诞生．刘北成，杨远婴，译．北京：三联书店，2003.

戈夫曼．日常生活中的自我呈现．冯钢，译．北京：北京大学出版社，2008.

吉登斯．社会的构成：结构化理论纲要．李康，李猛，译．北京：中国人民大学出版社，2016.

吉登斯．现代性的后果．田禾，译．南京：译林出版社，2011.

吉登斯．现代性与自我认同：晚期现代中的自我与社会．夏璐，译．北京：中国人民大学出版社，2016.

吉登斯．失控的世界．周红云，译．南昌：江西人民出版社，2001.

吉登斯．亲密关系的变革：现代社会中的性、爱与爱欲．陈永国，汪民安，译．北京：社会科学文献出版社，2001.

吉登斯．社会学方法的新规则：一种对解释社会学的建设性批判．田佑中，刘江涛，译．北京：社会科学文献出版社，2003.

库利．人类本性与社会秩序．包凡一，王湲，译．北京：华夏出版社，2015.

梅洛-庞蒂．知觉现象学．姜志辉，译．北京：商务印书馆，2003.

帕森斯．社会行动的结构．张明德，夏遇南，彭刚，译．南京：译林出版社，2012.

米德．心灵、自我与社会．赵月瑟，译．上海：上海译文出版社，2008.

THOMPSON E P. Time，work-discipline and industrial capitalism. Past and Present，1967，38.

第七章　列斐伏尔的空间生产理论

亨利·列斐伏尔（Henri Lefebvre，1901—1991）是当代法国思想大师，是杰出的西方马克思主义哲学家、社会学家、日常生活批判理论家。他以广阔的视野、深邃的洞察、独特的风格和深刻的批判享誉世界，被誉为“现代法国辩证法之父”“日常生活批判理论之父”。20世纪60年代以后，列斐伏尔以马克思主义经典理论作为理论起点，以都市进程中的复杂社会现象为对象，展开了具有开创性的空间研究之旅。他激活了“空间”这个尘封已久的重要概念，在生产的语境中深刻把握了空间性、历史性和社会性的复杂辩证关系，将西方学术界带入了一个全新的“空间时代”。诚如著名的空间理论家苏贾（Edward Soja）所言：“在开放和开拓我们社会空间无穷无尽的维度……而言，他（列斐伏尔）的影响没有任何一个学者可以比肩。”①

① 苏贾．第三空间：去往洛杉矶和其他真实和想象的地方的旅程．陆扬，译．上海：上海教育出版社，2005：7.

一、列斐伏尔的空间转向

长期以来，列斐伏尔以马克思主义理论家和日常生活批判哲学的代表人为人们所知。1968 年，年近七旬的列斐伏尔出版了他关于空间的第一部著述——《城市的权利》，开启了他的空间转向之路。之后他在短短几年内出版了《从乡村到城市》（1970）、《都市革命》（1970）、《空间的政治学反思》（1970）、《差异化宣言》（1971）、《恩格斯与乌托邦》（1971）、《马克思的思想与城市》（1972）、《空间与政治》（1973）、《资本主义的幸存》（1973）、《空间的生产》（1974）等重要著述，奠定了空间批判理论的基础。对于列斐伏尔的空间转向，一些学者赞叹不已，称之为“20 世纪最重要的批判哲学工程之一”；一些学者不以为然，认为他的空间思想离历史唯物主义太远，而离空间崇拜太近。[①] 更多的学者感到疑惑，似乎“空间的问题是凭空产生的”[②]。因此，要把握列斐伏尔的空间理论，我们首先要考察这一理论的形成机制，理解列斐伏尔空间转向的深层背景。

（一）人生际遇的“空间”伏笔

在列斐伏尔漫长而富有传奇经历的一生中，我们能找到不少关于

① 苏贾．第三空间：去往洛杉矶和其他真实和想象的地方的旅程．陆扬，译．上海：上海教育出版社，2005：53-55.

② 埃斯，亨利．勒菲弗与都市//列斐伏尔．空间与政治．李春，译．上海：上海人民出版社，2008：序言．

空间的线索。1901年列斐伏尔出生于法国比利牛斯山脉脚下的小镇阿热特莫（Hegetmau）。据列斐伏尔所言，他在孩提时代就有过关于空间的思考。[①] 如果他所言不谬，这种思考首先与20世纪10年代前后的社会变迁和思想激荡关系密切。第一次世界大战（1914—1918）和俄国革命（1917）极大地震撼了包括法国人民在内的欧洲人民，人们固有的政治观念、生活方式和社会传统受到了挑战。对于这个时代，列斐伏尔描绘道：

“大约是在20世纪10年代，一个特定的空间被粉碎了。它是常识空间、知识空间、社会实践空间、政治权力空间，是迄今为止在日常话语中体现的空间……欧几里得和透视式的空间作为参照系，连同其他以前的‘平凡之处’，如城镇、历史、父权、音乐中的音调系统、传统道德等等，通通消失了。这是一个非常关键的时刻。”[②]

面对这样一个“关键的时刻”，传统的哲学解释愈发难以为继。列斐伏尔谈道：“我无法理解为什么哲学要区分主体与客体、身体与世界，它们之间的界限似乎并不那么清晰、分明。”[③] 如此，如何看待新的社会图景，弥合哲学思想领域长期存在的主客观空间割裂，成为列斐伏尔的“元问题”之一，由此埋下了关于空间转向的“种子”。

进入青年时代，列斐伏尔离开家乡来到巴黎求学、工作、生活。巴黎是法国的中心，也是著名的国际大都市，然而列斐伏尔对巴黎却始终难以建立深厚的认同感，或者说，他从来不觉得自己属于巴黎。

---

① 苏贾．第三空间：去往洛杉矶和其他真实和想象的地方的旅程．陆扬，译．上海：上海教育出版社，2005：59－60.

② LEFEBVRE H. The production of space. Oxford：Wiley-Blackwell，1991：68－69.

③ 同①.

列斐伏尔谈道："巴黎是我所迷恋的城市，我一直住在那里，但我不是一个巴黎人……我是一个奥西塔尼亚[①]人，也就是说是边缘的——同时也是世界的。"[②] 由此，苏贾将列斐伏尔称为"生活在中心的边缘人"。这种"边缘人"的心态一方面让列斐伏尔总是频繁地往来于巴黎和家乡之间，寻求生活在"中心"与"边缘"之间的舒适状态[③]；另一方面也让他更愿意走出学术"象牙塔"去贴近都市底层生活。列斐伏尔做过很多工作，办过杂志、服过兵役、做过工人、当过教师，甚至还在巴黎街头当过两年出租车司机。哈维认为，列斐伏尔这段出租车司机的生涯对他形成关于空间和都市生活本质的思考起了很大作用。[④] 总之，作为"中心的边缘人"的独特体验极大地影响了列斐伏尔关于空间的观点。"中心性"与"边缘性"始终是他空间理论关注的重点，追求开放的、差异的、可相遇的空间，寻求属于市民的城市权利则成为其根本旨趣遵循。

二战期间，作为坚定的马克思主义者（列斐伏尔曾是法国共产党最重要的理论家之一）和反法西斯战士，列斐伏尔离开巴黎，加入抵抗纳粹德国的运动，过着在法国西南部地区漂泊的生活。战后，列斐伏尔一边从事马克思主义理论研究工作，一边展开了对他的家乡——比利牛斯地区乡村生活的社会学研究，并以此为题完成了博士论文（1954 年）。在这一时期，列斐伏尔家乡附近的拉克地区发现了石油和

① 法国南部地区比利牛斯山脉一带在历史和文化意义上被称为奥西塔尼亚（Occitania）。

② 苏贾．第三空间：去往洛杉矶和其他真实和想象的地方的旅程．陆扬，译．上海：上海教育出版社，2005：36.

③ 同②.

④ LEFEBVRE H. The production of space. Oxford：Wiley-Blackwell，1991：68－69.

天然气，一座名为“拉克-穆朗”（Lacq-Mourenx）的新城拔地而起。列斐伏尔对于家乡的乡村社会充满感情，他的博士论文正是以《比利牛斯山脉乡村生活》为题完成的。面对家乡前所未有的空间剧变，列斐伏尔充满了疑惑与兴趣。他参与了致力于拉克-穆朗规划工作的“国土规划与地方运作评议会”（DATAR），在DATAR期间，列斐伏尔见证了家乡以前所未有的速度从乡村转变为城市，但对于这一变化，他认为是值得推敲的、负面的甚至是灾难性的。他描绘道：“这个以农业和乡村为背景的手艺人和店主的小城，正在变得单调，日渐被掏空了。濒死的海贝被砸碎了……在某种意义上，新城穆朗除了交通灯之外一无所有。”① 这段经历对列斐伏尔的空间转向影响很大，他本人明确将参与DATAR看作自己空间研究工作的起点。②

因此可以说，尽管列斐伏尔直到到了楠泰尔学院才开始系统地思考空间问题，但在此之前的漫长岁月里，空间一直是萦绕在他身边的“幽灵”，这种萦绕，结合相应的思想铺垫（主要是马克思主义理论）和现实契机（五月风暴），最终促成了他的空间转向。

（二）空间转向的理论渊源

众所周知，列斐伏尔是通过马克思的思想“蜿蜒前进，来到空间的面前的”③。马克思的理论的确蕴含着重要的空间机制，他讨论了聚

① LEFEBVRE H. Introduction to modernity：twelve preludes，September 1959—May 1961. London：Verso，1995：116－118.

② 苏贾．后现代地理学：重申批判社会理论中的空间．王文斌，译．北京：商务印书馆，2017：76.

③ 苏贾．第三空间：去往洛杉矶和其他真实和想象的地方的旅程．陆扬，译．上海：上海教育出版社，2005：59－60.

落空间的形式与生产模式的复杂关系①，论述了劳动分工、城乡分工、阶级对立中的某些空间机制②，这些都为20世纪60年代以后新马克思主义空间转向埋下了伏笔。但应该承认，马克思关于空间的讨论与他相对于涉及历史进程与资本生产与流通的时间维度而言是比较贫乏的。③ 更重要的是，在许多马克思主义理论家看来，国家概念（带有典型的空间特点）是一种“特殊的精神载体”，马克思既然反对精神对历史的决定作用的唯心主义思想，那么他势必不能承认空间的关键性位置。因此在20世纪60年代以前，空间一直很难受到主流马克思主义理论家的重视。④

不过，法国有着比较独特的马克思主义理论传统，这让关于空间的“理论基因”在法国得以幸存：一方面，法国的马克思主义传播较多地受到本国早期社会主义思想的影响，这些思想里面涉及诸多空间因素。法国早期的空间社会主义学者们注重区域自治主义和空间政治学，他们主张从具有地理扩张性的资本主义那里收复对于空间的控制权。另一方面，20世纪在法国占据主要地位的马克思主义理论家对空间是开放、包容的。因此苏贾说，整个20世纪的法国批判理论界，从立体主义和超现实主义，经过结构主义和存在主义两大支流，直到当代的后结构主义和后现代主义都保留着空间的话语。⑤

① 戈特迪纳．城市空间的社会生产．任晖，译．南京：江苏凤凰教育出版社，2014：74.

② 胡潇．空间的社会逻辑：关于马克思恩格斯空间理论的思考．中国社会科学，2013（1）.

③ 郑震．空间：一个社会学的概念．社会学研究，2010（5）.

④ 苏贾．后现代地理学：重申批判社会理论中的空间．王文斌，译．北京：商务印书馆，2017：71－72.

⑤ 同④71－75.

在这样的传统下，列斐伏尔对待马克思主义的立场是开放的，他反对阐释马克思主义过程中的任何教条的、简化的立场，而是主张灵活、开放、适度折中的马克思主义。基于此，列斐伏尔力图把马克思的学说改造成一种以现代人的异化为出发点的日常生活批判理论。[①] 在他看来，从日常生活批判迈向空间研究是自然而然的事情："日常生活、都市、重复与差异、战略、空间、空间的生产，这些其实都是一些近似的问题，其母体都是马克思主义的社会关系生产与再生产的辩证法原理。"[②] 因此，列斐伏尔顺理成章地将马克思主义的基本概念作为自己空间理论的基石：他将马克思的唯物辩证法引入空间领域，发展出"空间的三位一体辩证法"；用"生产"的概念破除空间的主客二元对立，将空间置于政治经济学批判的框架中；从"人的异化"迈向"空间的抽象化、产品化和碎片化"，进而谈及"差异性空间"；从使用价值与交换价值的辩证关系中探求城市权利……这一切，都让马克思主义与空间的批判性地理学得以勾连在一起。

除了马克思主义之外，海德格尔的日常生活哲学、尼采的非线性史观思想也对列斐伏尔的空间观点影响深刻。而在直接关涉研究主题——都市空间——的理论与实践中，情境主义对列斐伏尔影响颇大。情境主义属于二战后先锋派运动的组成部分，主要在情境主义国际（situationist international，SI）这一松散的联盟下活动。情境主义国际成立于 1957 年，他们没有统一的行动指南，其主要目标在于通过构建带有实验性的"情境"或"游戏"，来帮助人们打破常规，挑战社会

① 郑杭生，刘少杰．马克思主义社会学史．北京：高等教育出版社，2006：205.

② LEFEBVRE H. The production of space. Oxford：Wiley-Blackwell，1991：7－8.

的不公正规则，促进城市改革。用海默尔的话说，他们是要“对于浸淫在景观之中而又被景观弄得一贫如洗的日常生活进行残酷无情的批判”[①]。情境主义国际的活跃者——如居伊·德波、鲁尔·瓦内格姆——与列斐伏尔有比较密切的交往，列斐伏尔也经常参与情境主义国际的活动并予以指导。情境主义国际提出了一些关于城市建设的新概念，如“统一城市主义”（unitary urbanism）、漂移（derive）[②]、情境（situation）等。列斐伏尔欣赏“漂移”的观点，他认为漂移揭示了城市不断加剧的碎片化，是一种同时呈现城市的不同面貌或者碎片的实验，这种实验让人们发现了城市某些从未被人们看到的部分。[③] 此外，情境主义国际的一些艺术家和建筑师还建设了一个名叫“新巴比伦计划”的城市模型，在这里，人们自由地选择居住场所和游戏生活，可以自主安排空间，在这里的生活主要是游戏和狂欢。这种带有乌托邦色彩的项目激发了列斐伏尔关于空间的思维灵感。他谈道：“（新巴比伦计划表明）情绪并不外在于空间，空间也不是对情绪无动于衷……空间能够创造诸如团结、欢乐、悲哀、屈服等内容。一句话，空间是能动的。”[④] 这些观点都能够在列斐伏尔的空间理论中找到影子。

（三）空间转向的现实背景

在现实层面上，列斐伏尔的空间转向也有迹可循。二战以后，法

① 海默尔．日常生活与文化理论导论．王志宏，译．北京：商务印书馆，2008：229.

② 德波谈及，所谓“漂移”是一种穿过各种各样周围环境的快速旅行的方法或技巧，包括幽默嬉戏的建构行为和心理地理学的感受意识等。漂移表面上看来是一种城市冒险，但其实质是对城市中心、秩序和权力的解构，是对都市异化景观的破除。（德波．景观社会．王昭凤，译．南京：南京大学出版社，2006：105-106.）

③ ROSS K，LEFEBVRE H. Lefebvre on the situationists：an interview. Guy Debord and the Internationals Situationniste，1997（79）：69-83.

④ 苏贾．第三空间：去往洛杉矶和其他真实和想象的地方的旅程．陆扬，译．上海：上海教育出版社，2005：64.

国进入一个快速创造经济和社会财富、迅速推进城市发展的转型期，这在法国历史上被称为“光荣的三十年”（1945—1975）。[①] 在这一时期，戴高乐政府强化了法国集权体制，在空间层面展开了一种全新的社会政治实践，即动用国家权力直接参与城市空间的规划建设。[②] 在这样一个过程中，传统乡村被摧毁，城市中的贫富分化与空间隔离日益严重，社会矛盾不断凸显。1968 年 5 月，法国爆发了大规模的学生罢课、工人罢工运动，列斐伏尔在其中发挥了重要作用。作为日常生活批判哲学的代表人物，他提出的“改造生活”“让日常生活成为一件艺术品”成为五月风暴学生运动的重要口号。遗憾的是，这场运动没有产生实质性改变，最终以失败告终。列斐伏尔意识到，尽管日常生活批判“风靡一时”，但它还是没有实现自己的目标，“改变生活”的计划是失败的。[③]

战后资本主义运作机制与存在根基是什么？在新资本主义的社会现实中要如何开展反对资本主义的斗争？这是列斐伏尔面临的现实问题。列斐伏尔在反思五月风暴失败教训的基础上意识到，都市空间既是政治斗争的重要场所，也是资本主义得以缓和矛盾，实现“幸存”的关键。因此“改变生活、改变生活，但如果不能合理地生产空间，这些改变的准则都毫无意义”[④]。在这样的理念指引下，列斐伏尔“将城市状态作为独特的、而今则是全球性资本主义地理/空间性的一个隐

---

① 米绍．法国城市规划 40 年．邹欢，译．北京：社会科学文献出版社，2007：1.

② 苏贾．后现代地理学：重申批判社会理论中的空间．王文斌，译．北京：商务印书馆，2017：76.

③ 列斐伏尔．日常生活批判（第三卷）：从现代性到现代主义．叶齐茂，倪晓辉，译．北京：社会科学文献出版社，2018：568.

④ LEFEBVRE H. The production of space. Oxford：Wiley-Blackwell，1991：59.

喻”[①]，从而将一切集中在空间问题中加以分析解决。

二、作为社会产品的空间

20 世纪 60 年代以前，空间——就是那种在日常生活中被填充、被使用、被穿越或被协商的东西[②]——并没有在西方学术界引起足够的重视。在社会学领域，尽管齐美尔早在 1903 年就提出了“空间社会学”的概念[③]，人类生态学理论的代表人物帕克也主张将带有强烈空间意涵的“社区”作为社会学研究的对象[④]，但齐美尔的“空间社会学”后继无人，新人类生态学明确将空间因素排除在外[⑤]，空间概念逐渐淡出了社会学是不争的事实。对空间的轻视源于主流社会学所持有的客观主义立场，空间被看作一种几乎是机械的外在性，相对于人类力量和社会过程的强大作用而言，空间不过是一种被动的容器或镜子。[⑥] 列斐伏尔则表明，空间不是僵化、刻板、非辩证和静止的[⑦]，它是社会历史的产物，是生产实践的过程及结果，一句话，“（社会）空间是（社会的）产品”[⑧]。由此，将空间看作背景或附属物便远远不够了，必须

① 苏贾．第三空间：去往洛杉矶和其他真实和想象的地方的旅程．陆扬，译．上海：上海教育出版社，2005：55.

② 齐埃利涅茨．空间和社会理论．邢冬梅，译．苏州：苏州大学出版社，2018：引言．

③ 齐美尔．社会是如何可能的：齐美尔社会学文选．林荣远，译．桂林：广西师范大学出版社，2002：290.

④ PARK R E. Human communities：the city and human ecology. London：Collier-Macmillan，1953：181.

⑤ HAWLEY A H. Ecology and human ecology. Social Forces，1944，22（4）：398－405.

⑥ 苏贾．后现代地理学：重申批判社会理论中的空间．王文斌，译．北京：商务印书馆，2017：220.

⑦ 文军．西方社会学理论：经典传统与当代转向．上海：上海人民出版社，2006：364.

⑧ LEFEBVRE H. The production of space. Oxford：Wiley-Blackwell，1991：26.

发展出一套关于空间本体论的社会理论框架，从而更好地对社会做出解释。

（一）两种“幻象”的掩盖

列斐伏尔在阐释自己的空间理论之前，首先对人类观念史上关于空间的理解做了系统梳理。他发现，当空间作为一个严格的几何学概念时，它是完备和自洽的，并构成了数学分析的基本范畴之一。① 然而，几何学意义上的“空间”不过是人们为了展开数学研究而构造出来的工具，一旦把空间放到现实生活中，与社会实践联系起来，就出现一系列“充斥着悖论而无法调和”的空间观念。他写道：“有时，空间又充满着形形色色的幻觉与错误：偏离轨道的欲望与行动，‘自我’的堂奥，进而也是走向一种异化的和倦怠的、正在分裂和已经分裂的（通过语言和类似语言的——柏格森）心理学意义上的生活。至于说到各种学科对空间的研究，它们最大限度地分割了它，空间按照被简化的方法论前提而遭到随意的肢解：地理学的、社会学的、历史学的等等空间。”②

上述对空间的幻觉、错误、异化、分裂、肢解之所以发生，是因为两种“幻象”遮住了人们把握真实世界的空间的视线，即对空间的“透明幻象”（theillusion of transparency）和“现实主义幻象”（there-alistic illusion）。③

所谓“透明幻象”是指人们把社会生活的空间看作纯粹的认知和

---

① LEFEBVRE H. The production of space. Oxford：Wiley-Blackwell，1991：1.

② 列斐伏尔．《空间的生产》新版序言（1986）//张一兵．社会批判理论纪事：第一辑．北京：中央编译局，2006.

③ 同①27－29.

心理设计，既然空间是透明的，那么不论其现实的形象如何，任何一种空间都可以被还原为一种心理构想、一种思维方式或一种观念作用，将有具体形体和物质属性的“社会空间”折叠成“心理空间”。①“透明幻象”让人们在审视空间时容易犯“远视眼”的毛病，这种“远视”无助于理解空间的真实情况，反而会落入虚无缥缈的先验性唯心主义。列斐伏尔还指出，一些建筑师或城市规划者经常会陷入这一幻象之中，他们会认为自己是所规划和生产的空间的主人，能够把自己关于空间的观念和定义放到社会中去。②

所谓“现实主义幻象”或“不透明幻象”则是将空间还原为物质客体和形式，其结果是可以用有序和可重复的形式描述，可以被作为精确的地理或物理信息知识加以积累。于是，对空间知识的描绘变成了距离摩擦的有序秩序、位置的相对性、生态共变的统计资料以及几何学公理等纯粹客观之物，各种社会力量及社会冲突被掩盖，政治、权力及关于空间的意识形态消失在人们的视线中。③ 因此，列斐伏尔不失幽默地谈及，有一个沉溺于“现实主义幻象”的艺术家更倾向于把自己称作“雕塑家”而不是建筑师、音乐家或诗人，因为他们总是抵制或避免对材料进行加工以保证其自然性。④

不难看出，“透明的幻象”与“现实主义幻象”实际上反映了关于空间的主观主义与客观主义两种立场。前者将空间的一切都看作人

① 苏贾．后现代地理学：重申批判社会理论中的空间．王文斌，译．北京：商务印书馆，2017：189－190.

② 列斐伏尔．空间与政治．李春，译．上海：上海人民出版社，2008：26－28.

③ 同①187－188.

④ LEFEBVRE H. The production of space. Oxford：Wiley-Blackwell，1991：30.

类的设计，将现实空间等同于心理空间；后者把空间视作纯粹的自然性，排除一切人为的因素，从而把现实空间等同于自然空间。列斐伏尔进一步指出，尽管从表面上看这两种“幻境”处于二元对立之中，但实际上它们并不真正对立，反而可以相互转化、相互加强。他谈道：“来自自然界的象征主义可以掩盖西方理性的锋芒，而衰退中的历史和政治力量又可以在大地父母那里找到形象的源泉，于是理性被自然化了，被自然披上了‘乡愁’的外衣。”[①] 在这两种相互对立又相互统一的“空间幻象”作用下，关于空间的现实被遮掩，空间被神秘化、抽象化、乡愁化。而揭开这层迷雾，实现空间的“祛魅”正是列斐伏尔的工作。

（二）（社会）空间是社会的产物

列斐伏尔是从社会实践的角度对“空间”展开分析的。他强调：“空间既不是一个‘主体’，也不是一个‘客体’，空间是一个社会现实，就是说空间是一组关系和形态……必须同时说明得到表征的各种空间和空间的各种表征，但首先必须说明的是它们之间的交互联系以及它们与社会实践的各种连接。”[②] 因此，社会空间与社会行为结合在一起，与那些或生或死、或遭遇或行动的主体（个体或集体）结合在一起。[③] 列斐伏尔强调了空间跟社会主体、社会实践之间的紧密联系，这种联系不仅仅表现为空间是社会的“容器”和镜子，空间本身就是社会的一部分，是意识形态力量、经济力量和政治力量的产物。由此，

---

① LEFEBVRE H. The production of space. Oxford：Wiley-Blackwell，1991：30.

② 同①116.

③ 同①33.

列斐伏尔得出了他关于空间的经典命题——（社会）空间是（社会）的产物。对于这一命题，列斐伏尔从四个方面进行了论述。

1. （物质的）自然空间正在消失[①]

列斐伏尔指出，自然的空间正在消失，这意味着空间只能作为非自然甚至反自然的“产品”加以把握。尽管社会空间源于自然，而且自然无限纵深，但随着现代社会的发展和城市的不断扩张，（物质的、纯粹的）自然正不断消失，沦为构建各类社会空间所使用的原材料。[②]从某种意义上讲，自然已经“死”了，被人类谋杀致死。如其所言，今天至少可以说自然在远离我们，我们不得不承认自然正在被“反自然”谋杀——被抽象谋杀、被符号和具象谋杀、被话语谋杀，也被劳动及其产物谋杀。与上帝一样，自然死了，都是被“人类”所杀，也许“人类”还会自杀。[③]

可以看出，列斐伏尔将自然的消失归咎于现代社会科学理性的不断发展，归结于人对自然的异化。当然人类并不是执意与自然为敌，恰恰相反，“人类的本性”永远不会把自己从自然中分离出去。因此现代社会的人们依然对自然向往追求，试图在自然中寻根，发现自然的意义和心灵的平和。[④] 但是，这种向往和追求并没有能够拯救自然，人们努力寻找在现代化历程中“幸存”的自然，这成为人们放松自我、陶冶心灵的休闲活动，而在此过程中，这些幸存的自然又不断被商业化、工业化和制度化的休闲活动所摧毁。

① LEFEBVRE H. The production of space. Oxford：Wiley-Blackwell，1991：30.
② 同①.
③ 同①71.
④ 同①134.

与自然的不断消失同时存在的，是现代社会中城市对乡村的征服。现代资本主义的生产方式汇聚于城市，城市成为空间生产最充分、最能发挥效力的地方，乡村不再能与城市分庭抗礼，要么成为城市的一部分，要么成为其“殖民地”。列斐伏尔写道：“无法避免的城镇化不会以牺牲全局为代价，也不会加剧城乡间的发展不平衡，这种城市化能超越城乡的对立，并在此过程中将其作为一个一致性整体。”[①] 于是，“乡村丢失了乡村生活的质量、特点和魅力，城市颠覆了乡村，将乡村变成了悲伤的栖息之地”[②]。

自然和乡村被征服、被殖民、被消灭都为生产一个普遍都市化的社会空间提供了条件和保障，同时也是城市发展的必然结果。这一事实表明，那些非生产性的、给定了的东西在现代社会不再占据主导地位，而且正在不断萎缩、消亡，空间日益成为非创造性的、可以被精确复制和批量生产的“产品”。

2. 每一种社会都生产它的空间

列斐伏尔谈道，每一种社会都生产着某个空间，自身的空间。[③] 这意味着不同的社会生产着不同的空间，而空间也就成了理解一种社会形态的重要渠道。列斐伏尔是在马克思的意义上使用“社会”概念的，在他看来，“社会”更加确切的说法是特定的生产方式及其所包含的各种生产关系。[④] 因此，要在社会中把握空间，就要把握再生产中的种种关系（比如家庭关系）和生产中的种种关系（比如由劳动分工形成的

① LEFEBVRE H. The production of space. Oxford：Wiley-Blackwell，1991：55.

② LEFEBVRE H. Writings on cities. Oxford：Wiley-Blackwell，1996：1173－1174.

③ 同①31.

④ 同①32.

社会组织），还要分析这些关系是如何被分配到适当的位置的。在现实生活中，生产关系和再生产关系常常结合在一起，彼此之间不易分离，而社会空间能够将各种关系固定到相应的位置上。比如将与情感获得相关的社会关系固定在居住空间中，让与工作相关的关系发生在工作场所，从而使得生活与工作相分离。但是列斐伏尔也指出，这种基于空间的区分并不总能成功。

社会空间在前资本主义社会所涉及的社会再生产关系是比较简单的，主要包括物质的生产和生命再生产关系，空间在确保社会再生产世代延续的过程中发挥了重要作用。资本主义社会，尤其是二战以后的“新资本主义”社会，则至少要考虑三重再生产关系：（1）生命再生产，主要涉及家庭关系；（2）劳动力再生产，主要是实现工人阶级的再生产；（3）生产关系的再生产，即构成了资本主义的社会关系的再生产。

在这三种再生产关系之外，资本主义的社会空间还包括了社会关系的生产与再生产之间的双重或三重交互关系的种种特殊表征。这些符码表征让一些关系彰显出来，使之成为前台的、公共的、公开的关系；让另一些关系被压抑，成为隐藏的、秘密的关系。比如空间在表征权力关系时，常常以建筑物、纪念碑等形式来呈现其重要性或正当性，而将更为秘密的关系特征隐藏起来。[①]

因此，社会空间可以被看作特定社会（生产方式）背景下的关系构型。正如列斐伏尔强调的，任何空间意味着、包含着、掩藏着各种

① LEFEBVRE H. The production of space. Oxford：Wiley-Blackwell，1991：33.

社会关系……与其说空间是一个物，不如说它是事物（包括对象和产物）之间的一组关系。[①] 实际上，对空间研究的关系主义立场在齐美尔那里就已经露出端倪，齐美尔谈道："在这个（空间）位置和邻近的那个人的位置之间是未填充的空间，实际上，一无所有。在这二者进行相互作用的那一时刻，他们之间的空间似乎是被填满了，而且变得有生机了。"[②] 因此是互动关系赋予了空间意义。列斐伏尔则更进一步指出社会关系（及其表征）就是空间本身，又在齐美尔的论述上做出了新的拓展。

3. 空间自身的生产应作为空间研究的核心问题

如果说空间是一种产品（而不是自然之物），是社会关系的构型（而不是地理方位的集合），则关于空间的知识就不应该限于建筑规划或地理信息，而应该是对空间生产过程的阐释与再现，把研究的目标从"空间中的物"转向空间自身的生产过程。[③] 由此，列斐伏尔将空间的生产置于社会空间研究的核心位置上。

列斐伏尔对于"生产"的理解和使用深受马克思的影响。列斐伏尔认为，马克思和恩格斯是在两个层面上使用"生产"概念的。[④] 从广义上，人类作为社会存在，创造了自己的生命、自己的意识、自己的世界，可以说，任何一件东西都需要被生产。即使是自然本身，正如我们在社会生活中所感受到的那样，它们已经被改造了，因而在某种

---

① LEFEBVRE H. The production of space. Oxford：Wiley-Blackwell，1991：82－83.

② 齐美尔．社会是如何可能的：齐美尔社会学文选．林荣远，译．桂林：广西师范大学出版社，2002：293.

③ 同①36.

④ 同①68－69.

意义上也是被生产的，人类还生产了司法、政治、宗教、艺术、哲学等等。因此可以说，广义上的生产涉及极为多样的产品内容和形式，甚至那些没有生产者和生产过程的形式（如逻辑形式）也可以被纳入生产话语。从狭义上说，生产被限制在经济学领域，涉及谁生产、生产什么、怎么生产、为什么生产、为了谁生产的问题，在这个意义上，生产不再蕴含创造力和想象力，而变得平庸，几乎是劳动的近义词。

列斐伏尔认为，尽管马克思关于生产的理解极为重要，但随着生产概念被广泛使用，这一概念被滥用和误解。例如在右派看来，生产概念几乎不可能与粗糙而野蛮的经济主义分离，舍此别无意义；而左翼则试图将概念、话语、梦想、文字这类东西都置于生产的话语中，生产甚至可以没有劳动者，没有生产过程，没有产品。[①] 要使得“生产”概念有价值，就必须将“生产”与“产品”严格联系起来。在这个意义上，生产可以看作一系列具有特定“目标”（或要生产的产品）的操作，它将时空顺序加诸生产的原材料之上，调动身体、智识和工具建立起一套以特定顺序为基础的关系。也就是说，生产活动不是由生产所包含的要素来界定的，而是由时间性和空间性之间不断来回往复来定义的。[②]

列斐伏尔对生产的再阐释为进一步探讨“空间生产”奠定了基础。列斐伏尔谈道：“空间囊括了产生之物，并在这些事物的共存性中包含了它们之间的相互关系与作用，涵盖了它们彼此之间的（相对）秩序和（相对）无序。因此，空间意味着一种秩序，是一系列操作的结

① LEFEBVRE H. The production of space. Oxford：Wiley-Blackwell，1991：72.

② 同①70.

果……与科学、表象、思想、梦想相比，空间没有任何想象的、不真实的或‘理想’的东西，它就是过去行为的结果，同时对新的行为产生或促进或限制的作用。”[①] 因此空间不仅可以，而且必须在生产的语境下加以言说。

为了使“空间生产”在概念上更加明确，列斐伏尔还区分了作为“作品”（work）的空间和作为“产品”（production）的空间。他认为，在人类的社会实践中创造作品、生产产品，在这两种情况下，劳动都是必要的，但是在创造作品中劳动似乎是次要的，而在产品的制造中，劳动却占主导位置。[②] 我们可以用唯一性、原创性来定义作品，比如中世纪的威尼斯，它就是一个作为作品的空间，这座城市是一个非常具有表现力和意义的空间，就像一幅画或一件雕塑，包含了现实、象征和想象，一切都是差异性的、不可复制的。而在今天的资本主义城市，重复击败了独特性，自然和自发性被赶了出去，空间是可复制的，以便能够进行交换、购买和出售，它们唯一的区别是可评估的货币价值不同，由此，列斐伏尔认为，这些空间是严格意义上的产品具有压倒性理由。[③] 关于空间生产的具体展开及其中涉及的空间辩证法，本章将在下一节做系统阐释。

4. 空间具有历史性

如果空间是被生产出来的，与生产相关，那么空间具有历史性。[④] 不同的历史时期社会空间的状况不同，这从根本上来说是由社会生产

---

① LEFEBVRE H. The production of space. Oxford：Wiley-Blackwell，1991：73.

② 同①71.

③ 同①74－75.

④ 同①46.

方式的特点决定的。因此，研究空间的历史不能仅仅着眼于那些由特定符号的形成、确立、衰弱、瓦解所构成的一个个特殊的历史环节，而应该对它的整体——生产方式的普遍性——加以研究。由此，列斐伏尔将空间的历史划分为三个不同的阶段：绝对空间阶段、历史空间阶段和抽象空间阶段。

首先是绝对空间（absolute space）。它是由一些零星的固定自然地点构成的，这些地点因为具有某种特殊的品质而脱离了纯粹的自然，人们在这些空间中组织各种典礼、仪式，它总是以某一象征物为中介，将自然领域转化为政治领域。这些空间生产者（如农民和工匠）与管理空间的人并不是同一群人，巫师、武士、官员、国王是这些空间的所有者。[①] 绝对空间象征着绝对秩序，在这一空间的作用下，乡村和城市、宗教和世俗、男性和女性，甚至生者与死者都构成了一个统一体，每一种关系都得到确证。作为绝对空间的城市便是所谓“政治城市”(villepolitique)。列斐伏尔将其看作一切城市的源头，它完全归属于秩序、法令和权力。[②] 政治城市将流动性很强的市场、商人看作一种威胁，将交易的场所看作“异位空间”，那些占据广场和圣殿的商人遭到驱逐，尽管这种驱逐常常以失败告终。

在绝对空间中派生的是历史性空间（historical space）。列斐伏尔谈道：“在（罗马）帝国的晚期或中世纪的早期，一种新的空间建立起来，取代了罗马的绝对空间，使得以宗教和政治为特征的绝对空间世

① LEFEBVRE H. The production of space. Oxford：Wiley-Blackwell，1991：49.

② 列斐伏尔．都市革命．刘怀玉，张笑夷，郑劲超，译．北京：首都师范大学出版社，2018：11.

俗化，从而形成了一个历史性空间。”[①] 在历史性空间中，绝对空间的各种形象——宗教、巫术和政治象征物——依然存在，但绝对空间更多的是作为一种表征性空间。大量的商业城镇在原来的政治城市之外兴起，在这里，宗教空间、交换空间、权力空间等交织在一起，时空并没有出现明确的分野，世俗的日常性原则支配了生活世界。自然状态被永久摧毁了，各种知识、技术、金钱、宝藏、艺术品和象征物大量生成并积累。这一切都为资本主义的空间发展做了准备。

从 16 世纪开始，欧洲的一些地方城市经济的重要性超过了农村，资本主义为了实现资本积累而扩大生产，劳动不再是使得社会生活延续的要素，具体性被抹平了，于是抽象空间（abstract space）把历史性空间接管了过来。在这一过程中，那些承载着历史、积累，发挥着种种象征性作用的历史性空间并非消失，但它的作用逐渐丧失，使一系列事物（如玻璃、石头、钢铁、空与实）“客观”地发挥着作用。抽象空间将那些自然性与历史性的空间特征加以消除，把源于身体的特点加以抹平，从而让空间摆脱了意义的束缚，反而成为某种超级象征物，发挥出了资本主义的功能。为了能够长久地存在下去，抽象空间得到了实证性知识的强有力支持，并依靠一种可怕的强大暴力作为后盾。在抽象空间中，居于支配地位的空间是财富和权力的中心，它总是竭力去统治和形塑边缘空间，并通过暴力形式消除它遇到的抵抗。[②]

（三）空间生产的“三位一体辩证法”

既然要将空间自身的生产作为空间知识的核心，那势必要对空间

---

① LEFEBVRE H. The production of space. Oxford：Wiley-Blackwell，1991：253.

② 同①49 - 50.

生产的过程机制做出说明。基于此，列斐伏尔将辩证法运用于空间研究中，提出了空间生产的“三位一体辩证法”。在他看来，社会空间是“空间的实践”（spatial practice）、“空间的表象”（representations of space）和“表象的空间”（representational spaces）的三位一体，社会空间的生产需要在这三位一体的辩证关系中去把握。

1. 空间的实践

列斐伏尔指出，“空间实践”包括了生产和再生产，以及构成每一社会形态的位置和空间设置。空间实践具有连续性和一定程度的凝聚力，就社会空间本身及与之相关的每一位社会成员来说，这种凝聚力意味着一种资质（competence）的保证和特定的述行（performance）水平……空间实践分泌（secret）出社会空间，他在一种辩证的相互关系中提出并预设了社会空间，空间实践在掌握和使用社会空间中缓慢而稳定地产生着社会空间，从分析的角度来看，一个社会的空间实践是通过对其空间的解读来揭示的。① 可以看出，空间实践乃是对空间的生成、占有、享有和改造，它蕴含着实践者的资质、实践的空间条件和实践活动的具体展开。此外，空间实践还不断形塑着社会结构，它隐藏在人、地点及社会实践过程的习惯之中，赋予日常生活及城市现实以结构，从而保证了社会的凝聚力、持续性，并帮助人们建构某种稳定的空间能力。② 总之，空间实践与社会空间是一种辩证关系，它生产并再生产着社会空间，但又受到后者制约。

列斐伏尔进一步讨论了新资本主义条件下的空间实践，它表现为

① LEFEBVRE H. The production of space. Oxford：Wiley-Blackwell，1991：33，38.

② 齐埃利涅茨．空间和社会理论．邢冬梅，译．苏州：苏州大学出版社，2018：82.

一种封闭的联合体，这是一种作为悖论的联合体，因为它连接着的两头最为彻底地分离了。它的一头连接的是普通社会成员，他们所拥有的空间资质和行动能力只能容许其对自己置身其中的空间做出经验性评价，难以把握空间全貌；另一头则连接着的是空间的设计者、规划者与统治者。列斐伏尔举出了一个典型的例子——"新资本主义条件下的空间实践"，就是居住在政府给予补贴与规划的高层建筑的日常生活，这种生活就表现为上述悖论性的联合。①

2. 空间的表象

列斐伏尔论述道："空间的表象与生产关系及这些关系所强加的秩序联系在一起，因而也与知识、符号，与符码，与种种'前台'的关系联系在一起……它是被概念化（conceptualized）的空间，是科学家的、规划师的、城市学家的、技术官僚式的土地商人的以及什么工程师的空间。这些人都把有生命和有知觉之物等同于被构思之物……这是在任何一个社会（或生产方式）中占据统治地位的空间，在这里，空间的概念倾向于一种被设计出来的符号体系。"② 毫无疑问，空间的表象是一个特定的专家领域，它总是通过各式各样的规则、行话、标准、符码建构，这种被构念出来的空间往往蕴含着特定的意识形态。

空间的表象控制着空间的生产、组织和始终，这种空间在新资本主义时代常常以空间规划的形式展开，关于空间的规划直接影响着日常生活中的空间实践及其功能，并作为一种知识权力产生着某种规训

① LEFEBVRE H. The production of space. Oxford：Wiley-Blackwell，1991：38.

② 同①33，38－39.

作用。必须强调的是，尽管空间表象总是以专业化的面貌呈现，但它常常是被零散地构造的，并且经常会遭到修订。

3. 表象的空间

关于表象的空间，列斐伏尔谈道："它们表现为形形色色的符号体系，有时被编码，有时则未被编码，与社会生活隐蔽或被遮蔽的一面联系在一起，也与艺术相关联（艺术最终可能被作为表象空间的符码而非空间的符码）……这是一种与具象和象征之物相关，因而也是直接生动的空间，它是居住者及使用者的空间，也是某些艺术家、作家和哲学家的空间……这是一些被支配的空间，因而也是被消极体验的空间，是想象寻求改变和占据的空间，它遮蔽了物理空间并在一种符号意义上去使用它，因此，表象空间虽然有些特殊的例外，但多多少少还是倾向于那些非言语性的象征符号构成的连贯体系。"①

如果说空间的表象是构念的空间、秩序的空间、主导的空间，那么表象的空间则是想象的空间、感性的空间、经验的空间。表象的空间以日常生活为基础，从各种社会和文化力量中生成，与一系列日常化的、感知性的东西纠缠在一起，它有时能够形成一些具有象征性的"作品"，这些作品通常是独一无二的，有时甚至可以引领潮流，但在激发了一系列想象之后，它通常会失去动力。因此，表象的空间很少能够在空间生产中占据统治地位，它包含了对空间主导力量的一种逆反，蕴含着反抗的潜能。

---

① LEFEBVRE H. The production of space. Oxford：Wiley-Blackwell，1991：33，39.

4. “三位一体”的空间辩证法

由于列斐伏尔写作风格的独特性，关于如何把握列斐伏尔所提出的“三位一体”辩证法一直是一个非常具有争议性的问题。[①] 于是诸多学者对这一问题做了解读，并在此基础上发展了自己的理论。例如，苏贾认为，物质空间（对应于空间实践）与精神空间（对于空间表象）构成了对立统一，而生活空间/社会空间（对应于表象的空间）则构成了既此又彼，非此非彼的超越，由此他阐发了“第三空间”的理论。[②] 哈维则提出用绝对空间、相对空间和关系空间来把握列斐伏尔的理论生产，他进一步强调，空间本身不是绝对的、相对的，或是关系性的，它可以视情境而定，成为其中一种，或同时是全部。空间之适当概念化的问题，是透过与空间有关的人类实践而解决的。[③] 不过，两位理论家都旨在阐释自己的理论，对列斐伏尔的观点更多的是演绎。

根据列斐伏尔的文本及相关研究，我们认为，要系统厘清空间的实践、空间的表象与表象的空间之辩证关系，对“三位一体”的空间辩证法加以把握，应注意如下问题：

第一，“三位一体”不是抽象的、理论性的，而是具体的、实践中的。列斐伏尔认为，“三位一体”意味着对二元论的超越，二元论之所以是不恰当的，是因为它通常将关系简化为对立（opposition）、对照（contrast）乃至对抗（antagonism），这是一种思想理论的逻辑，但不是实践的逻辑，它是从生活、思想和社会中剥离一切构成生活实践的

① 刘怀玉．《空间的生产》若干问题．哲学动态，2014（1）．

② 苏贾．第三空间：去往洛杉矶和其他真实和想象的地方的旅程．陆扬，译．上海：上海教育出版社，2005：7．

③ HARVEY D. Social justice and the city. London：Edward Arnold，1973：13－14.

东西。而“三位一体”则是要把那些被剥离的东西返还回去。列斐伏尔建议可以将空间类比成身体（身体本身也可以看作一种空间），在这个类比中把握“三位一体”的实践性意涵。如其所言，一切社会实践活动都以身体的使用为前提——这涉及手、四肢和感觉器官的使用，通过这些器官我们得以实现感知（perceived）。在实践中，我们常常会对自己的身体表征（representations of body）形成认识，这些认识来源于积累的知识及其与意识形态的混合，包括解剖学知识、生理学知识、疾病及其治疗知识，以及身体与自然及其周围环境关系的知识。而身体体验性（lived）的经验则高度复杂且具有独特性，因为各种文化因素介入其中。因此，作为感知或感觉（perceived）的身体、作为认知或构念（conceived）的身体、作为体验或经验（lived）的身体是很不相同的，但它们共同构成了身体实践的真实过程。同样的，空间的实践、空间的表象和表象的空间统一于“具体”（而非“直接”）的空间过程，将其看作一个抽象的模型则会使之失去力量。①

第二，空间的实践应作为理解“空间辩证法”的逻辑起点。尽管空间生产的三个维度“基于各自的特点、基于问题情境中的社会形式或生产方式，基于特定历史阶段，以不同时的方式影响了空间生产”②，但是列斐伏尔认为，要对空间的生产做过程性、历史性的把握，空间实践应该作为一个起点。如其所言：“空间的历史既不等同于空间之中事物的罗列，也不等同于空间思想的论述，它既要考虑空间的表象，

① LEFEBVRE H. The production of space. Oxford: Wiley-Blackwell, 1991: 40.
② 同①46.

也要考虑表象的空间，但首先要考虑的是空间与社会实践的相互关系。”① 如何把握上述关系呢？列斐伏尔指出：“空间实践包括了社会实践的要素和环节的各个方面在空间领域的投射。”② 因此，作为一种存在于物质形式、社会结构及行动中的空间因素，空间实践成为首要问题。此外，施密特（Sehmid，2008）也指出，列斐伏尔的空间辩证法包含着一个“肯定-否定-否定之否定”的三段论，但他与黑格尔将“思想活动”作为起点不同，他将矛盾运动的社会生产实践（也即空间实践）作为三段论的起点（肯定）。而对具体的空间实践的“否定”则是一种抽象的逻辑，也即空间的表象，它包含着压缩与强制的统一，最后，表象的空间则是一种“否定之否定”，是通过诗歌与欲望实现的超越。③

第三，在具体分析中，空间的三元辩证法可以被理解为一组动态的二元辩证关系。台湾学者王志宏指出：“列斐伏尔的三元概念，明白表示必须超越抽象模型化的二元论对立思维……不过这并不意味着他不处理‘辩证’的张力，反而要掌握彼此相关，但不见得连贯而统整一致的三元组之间的二元辩证关系。”④ 至少有三组二元辩证关系是空间辩证法所必须处理的。（1）空间的表象与表象的空间的辩证关系。空间的表象是前台的、理性的、占统治地位的空间，而表象的空间是遮蔽的、感性的、居于被统治地位的空间，两者之间形成鲜明对照，

---

① LEFEBVRE H. The production of space. Oxford：Wiley-Blackwell，1991：116.

② 同①8.

③ 刘怀玉．《空间的生产》若干问题．哲学动态，2014（1）.

④ 王志宏．多重的辩证列斐伏尔空间生产概念三元组演绎与引申．地理学报，2009（55）.

但也在一定的条件下可以实现转化，这种转化将会在下列情况下展开：一方面，空间的表象当然是抽象的，其中的人与物均服从某种既定的逻辑，但是这种逻辑缺乏一致性，迟早会被打破；另一方面，表象的空间不需要遵循一致性规则，它们散发着想象和符号的气息……但是它们几乎忘记了那些与它们共存、和谐或干扰它们的空间表象，甚至忽略社会实践。[①]（2）空间实践与空间结构之间的辩证关系。我们可以将空间表象和空间的表象之整合看作社会空间的结构性特质，空间实践与空间结构的关系，则表现为前者的结果不断转化为后者，而后者又为前者提供了必要的前提和一定限制。（3）现实的空间（空间实践与空间表象）与可能的空间（表象的空间）之间的辩证关系。空间实践既然是维系着社会空间的基本动力，而空间的表象是空间呈现出来的主要形态，则这两者可以构成统一体，形成现实的或者可见的空间，它们与处于遮蔽状态和被统治地位的表象的空间（即空间的可能性）对立统一。

第四，“空间的辩证法”中的区分运用于经验研究时需要谨慎。列斐伏尔非常清楚自己理论的局限性，他谈道，强调空间表象与表象空间的区别必须特别谨慎：一方面，这种区分容易造成一种二元对立的分裂危险，从而破坏发现生产过程统一性这一工作；另一方面，该区分能否推广还需要进一步考察。列斐伏尔特别指出，东方（特别是中国）是否经历了空间表象与表象空间的分离是有疑义的，比如汉字，它一方面表达了世界的秩序，另一方面也把握那种象征占主导地位的

① LEFEBVRE H. The production of space. Oxford：Wiley-Blackwell，1991：42.

时空。[①]

三、空间生产与空间矛盾

从理论上阐释社会空间，探讨空间生产中的辩证关系固然重要，但列斐伏尔更关注现实的问题，即如何把握“新资本主义”条件下的空间。列斐伏尔将新资本主义描述为一种“组织化的资本主义”（capitalism of organization），关于这种资本主义的特征，列斐伏尔写道：“资本主义生产方式需要在一条更为广大、更为多样化、更为复杂的战线上进行自我防御，即生产关系的再生产。生产关系的这种再生产不再和生产方式的再生产同步；它通过日常生活来实现，通过娱乐和文化来实现，通过学校和大学来实现，通过古老的城邑的扩张和繁殖来实现，也就是通过整个的空间来实现。”[②] 可以说，新资本主义通过空间实现了“幸存”，空间问题（包括都市问题和日常生活的问题）已经取代了工业化的问题，成为一个关键性议题。新资本主义条件下的空间生产是如何展开的，所生产的空间呈现的特点是什么，这种生产又带来了什么复杂矛盾，这些问题不仅对理解新资本主义至关重要，也是展开社会主义革命，实现空间与社会变革的关键。

（一）资本主义国家：空间生产的主导者

按照列斐伏尔的看法，资本主义在空间生产中居于支配地位始于16世纪。此时在西欧和美洲的一些地区形成了“城市体系”，城市在人

---

① LEFEBVRE H. The production of space. Oxford：Wiley-Blackwell，1991：42.

② 列斐伏尔．空间与政治．李春，译．上海：上海人民出版社，2008：32.

类历史中第一次战胜了乡村，成为一个统一的实体（unified entity）和主体（subject）。[①] 在此之前的城市（即古代城市）有一些“有机”发展出来的空间，“有机”意味着这些城市从生成到衰亡是一个自然自发的过程，不存在任何目的性——当然，政治权力还是会控制着空间整体，此时的城市没有任何抽象或分离的范畴。[②] 但是，随着资本主义的发展，它日益要求城市成为主体，展开有目的的空间生产，城市空间逐渐摆脱了自然和封建权力的束缚，成为资本主义发展的一种手段，成为与资本主义抽象劳动相一致的“抽象空间”。

但是此时的“抽象”依然算得上是“积极的抽象”，整合具体甚至发现具体。[③] 此时的资本主义依然处于早期阶段，城市空间的面貌是封建体系、商业资本主义、寡头统治者和手工业者之间彼此妥协的结果，还谈不上资本主义国家的严密设计。在这种情况下，城市的活力被充分激发，生产力得到了迅速发展。随着工业化的展开，资本主义的空间生产实现了“第二次抽象”，空间生产日益变成了资本增值的条件和资源，并且将一切空间对象都变成增值的工具。如列斐伏尔所言：“作为一个整体的空间进入了现代化的资本主义的生产方式：它被利用来生产剩余价值。”[④] 在此过程中，资本主义国家夺取了都市的主体性，并为空间的生产和财富的积累提供了暴力工具（用战争和军队的形式）。

---

① LEFEBVRE H. The production of space. Oxford：Wiley-Blackwell，1991：271.

② 同①272－273.

③ 张笑夷．列非伏尔空间批判理论研究．北京：社会科学文献出版社，2014：90.

④ 列斐伏尔．空间：社会产物与使用价值//包亚明．现代性与空间的生产．上海：上海教育出版社，2003.

在“新资本主义”时期，在生产力的扩张、都市化和空间化的进程中，国家越来越清晰地成为空间生产的操控者和管理者，国家日益成为资本主义空间生产的关键性因素。[①] 列斐伏尔谈道：“（资本主义）成功地建立了一种组织机构的资本主义，这些组织机构，在一个更大的规模上，根据其财政规划，成功地控制并维持了一个世界市场。”[②] 国家权力对空间生产的主导与操控对资本主义和国家本身都是重要的，其作用特别体现在三个方面：

首先是对资本主义生产力的提升。列斐伏尔指出，空间是一种生产资料，同时还决定着交换网络、原料、能源等其他生产资料，是生产力的重要构成因素。[③] 空间的配置受到国家及其他上层建筑的影响。一方面，国家生产出铁路、公路、航线、货币系统等，它们都是资本主义发展的生产力因素，城市也是作为劳动力分工的空间被建立起来的[④]；另一方面，资本主义国家通过在全球的空间拓展导致了政治权力对市场的参与，政治权力控制并利用市场资源，促进生产力的发展。[⑤] 由此，列斐伏尔进一步指出：“在《资本论》出版后的几百年中，资本主义成功使自身‘增长’，我们很难估值其增加的价值，但我们知道其使用的手段：通过占有空间、通过生产空间。”[⑥]

其次是促进了大规模的空间消费。空间不仅被生产，还被消费，

① 张笑夷．列菲伏尔空间批判理论研究．北京：社会科学文献出版社，2014：110.

② 列斐伏尔．空间与政治．李春，译．上海：上海人民出版社，2008：139.

③ 同②50.

④ 同①.

⑤ LEFEBVRE H. The production of space. Oxford：Wiley-Blackwell，1991：112.

⑥ LEFEBVRE H. The survival of capitalism：reproduction of the relations of production. London：Allison & Busby，1976：71.

并且是作为一个整体被消费。列斐伏尔用“官僚控制的消费社会”描绘新资本主义条件下的社会情形。在这里，趋同化的抽象空间为盈利服务，通过在某种等级中安排它们以赋予那些专门场所特殊的定位，并规定了排斥和综合。[①] 毫无疑问，国家在空间等级化与消费空间的制造中发挥了重要作用，为了刺激人们消费的欲望，资本主义国家将自然存在的空间——山、水、阳光、空气变成新的商品，并通过各种交通网络的建设和政策安排，保证了人们得以成为旅游空间的消费者。如列斐伏尔所言，在新资本主义的空间实践（通过航空运输完成）中，空间的表象使对具象的空间（阳光、海洋、节日、消耗、花费）的控制变得轻松自如。[②]

最后是将空间作为一种政治控制工具。列斐伏尔认为，空间已经成为国家最重要的政治工具，国家利用空间以确保对地方的控制、严格的层级、总体的一致性以及各方面的区隔。[③] 通过主导对空间的生产和管理，国家实现了其权力的隐蔽化和弥散化。一方面是国家权力的隐蔽化：通过空间生产，国家作为一个制度体系的组织者和一个专业的规划者出现，从而用秩序的逻辑、科学的逻辑掩盖了权力的逻辑。另一方面是国家权力的弥散化：通过空间生产，国家的权力得以以各种形式渗透到日常生活的每一个细枝末节，从而无处不在，如列斐伏尔所言，“它弥散于空间中，存在于日常话语和普遍概念中，也存在于警察的警棍和装甲车中；它存在于艺术的对象中，也在导弹中；存在

① LEFEBVRE H. The production of space. Oxford: Wiley-Blackwell, 1991: 288.

② 同①59.

③ 列斐伏尔. 空间与政治. 李春，译. 上海：上海人民出版社，2008：50.

于可见物之中，也存在于各类机构中；它存在于物中，也存在于符号里”[①]。

（二）作为空间政治的城市规划

国家的空间生产特别体现为空间（城市）规划，这是20世纪60年代以来的一种“全新的政治社会实践”。列斐伏尔从三个方面概括了空间规划，将它描绘为一种立足于经验的“空间科学”[②]：

（1）有一种一致性的被称为城市规划的行动，虽然它有时是经验性的，并且经常使用其他领域（人口学、政治经济学、地理学等）的概念与方法，类似某一建制性学科（如：经济学）的科学和技术取向。

（2）城市规划者，或至少其中一部分人，以方法上的理论检验着自己的专业，他们有明白或含混的建构认识论的目标，也就是说，建构一个以经验为基础的知识体系。

（3）这个知识体系，就如城市规划汇总的理论语言和概念所表现出的，是一种空间科学，可能是宏观尺度（如社区）的或微观尺度的（居住单元）。

然而这种将空间规划看作客观、纯净、非政治化的科学并非事实。列斐伏尔指出，空间规划的著作为了标榜科学性，常常将先前业已存在的社区文化与土地联结刨除在外，以一种既定的、空间组织的特殊向度出现，主要与高层决策关联在一起。然而在这种情况下，规划者无法保证居住者在经过规划的环境中无须修正他们的生活形态，无法

---

① LEFEBVRE H. The survival of capitalism: reproduction of the relations of production. London: Allison & Busby, 1976: 86.

② 列斐伏尔．空间政治学反思//包亚明．现代性与空间的生产．上海：上海教育出版社，2003.

保证人们的需求被普遍满足。[①] 实际上，空间从来就不是客观的，把它当成客观中心的对象本身就是一种误解，列斐伏尔非常明确地指出：

"空间并不是某种与意识形态和政治保持遥远距离的科学对象。相反的，它永远是政治性的和策略性的。居住空间的内容有一种中立的、非利益性的气氛，因而看起来是'纯粹'形式的、理性抽象的缩影，则是因为它已经被占用了，并且成为地景中不留痕迹之昔日过程的焦点，空间一项是被历史的、自然的元素模塑铸就，但这个过程是一个政治过程。空间是政治的、意识形态的。它真正是一种充斥着各种意识形态的产物。"[②]

因此，尽管列斐伏尔不否认存在接近数学的"形式空间的科学"，但从根本上来说，城市规划显然是各种制度和意识形态的某种混合[③]，是资本主义及其国家的战略工具，用以操控碎片化的都市现实和控制空间的生产，是都市的不能更坏的敌人。[④] 通过标榜理性客观的城市规划，资本主义及其国家使得都市空间呈现出同质化、碎片化、等级化和视觉化的特征，形塑了现代城市的空间结构。

同质化意味着空间生产过程及产品的重复性。因为资本主义社会的商品总是用交换价值而非使用价值来衡量，马克思将资本主义的劳动称为"无差别的、同劳动的特殊形式漠不相干的活动"[⑤]。与马克思

① 列斐伏尔．空间政治学反思//包亚明．现代性与空间的生产．上海：上海教育出版社，2003.

② 同①.

③ 同①.

④ LEFEBVRE H. The survival of capitalism: reproduction of the relations of production. London: Allison & Busby, 1976: 15.

⑤ 马克思．政治经济学批判//马克思，恩格斯．马克思恩格斯全集：第30卷．北京：人民出版社，1995：255.

的观点相对应，列斐伏尔认为通过城市规划而生产出来的（抽象）空间是高度同质化的、重复的、没有特色的，与交换价值的逻辑相一致。他谈道："没有必要对现代城镇、郊区及新的建筑加以仔细考察，以便得出这样的结论：这里的一切都与其他一切相似……可悲的是，重复在任何地方都击败了独特性，人为和做作已经把所有的自发和自然从这个领域赶走……重复的空间是重复的生产的结果，这些生产与机器、推土机、混凝土搅拌机、起重机、风钻等既可复制又用于复制的设备有关……无论如何，重复是最重要的。"① 与商品一样，空间的同质性使得它可以比较容易地被分割、交换和销售，这便与其他商品没有任何区别了。

碎片化意味着资本主义按照自身需求在空间生产过程中对其进行了分割，使之丧失了历史的逻辑、生活的逻辑，只剩下资本和权力的逻辑。原本具有整体性逻辑的空间被规划为一个个部分，承担着不同的功能，有些被作为生产的空间，有些则被作为消费的空间，共同服务于资本主义及其国家的总体安排。碎片化的另一个重要体现是"不动产"的动产化，国家通过住房规划将住房及其附属的土地进行分割，以便进行上市交易。事实上，空间已经碎片化为一系列可交换的产品——如住宅、停车场、健身场所甚至墓地——并使之进入市场。空间的碎片化对资本主义的发展起到了重要作用，在某些国家中房地产已经成为经济发展的重要部门，以至于要求某种为人所熟知的政府

① LEFEBVRE H. The production of space. Oxford: Wiley-Blackwell, 1991: 75.

干预。[①]

等级化意味着区分出中心与边缘，并按照社会等级来实现空间分配。资本主义空间生产的一个关键性因素是中心化，也就是要构造出一个非辩证的、不可移动的中心出来，依照这个中心建构中心-边缘秩序。列斐伏尔指出，都市中心的支配性在许多城市的规划方案中被继续保留着，但却被视为一个不能触及的都市议题，尽管中心化带来了一系列问题，包括过度集中带来的饱和、道路的拥挤等。[②] 列斐伏尔认为中心-边缘的空间等级结构发展到极致，势必会把殖民主义引进国家中，那些处于中心地位的空间（比如巴黎）会造成对那些发展不良地区的殖民，大量乡村移民、外国劳动者，包括劳动阶级乃至知识分子都受制于透过空间分隔所形成的集体的剥削。[③]

视觉化意味着在今天的空间生产中，三维的现实空间被简化还原为“形象的世界”，规划师利用几何图、线性透视图等视觉化原理来论述规划的合法性。城市规划依照的科学性主要是几何科学、视觉科学，这些科学建构起了规划师的“空间表象”，这些表象成为构造城市空间的主要依据。列斐伏尔写道：“视觉性是另一个重要性日益显著的特征，它们是在用可见的思想创造人和物的可见性，创造空间及其中包含的一切，视觉的先入为主掩盖了重复性问题。”[④]

基于上述方面，新资本主义用一种“都市理性”取代了原有的

---

① 列斐伏尔．空间政治学反思//包亚明．现代性与空间的生产．上海：上海教育出版社，2003.

② 同①.

③ 同①.

④ LEFEBVRE H. The production of space. Oxford：Wiley-Blackwell，1991：75.

“工业理性”，空间在一种整体性的规划中被“破坏性地”重建了，在此过程中空间实现了政治化，并为资本主义剥削和权力控制提供了遮蔽。

（三）空间矛盾：资本主义空间生产的内在张力

尽管新资本主义条件下展开的空间生产实现了资本主义的幸存，巩固了资本主义国家的权力，但并不意味着这其中不包含矛盾。空间矛盾的集中表现，是“空间内爆”（the explosion of spaces），在这种情况下，空间由于急剧膨胀而难以得到有效控制，从而出现了一系列混乱、充满矛盾的空间。[①] 列斐伏尔对空间矛盾做了比较系统的讨论，并且认为这些矛盾性必将孕育社会改变的新可能。

一是“量”与“质”的矛盾。[②] 列斐伏尔指出，资本主义的抽象空间是一个可度量的空间，这个空间与市场的逻辑或交换价值紧密相连，因此可以称之为“消费的空间”（space of consumption）。通过消费的空间，旅游和休闲成为投资和盈利的主要领域，地中海海岸一成为欧洲的游览胜地，大量与游览相关的产业便会出现在那里。但这终究是人造的自然，究竟要到哪里去寻找真正的自然，寻求阳光、白雪和海洋依然困扰着置身都市之中的人们。然而这些对于本真、对于真正自然品质的渴求不可能被消费的空间满足，因为对资本主义来说，人们对空间的消费不过是空间再生产的一种手段，不过是在满足人们消费需求的幌子下继续重复抽象空间的同质与碎片化原则，不过是从空间

① 列斐伏尔．空间：社会产物与使用价值//包亚明．现代性与空间的生产．上海：上海教育出版社，2003.

② LEFEBVRE H. The production of space. Oxford：Wiley-Blackwell，1991：352－354.

中获取超额利润。因此，人们对于空间质量的追求会不断增强，生产与消费的矛盾会不断加深，最终人们会离开生产的、市场的、国家的，因而也是消费的空间，迈向“空间的消费”（consumption of space）。“空间的消费”是非生产性的，它是根据人的实实在在的需求去使用空间和体验空间。因此，空间生产的“量”与“质”的矛盾，其实也是生产与消费的矛盾，或生产与再生产的矛盾。

二是同质性与碎片化的矛盾。① 这被认为是空间生产中的主要矛盾。一方面，新资本主义对数学、逻辑和战略的使用使得空间的同质性不断加强，这种同质性甚至被提升到精神空间层面，形成了一种抽象统一的意识形态。但另一方面，空间又要求碎片化，它不仅通过行政手段、技术手段、专业手段来进行空间分割，而且还通过对空间进行零售来强化这种割裂。资本主义的抽象空间的同质性和碎片化一体两面，但是彼此对立，在实践中，抽象空间通过表面的连续性（同质性）来掩盖与碎片化的对立，同时以碎片化消费的方式来使得同质的空间转化为资本积累，因此人们很难意识到危机的存在。但是这种危机是不可调和的，只能随着新的空间的出现而消除。

三是交换价值与使用价值的矛盾。② 空间的使用价值意味着对空间的“占有”，“占有”不是单一功能性的，而是代表对与空间相关的时间、节奏、符号、实践之把握。也就是说从整体而不是局部、从日常的具体的而不是在抽象维度上把握空间。然而交换价值与使用价值不同，它希望凸显空间的特定功能，因为功能性越强，它就越容易受空

① LEFEBVRE H. The production of space. Oxford：Wiley-Blackwell，1991：355－356.
② 同①356－367.

间的销售者所支配，更容易在市场上盈利。于是，在交换价值主导的空间生产与消费中，时间、节奏、符号等被排除出去，使用价值所要求的要素得不到满足。因此，要恢复空间的使用价值，需要一项新的政治议程，构建新的空间策略。

四是谁为非生产性消费买单的问题。① 如果一项空间的生产有利于资本主义生产的扩大，有利于资本家赚取剩余价值，则社会集体（或政府部门）有较强的动机去为它买单。比如道路空间的建设对私家车的增加是有裨益的，资本家（特别是汽车生产商）及权力部门就愿意展开与道路相关的建设工作。但是，尽管绿地、树木、广场、城市公园显然给整个社区带来了快乐，但谁来为这种快乐买单呢？向谁收取费用？这样的空间不为任何人服务（尽管它们确实给人们带来了普遍的乐趣），它们有消失的趋势。非生产性消费吸引不了投资，因为它所产生的只是快乐。

五是空间中的使用者沉默问题。② 资本主义抽象空间有一种意识形态功能，通过不断对使用者——市民进行教化，使之难以感知到自己的边缘地位，从而处于沉默状态。这种沉默被列斐伏尔认为是内在于空间的最深刻矛盾。列斐伏尔举例说，美国曾受雅各布斯理论的启发，提出了一种倡导式规划（advocacy planning），也就是在空间规划中让居民及其他空间的使用者作为一个群体，并选出有能力、善于沟通的人去跟政府及投资人进行谈判。这种方法没有成功，因为居民们倾向于不表达冲突而选择沉默。由此，列斐伏尔说空间中最深刻的冲突之一，就是空间的真正使用者总是被某种意识形态限制表达空间的冲突。

---

① LEFEBVRE H. The production of space. Oxford：Wiley-Blackwell，1991：359－360.

② 同①363－364.

总之，尽管抽象的空间生产确保了资本主义的幸存，但也产生了一系列矛盾和问题，而这些矛盾和问题的解决不可能在现有空间框架内被讨论，而是需要一种新的空间，这就是列斐伏尔所说的“差异的空间”。

四、城市权利与差异空间

马克思指出，以往的哲学都只是解释世界，但是问题在于改变世界。作为西方著名的马克思主义社会理论家，列斐伏尔始终将“改造世界”作为其重要的理论旨趣。如何超越资本主义的抽象空间生产，成为他一直思考的问题。在其第一部关于空间的著作中，列斐伏尔就将“城市权利”作为一项有待实现的“总体性”提了出来。在进一步的论述中，列斐伏尔发展了“差异”的概念，通过从“抽象空间”到“差异空间”的革命议程，来实现一个真正意义上的“社会主义空间”。尽管列斐伏尔承认城市权利和差异的空间还属于“乌托邦”，但他确定实现这种“乌托邦”要远比否认它有利得多。

（一）城市权利：寻回空间的使用价值

列斐伏尔使用“城市权利”这一概念来讨论都市化进程中的权利问题。列斐伏尔指出，在现代社会，权利已经变成了一种习俗和法规，而且那些抽象的权利正在被具体的权利取代：关于年龄与性别的权利，关于身份的权利，关于培训与教育、工作、文化、休息、健康和居住的权利，等等。[①] 然而，为什么要强调城市权利呢？列斐伏尔认为这与

① LEFEBVRE H. Writings on cities. Oxford：Wiley-Blackwell，1996：157.

资本主义时代的空间变迁有重要关联。随着资本主义的兴起，作为“作品”（oeuvre/work）的城市逐渐被作为“产品”（production）的都市取代。列斐伏尔写道：“后来，产品的生产取代了作品的创造及附加在其上的社会关系。当剥削代替了压迫时，创造能力消失了……工业化下的交换价值和普遍性的商品逻辑正试图以让城市和都市现实性臣服的方式摧毁使用价值，并对价值重新评估。”[①] 如前所述，“产品”意味着干巴巴的工业化产物，它使得差异化、个性化和多样性丧失了，城市空间不再可以被人们尽情享用（彰显使用价值），而是变成了交换价值推动下的一个傀儡物。因此，寻回空间的使用价值，反思权力与资本给民众带来的伤害与不公，让空间问题进入人们的意识和政治决策成了列斐伏尔的城市权利概念所试图达成的目标。

但是，究竟什么是城市权利呢？列斐伏尔在诸多作品中有过讨论，但从未给它做一个明确的概念界定（这与列斐伏尔一贯以来的写作风格有关），综合列斐伏尔的讨论，城市权利至少具有四个方面的特点：

第一，空间性。列斐伏尔谈论权利的城市性，其实就是在说权利的空间性。他在《空间与政治》中谈道：“它（指城市权利）所依靠的，既不是某种都市的意识形态，也不是建筑学的介入，而是都市空间最核心的本质或属性：构成性中心（centralité）。”[②] 这一表述暗示我们，所谓城市权利，在很大程度上就是城市空间的权利，涉及空间的核心议题。迪克（Dikec，2001）在评论列斐伏尔的城市权利概念时谈道：“城市权利不包括自上而下分布的权利，而是一种积极地参与公共

---

① LEFEBVRE H. Writings on cities. Oxford：Wiley-Blackwell，1996：68.

② 列斐伏尔．空间与政治．李春，译．上海：上海人民出版社，2008：17.

城市政治生活的方式，城市包括不基于抽象，而基于‘居住’空间和时间的公民社会。”[①] 也就是说，城市权利关心的不是层级权力的规定性，而是市民与居住空间这一实在的关系，关注市民在城市空间的生活、行动与政治参与。实际上，相遇与交换的空间、表达与参与的场所、居住与休憩的区域，这些都是作为最重要的城市权利对象而存在的。

第二，抗争性。列斐伏尔将城市权利称为一种“哭泣和诉求”[②]，对此，哈维（2014：Ⅱ）解释道，哭诉是对巴黎日常生活日益凋敝的痛苦反应，诉求是去观察这一危机并建设另一种城市生活的努力。可以这么理解，哭诉与诉求分别代表了对现有空间秩序的消极（哭诉）和积极（诉求）的反抗，尽管方式不一，但要求改变不合理的空间状况，寻求一种新的空间形式是一致的。实际上，作为西方重要的马克思主义学者和法国五月风暴的积极参与者之一，列斐伏尔强调城市权利的抗争性并不令人感到意外。如他所言：“相反的是，城市权利不废除对抗，不排除斗争!”[③] 总之，如迪克（Dikec，2001）总结的那样，城市权利在一定程度上是抵制与斗争的权利。[④]

第三，非歧视性。城市权利的主要诉求是对空间的非歧视性使用，也即对每一个人公平地彰显使用价值。首先是非歧视地使用中心空间的权利。列斐伏尔指出：“城市权利涵盖了使用中心空间的权利，而不

---

① DIKEC M. Justice and the spatial imagination. Environment and Planning A，2001，33(10)：1785－1805.

② LEFEBVRE H. Writings on cities. Oxford：Wiley-Blackwell，1996：158.

③ 同②1196.

④ 同①1785－1805.

是被分散挤到贫民窟。”[①] 拒绝一个歧视性的、隔离性的组织将任何一个个体从都市中排除出去，是城市权利的应有之意。因此可以说，城市权利主要是“弱势群体”的权利，不仅是有住房的“业主”，临时栖居的人也不应该受到排挤或被剥夺中心空间的使用权。其次是非歧视地参与与改造空间的权利。列斐伏尔谈道：“它（城市权利）意味着自由权、在社会化中实现个性化的权利、栖息和居住权、追求‘作品’的权利、参与与占有权（这里显然不同于财产权），这一切都暗含在城市权利的概念中。”[②] 这里的“作品”在前文已经介绍，它展现了一种按照自身意愿改造城市的诉求，这种诉求与追求个性、参与和占有空间一道，成为城市权利的基本意涵。最后是差异性地使用空间的权利。列斐伏尔还强调了一种“差异的权利”，他指出，差异意味着不被强行分类，反对资本主义强加的“抽象空间的同质性”[③]，同时，差异是关于生活的差异，不能用“思考”代替“生活”，必须从日常生活出发去理解“差异”。

第四，理想性。列斐伏尔还将城市权利看作一种知识，一种关于空间生产的知识。同时，列斐伏尔意识到，城市权利在今天（列斐伏尔的时代）仍然处于一种理念性的状态，因此他将城市权利称为一种乌托邦，一种有待实现的总体性。不过，列斐伏尔也强调，实现空间权利要比放弃这种权利付出的代价小得多，因此也更“现实”，在这个意义上，他坚信这种理念能够成为广泛的实践。

---

① 列斐伏尔．空间与政治．李春，译．上海：上海人民出版社，2008：17.

② LEFEBVRE H. Writings on cities. Oxford：Wiley-Blackwell，1996：1173－1174.

③ 吴宁．列斐伏尔的城市空间社会学理论及其中国意义．社会，2008（2）.

可以看出，列斐伏尔的城市权利带有强烈的批判性、理念性，其主要诉求在于无歧视地使用空间、参与空间与改造空间的可能性，让城市空间从资本的统治下解放出来。一个值得注意的问题是，列斐伏尔的城市权利不属于“自然法权”，更不是通过法律规定的权利，而是将市民（不仅包括合法的、有产权的市民，也包括各种临时性的、无产权的市民）基于非歧视的空间诉求展开的空间知识积累与空间实践作为权利的根基。毫无疑问，列斐伏尔给出了一个实践性权力的重要范本，如普塞尔（Purcell，2003）评论的那样，列斐伏尔的城市权利是一种激进的权利实践：它不是一个改革的建议，也不是零星抵抗或战术，他要求的是进行激进的城市社会、政治与经济关系的重组。[①]

（二）差异的空间及其实现机制

尽管“城市权利”的概念后来被哈维（D. Harvey）、米切尔（D. Mitchell）等学者进一步发展，成为理解空间正义议题的重要维度，但在《空间的生产》一书中，列斐伏尔将“城市权利”发展为“差异的权利”并提出了“差异空间”的概念。这一发展并不令人感到奇怪，列斐伏尔将资本主义的空间称为“抽象的空间”，由于被抽调了具体，重复性是抽象空间的重要特点，要对资本主义的空间生产进行超越，势必要走向“重复”的反面，寻求差异性权力，迈向差异的空间生产。

列斐伏尔认为，差异和重复实际上是一体两面，总是在不同的情况下相互转化。列斐伏尔写道：“在数学和严密的科学中，重复产生差异性，被归纳的或还原的差异性在形式上实现了趋同，相反，在音乐

---

① PURCELL M. Excavating Lefebvre：the right to the city and its' urban politics of the inhabitant. Geo Journal，2002，58（23）：99－108.

或诗歌中，差异则引发了重复，而后者则彰显了差异。”① 但是，抽象空间容不得差异，它将差异作为一种需要被排除的误差，如其所言：“抽象空间使得重复与差异之间的关系对立起来，如前所述，这个空间依赖于重复性、交换性、再现性和同质性，它将差异减少，成为系统能接受的‘内部差异’……为了实现这一目的，腐败、恐怖主义、控制和暴力不可避免。”② 于是，差异成了一种被排斥的边缘之物，它总是发端于城市边缘、贫民窟、被禁止的游戏空间、游击战的空间、战争的空间。③

但是，差异对于社会空间而言确实是至关重要的，列斐伏尔谈道，社会空间的身体和需求的“社会身体”，不同于语义学和符号学视野中的文本性的“抽象主体”或符号的“身体”：如果不生成、不生产、不创造差异性，它们便无以生存。④ 对于社会成员来说，差异权（right to different）是一种实践的权利，列斐伏尔指出：“它是对通过实际行动和有效斗争（即具体差异）而实现的目标的正式称谓……这一权利，其唯一正当性在于内容，因此它与财产权之流截然相反，后者作为资本主义生产方式下的基本关系准则，业已由逻辑形式和法律形式所确定下来了。”⑤

可以看出，差异的权利强调的是真正的、具体的、平等的权利，它要求拒绝歧视、隔离与边缘化，差异并不要求用一方代替另一方，

① LEFEBVRE H. The production of space. Oxford：Wiley-Blackwell，1991：395.
② 同①396.
③ 同①373.
④ 同①396.
⑤ 同①396.

而是彼此共存，相互尊重，与此同时，差异并不排除斗争，甚至以斗争为实现差异的重要手段。不难发现，城市权利实际上就是一种差异的权利，或者可以说是差异权利的空间化，因此在空间意义上，两者是接近的，这也是有学者将城市权利、差异权利和空间正义称为“三位一体”的原因。①

正是由于差异的权利表达了一种寻求本真，反对抽象化、同质化、等级化的理念追求，列斐伏尔明确地将“差异的空间”看作对“抽象空间”的超越，看作社会主义的空间生产模式：“如同在它之前的社会一般，社会主义的社会也必须生产自己的空间……社会主义空间的生产意味着私有财产，以及国家对空间政治性支配的终结，这又意指从支配到取用的转变，以及使用优先于交换……根据一些目前的趋势，在我们能够感知的范围内，社会的空间将会是一个差异的空间。”②

如何实现差异的权利，迈向差异的空间呢？对于一个坚定的马克思主义者来说，列斐伏尔相信这无疑还需要依靠工人阶级的力量，但他并不支持展开暴力斗争的阶级斗争。列斐伏尔指出：“在我们工业化了的国家里，誓战到死的阶级斗争已经消失了，至少是暂时性地、情境性地消失了。因而存在一个相对同质性的联盟，采取保守的趋势来反抗剥削，不进行最高层面的革命，排斥激进的社会变革。”③

列斐伏尔寻找的替代性手段是，通过普遍的自我管理实现一种空

① DIKEC M. Justice and the spatial imagination. Environment and Planning A，2001，33(10)：1785－1805.

② 列斐伏尔．空间：社会产物与使用价值//包亚明．现代性与空间的生产．上海：上海教育出版社，2003.

③ LEFEBVRE H. The survival of capitalism：reproduction of the relations of production. London：Allison & Busby，1976：15.

间自治。他指出："将原先'自上而下'生产出来的社会空间，重新建构为'自下而上'的空间，也就是普遍性的自我管理，亦即在各个层次上完成各单位与生产程序的管理，只有以这种方式，生产工具的社会化才能包括空间议题。"[①] 因此，普遍自我管理下的空间生产，意味着不是资本家而是人民（市民）集体对空间的占有和管理，意味着不是交换价值而是使用价值在空间生产中占支配地位，意味着不是受制于国家权力而是根据社会需求进行空间生产。更重要的是，普遍的自我管理要求工人阶级"完全清醒地把自身从生产主义的意识形态中抽离出来"，实现工人阶级思想意识的转变，不仅要意识到统治者利用消费社会建立的意识形态，更要意识到资本主义国家主导的空间生产及其引发的总体性危机。

参考文献：

埃斯，亨利．勒菲弗与都市//列斐伏尔．空间与政治．李春，译．上海：上海人民出版社，2008.

戈特迪纳．城市空间的社会生产．任晖，译．南京：江苏凤凰教育出版社，2014.

海默尔．日常生活与文化理论导论．王志宏，译．北京：商务印书馆，2008.

胡潇．空间的社会逻辑：关于马克思恩格斯空间理论的思考．中国社会科学，2013（1）.

① 列斐伏尔．空间：社会产物与使用价值//包亚明．现代性与空间的生产．上海：上海教育出版社，2003.

列斐伏尔．日常生活批判（第三卷）：从现代性到现代主义．叶齐茂，倪晓辉，译．北京：社会科学文献出版社，2018.

列斐伏尔．《空间的生产》新版序言（1986）//张一兵．社会批判理论纪事：第一辑．北京：中央编译局，2006.

列斐伏尔．都市革命．刘怀玉，张笑夷，郑劲超，译．北京：首都师范大学出版社，2018.

列斐伏尔．空间政治学反思//包亚明．现代性与空间的生产．上海：上海教育出版社，2003.

列斐伏尔．空间与政治．李春，译．上海：上海人民出版社，2008.

列斐伏尔．空间：社会产物与使用价值//包亚明．现代性与空间的生产．上海：上海教育出版社，2003.

刘怀玉．《空间的生产》若干问题．哲学动态，2014（1）.

马克思．政治经济学批判//马克思，恩格斯．马克思恩格斯全集：第30卷．北京：人民出版社，1995.

米绍．法国城市规划40年．邹欢，译．北京：社会科学文献出版社，2007.

齐美尔．社会是如何可能的：齐美尔社会学文选．林荣远，译．桂林：广西师范大学出版社，2002.

齐埃利涅茨．空间和社会理论．邢冬梅，译．苏州：苏州大学出版社，2018.

苏贾．后现代地理学：重申批判社会理论中的空间．王文斌，译．北京：商务印书馆，2017.

苏贾．第三空间：去往洛杉矶和其他真实和想象的地方的旅程．陆扬，译．上海：上海教育出版社，2005.

王志宏．多重的辩证列斐伏尔空间生产概念三元组演绎与引申．地理学报，2009（55）.

文军．西方社会学理论：经典传统与当代转向．上海：上海人民出版社，2006.

吴宁．列斐伏尔的城市空间社会学理论及其中国意义．社会，2008（2）.

张笑夷．列菲伏尔空间批判理论研究．北京：社会科学文献出版社，2014.

郑杭生，刘少杰．马克思主义社会学史．北京：高等教育出版社，2006.

郑震．空间：一个社会学的概念．社会学研究，2010（5）.

DIKEC M. Justice and the spatial imagination. Environment and Planning A，2001，33（10）.

HAWLEY A H. Ecology and human ecology. Social Forces，1944，22（4）.

HARVEY D. Social justice and the city. London：Edward Arnold，1973.

LEFEBVRE H. Introduction to modernity：twelve preludes，September 1959—May 1961. London：Verso，1995.

LEFEBVRE H. Writings on cities. Oxford：Wiley-Blackwell，1996.

LEFEBVRE H. The production of space. Oxford：Wiley-Blackwell，1991.

LEFEBVRE H. The survival of capitalism：reproduction of the relations of production. London：Allison & Busby，1976.

PARK R E. Human communities：the city and human ecology. London：Collier-Macmillan，1953.

PURCELL M. Excavating Lefebvre：the right to the city and its' urban politics of the inhabitant. Geo Journal，2002，58 (23).

ROSS K，LEFEBVRE H. Lefebvre on the situationists：an interview. Guy Debord and the Internationals Situationniste，1997 (79).

第八章　哈维的空间正义理论

戴维·哈维并不是一位传统意义上的社会学家，而是通常被当作一位伟大的地理学家，但是他却对社会理论产生了深远影响。他将由列斐伏尔开创的空间研究事业推向了新的高峰。按照他自己的说法，他的全部工作都围绕把历史唯物主义升级为"历史地理唯物主义"，集中探讨"空间的地理学问题与发生在地理学空间中的社会过程的社会性问题之间的循环的张力"问题。[①] 在哈维探讨的空间议题中，空间正义占据了极为重要的位置。如何看待"日益严重的地理和社会不平等问题"[②]，如何在资本、社会与空间的复杂脉络中探求空间非正义的生成机制，如何寻求实现空间正义的可能路径，这都是人们广泛关注的问题。哈维站在马克思主义批判理论的立场，立足资本空间化的内在逻辑，提供了一个审视社会与空间不平等的重要理论视角。

① SAUNDERS P. Social theory and the urban question. Abingdon: Taylor&Francis, 1981: 220.

② 哈维．新自由主义化的空间．王志弘，译．台北：群学出版社，2008：65.

一、哈维的生平与理论转向

1935 年 10 月 31 日，戴维·哈维（David Harvey）生于英国东南部的吉林汉姆，1960 年哈维以《论肯特郡十九世纪的农业和乡村的变迁》为题获得剑桥大学地理学博士学位，后赴瑞典乌普萨拉大学继续进修一年。回国后哈维来到英国地理学重镇布里斯托尔大学执教，主要教授地理学方法相关课程。此时地理学领域正在兴起一场所谓的“计量革命”，哈维紧跟这一潮流，并发现了其中蕴含的方法论潜力。他谈道：“我……惊奇地发觉当冒险走上计量化道路上的时候，我能够保留我所看重的大部分哲学见地……当我设法把传统的地理学思想的积极方面和计量化所蕴含的哲学汇合在一起时，我惊奇地观察到地理学的全部哲学变得多么生气勃勃和至关重要。它开辟了一个全新的思想世界。”①基于这些发现，哈维于 1969 年出版了《地理学中的解释》，该书将科学哲学中的原则应用于地理领域，成为地理学方法论研究的一座里程碑，从而一举奠定了哈维地理学实证主义代表人的地位。

1969 年哈维受邀前往约翰·霍普金斯大学担任助理教授，移居美国的巴尔的摩，在这里哈维看到了严重的剥削、不平等和种族主义问题，哈维感到他有必要对之前的研究状况做出反思：“我那时的政治思

① 哈维．地理学中的解释．高泳源，译．北京：商务印书馆，1996：引言．

想接近费边社的渐进主义，因此我接受了计划、效率和理性的观点……我如此专注于撰写这部著作（指《地理学中的解释》），以至于忽视了周围世界是如何坍塌的……在美国，反战运动和民权运动真是如火如荼；而我就是在这时的美国，完成了这部似乎多少与时代不相称的大部头著作。我认识到我必须对我在60年代认为理所当然的许多事情进行反思。”[①] 这种反思的结果，是放弃了实证主义的立场，将城市中最现实的空间问题纳入讨论范畴，在这种立场的指引下，1973年哈维出版了他转向后的第一部重要著作《社会正义与城市》（*Social Justice and City*），这本书聚焦于城市空间和社会正义之间的关系，提出了“社会过程-空间形式”的社会空间分析框架，展示了他运用一种激进的马克思主义立场（尽管还不完全）分析城市问题的理论旨趣。这部著作的影响力很快超出了地理学界，截至2017年这部著作被引用超过5 500次。[②] 卡斯特里（Castree，2004）认为，这部著作“作为城市研究领域的一种主要‘异端’而震动学界…是左翼风格地理学的首要范例；哈维作为一个先驱，开启了马克思主义地理学持续发展的大门”[③]。

《社会正义与城市》出版后十年时间里，哈维潜心对马克思的理论著述进行了系统阅读，尤其是对《资本论》进行了深入研究。这一研究的结果呈现为1982年出版的《资本的界限》一书，该书立足空间维

---

① 哈维．英国著名左翼学者大卫·哈维论资本主义//吴敏．国外理论动态，2001（3）．

② 参见维基百科词条“戴维·哈维”（https：//en. wikipedia. org/wiki/David _ Harvey）。

③ CASTREE N，HUBBARD P，KITCHIN R. Key thinkers on space and place. London：Sage Publications，2004：182.

度对马克思主义政治经济学进行了细致梳理，考察了空间生产与资本积累的关系，坚定了马克思主义的理论方向。之后哈维相继出版了《资本的城市化：资本主义城市化的历史与理论研究》（*The Urbanization of Capital: Studies in the History and Theory of Capitalist Urbanization*，1985）、《意识与城市经验》（*Consciousness and the Urban Experience*，1985）、《后现代性状况》（*The Condition of Postmodernity: An Enquiry into the Origins of Cultural Change*，1989）、《城市体验》（*The Urban Experience*，1989）、《正义、自然与差异地理学》（*Justice, Nature and the Geography of Difference*，1996）、《希望的空间》（*Spaces of Hope*，2000）等著作，进一步将空间理论与历史唯物主义融合，对构成资本主义与后现代主义文化现象的社会基础与空间机制做了深入探讨，探寻了资本主义在全球化时代的可能性道路，讨论了空间解放政治的路径。

进入 21 世纪，哈维离开执教 30 余年的约翰·霍普金斯大学（1961—2001，但 1987—1993 年在牛津大学执教）来到纽约城市大学出任人类学系“杰出教授”。在这里他出版了《新帝国主义》（*The New Imperialism*，2003）、《巴黎：现代性之城》（*Paris, Capital of Modernity*，2003）、《新自由主义简史》（*A Companion to Marx's Capital*，2005）、《全球资本主义的空间：走向地理发展不平衡的理论》（*Spaces of Global Capitalism: Towards a Theory of Uneven Geographical Development*，2006）、《反叛城市：从城市权利到城市革命》（*Rebel Cities: From the Right to the City to the Urban Revolution*，2012）等著作，对新自由主义、新帝国主义等西方政治理论与实践展

开了激烈批判，进一步探讨了追求城市权利、寻回空间正义的实践路径。近年来，已经80岁高龄的哈维依然笔耕不辍，出版了《资本之谜：人人需要知道的资本主义真相》《资本社会的17个矛盾》等著作，重点对马克思的一些理论著述进行解读，寻求理论发展的新可能。

尽管哈维是一名地理学家，但他早在20世纪60年代晚期就确立了一种跨学科的理论意识[①]，他的理论和经验研究对包括社会学在内的诸多学科产生了深远影响，因此，要认识和发展一门以空间为研究对象的社会学，哈维是绝对无法绕开的重要人物。

二、空间正义的困境与超越

在城市化不断加速、空间与社会的关系日益复杂、社会理论呈现出明显的空间转向的今天，空间正义已经成为理论与现实生活中的热点问题。[②] 谈论“空间正义”的首要难题是如何界定“正义”，一直以来正义都被视为属于道德哲学领域，通过它，绝对伦理原则可以用道德法则加以厘清。[③] 然而在空间（城市）意义上谈论“正义”，意味着将这一概念从形而上的玄思中抽离出来，置于感性的经验现实之中，在这种情况下对正义的把握不能是道德性的，而是实践性的。基于此，哈维在批判既有正义理论的基础上，试图超越“价值正义/普遍正义”与“事实正义/特殊正义”的二元对立，提出了基于阶级关系（并非我们通常理解的“阶级”）的空间正义理论，之后又将空间正义与城市权

---

① HARVEY D. Social justice and the city. London：Edward Arnold，1973：9.

② 任政．资本、空间与正义批判．马克思主义研究，2014（6）.

③ 同①14.

利的讨论结合起来，为我们探讨这一议题提供了有效的理论框架。

（一）“正义”的概念及其困境

1. 正义的社会性界定

尽管在历史和地理脉络中“充满着人类对正义和福利的欲求”①，但正义究竟是什么，依然是一个重要问题。这不仅是一个理论问题，更是一个现实问题。如哈维所言，无数企图创造一个正义社会的努力最终变成了苛政或衍化为暴力、腐败和非正义。② 理解正义的真切意涵显得十分重要。

为了明确问题，哈维首先对“正义”做了界定，这一界定显然是从社会出发做出的：“像空间、时间和自然一样，‘正义’是一组社会地构成的信仰、话语和制度，它表现了社会关系和竞争性权力构型与特定时间内调节和安排地方的物质社会实践之间的关系。一种特殊的话语性正义一旦建立起来，它就会在社会的全过程变成事实；一个正义体系一旦制度化，则它会变成一种‘永恒’，社会过程的所有方面都与之相关。”③

上述界定给出了一个非常具有社会学意义的“正义”概念。它全面涉及了正义的结构、属性与过程三个维度。从结构来看，正义包含信仰、话语与制度三个维度，“信仰”和“制度”都是相对稳定的正义类型，但前者相对感性和非正式，后者则相对理性和正式，而“话语”则是一种情境性状态下的正义，并不稳定。这三者共同构成了正义的

① 哈维．正义、自然与差异地理学．胡大平，译．上海：上海人民出版社，2017：379.

② 同①.

③ 同①380.

全部指称。从属性上看，正义是一种社会构成/结构，包含了复杂的社会实践关系，社会关系、权力构型、社会实践（或行动）及特定的时空情境性都被体现在“正义”之中。从过程看，正义是构成性的，哈维的说法似乎借用了吉登斯的结构化理论的观点，指出正义首先表现为话语，这种话语一旦被制度化，就会变成结构，形成规则，而这些规则和结构又会反过来作用于行动和话语，如此循环往复。

2. “正义”的两种困境

然而，上述界定并不能直接回应关于正义的关键性争论——有普遍性（或绝对性）正义的存在吗？事实上，回答不论是肯定还是否定，都会陷入困境之中，哈维将其称为正义的“普遍主义困境”和“特殊主义困境”。

（1）普遍主义困境。

按照一些经典论述，存在作为抽象原则的普遍正义，例如，罗尔斯假定我们能够知道人类心理和经济行为的一般准则，从这种准则出发，人们可能形成一个普遍性的正义理解。[①] 哈维还认为，实际上我们还会将一些特殊意义投射到不同空间中，就好像其有了普遍意义，《联合国宪章》中昭示的人权、市场缔结的契约、某些普世价值原则，如果离开了它们，我们便无法做出任何政治决策。因此一种普遍的正义有它的现实意义。然而一种普遍主义的正义很容易形成如下两个问题：

首先是将正义与权力混淆。为了论述这一问题，哈维引用了柏拉图关于正义的经典论述：“每一个统治者都制定对自己有利的法律，该

① HARVEY D, POTTER C. The right to the just city//MARCUSE P, et al. Searching for the just city: debates in urban theory and practice. New York: Routledge, 2009: 40 - 51.

法律是为了告诉大家，凡是对政府有利、对百姓有利的就是正义，谁不遵守法律，就是犯罪，也就是不正义，所以，在任何国家，所谓正义就是当时政府的利益。”① 如此，正义从本质上就变成了“强者的特权”，谁有权力谁就可以制定正义的规则。这显然不是人们所期望的东西。

其次是将正义与利益混淆。哈维谈道：“无论个人或是集团都会在特定时刻发表具有工具性、情感性、政治性特质的正义表达。”② 更可怕的是，资本主义为了自身的发展，会把正义结构成自由市场原则，在这种论述下，只要是市场的结果就都是公正的。哈维关于北卡罗来纳州的哈姆雷特帝国食品公司（一家鸡肉加工厂）1991 年火灾的例子可以阐释此问题。由于该公司向市场提供了便宜的鸡肉，为劳工提供了相对稳定的就业机会，基于资本主义的市场原则，则这次火灾不过是正义制度下的一次意外，加上大火发生后工厂业主主动承担所有责任，使得工厂的两位管理者免于责罚，似乎又为工厂增加了道德力量，于是工厂依然得以继续运行。可是，对于在火灾中去世的工人以及依然在不安全的环境中工作的人们来说，这又意味着巨大的不正义。③

（2）特殊主义困境。

哈维指出，在后现代理论中，“普遍性”是受到怀疑甚至包含敌意的概念，他们倾向于把正义的概念消解到“情境性”“他性”“位置性”等概念之中，认为存在特定的、竞争的、分裂的和异质的争议性观念

① 哈维．正义、自然与差异地理学．胡大平，译．上海：上海人民出版社，2017：380.
② 同①381.
③ 同①385－387.

和话语。[①] 如怀特所言："在揭示有关正义的主张时，后现代思想家们暗示，他们的工作服务于某个更加有效但不确定的正义观念。人们在德里达有关'解构是正义'的主张中看到这一点，也在'人们既不能直接谈论正义也不能体验正义'的警告中看到这一点。在回应对他者的责任感时，人们服从正义，不过却感到这项任务具有无限的、开放的特点。"[②] 然而，特殊主义的正义并没有比普遍主义的正义走得更远，它们同样在两个问题上面临困境：

首先是概念的虚无化。后现代对于普遍主义的批判使得社会正义这一概念的效力成为问题。后现代理论家们虽然支持正义，但却降低了从理论上说明正义和美好生活的总体性和普遍性的重要性，一些我们用感知体验即可把握的非正义因其前提有争议而难以讨论。由此，"后现代反思就想好要放弃能够指挥一场成功战斗的标准武器"[③]，正义很容易变成一个碎片化、虚无化的概念，甚至一个无用的概念。

其次是实践的无效性。对于很多遭受系统和权力压迫的人来说，一旦失去了普遍性的正义，他们也将陷于局部抗争之中（因为他们的"正义"并非别人的"正义"），失去了总体反抗的条件。另外，承认特殊主义的正义，则意味着存在一种正义高于另一种正义，但究竟何种正义更"正义"，则无从知晓，于是前提性正义的丧失使得不同群体的政治话语相互分裂，彼此剥夺了用于谴责或认定责任方的正义原则，

---

① 哈维．正义、自然与差异地理学．胡大平，译．上海：上海人民出版社，2017：394－395.

② WHITE L. Political theory and postmodernism. Cambridge：Cambridge University Press，1991：115－116.

③ 同①395.

从而使得正义在实践上变得无效。

因此，哈维认为，后现代主义对正义的批判不是发展了这一概念，而是让它消解了，一切关于正义与权利的话语都变得无效，于是正义在后现代“死亡”了。

（二）重构正义的四种努力及其批判

对于后现代理论中正义的消解，许多学者持不满态度，他们希望重新寻回正义，使之成为一个具有动员力的概念。在恢复正义概念的努力中，哈维对四种理论[①]比较关注，这四个理论的共同特点是试图在普遍主义与特殊主义之间找到平衡点，从而使得正义概念能够在实践分析中发挥作用。

1. 正义是差异得以再生产的总体性保障

一些女权主义者认为，将社会抗争仅仅限于小范围内，或者仅仅满足“在亲密感相互认同的渴望推动下去建立一个完美社区”是不符合其对于正义的期望的，他们期望努力超越人情社群主义的世界，拓宽斗争的领域，进入围绕福利国家政策、公共事务和镇组织的斗争，其中的代表人物是杨（M. Young）。

杨着重探讨了几类关系：多元与平等、特色鲜明的文化实践与社会交换、差异与融合等。通过对这些关系的阐释，杨发展出一套关于正义的理论框架，这套框架要求既拒斥总体性原则，又超越社群边界的正义准则。首先，要拒绝包含在启蒙理性中的普遍性概念，因为这些概念将可能抑制公民表达的异质性，从而使得展开交流的人们被同

① 哈维．正义、自然与差异地理学．胡大平，译．上海：上海人民出版社，2017：398－413.

化，而是真正有差异的。其次，将正义理解为一种保障性制度条件，它使得人们的差异性得以维系和不断再生产。最后，这一条件要求我们辨明压迫形态的五副面孔——剥削、边缘化、无权力、文化帝国主义、暴力，这是正义实现的基本条件。

对于杨的理论，哈维认为她未细致讨论时空背景，特别是当一种正义（如从被剥削者立场出发）与另一种正义（如从家庭道德准则立场出发）相遇时，如何用前者消除对后者的关注？在这里，杨又再次回到了抽象的“普遍原则”中。杨认为普遍原则具备双重性：一方面是能够充分反映特殊个体与集团的权利，另一方面又要对整个体系一视同仁。然而这带来的问题是一种含混性：既然普遍是一视同仁，那如何纳入“特殊联系、感情、承诺”这些东西？这些问题尚未被清晰阐释。

2. 正义是尊重文化的差异性与平等性

第二种试图复兴正义理论的主张认为，可以通过文化——既具有差异性，同时也是群体的——来界定绕开正义的普遍性与特殊性之争，将正义理解为对文化的差异性与平等之尊重。沃尔泽（Walzer，1983）具体论述了这一理论，他指出：“我们创造充满意义的世界，并居住在其中，既然没有办法根据人们对于社会的美德理解社会秩序安排，那么我们应该通过尊重他们的创造物来公平对待现实的人们……正义根植于对地方、荣誉、工作和各类事物的独特理解中，这些构成了一种共享的生活方式。”① 这就是说，文化意义上的“美美与共”就是一种正义原则。

① WALZER M. Spheres of justice：a defense of pluralism and equality. New York：Basic Books，1984：314.

哈维对这一观点提出了三点批判：第一，该观点拒绝了“所有可能的评价标准”，给予文化平等的尊重，这意味着不可能做出文化价值性的判断，如此说来，推翻种族隔离的、法西斯的、等级森严的社会文化便与否定土著美国人的自决权一样属于不公正。第二，文化是历史的，并不存在一个文化实体，既然文化本身就具有建构性、变迁性，如何用它作为谈论正义的标的呢？第三，居于文化中的人们也许并不希望那些文化得到尊重和保护，而保护的行动对他们而言恰恰就是一种压迫。比如裹小脚对古代中国女性而言是一种文化传统，但对于这一给自己带来痛苦的“传统”，不少女性可能是排斥的。

3. 正义是在一定范围内通过有效的沟通建构的“元规范”

第三种努力来源于哈贝马斯的理论，哈贝马斯的沟通合法性理论提供了在“启蒙共识”消解的情况下重建共识的框架。他认为，公民可以在公共领域进行自由且无拘束的交往基础上形成“元规范”，这些规范将跨越不同生态位面（如社区、学校、工作单位等），而成为具备强有力的道德约束力的载体。这种元规范，在霍威尔（Howell，1994）看来，既避免了道德准则的相对主义，又不是一个抽象的契约性规范理论，具有实践性。①

对此，哈维的疑问是“自由且无拘束”的交往是否是可能的。因为人们在交往中势必涉及权力、物质实践、想象、制度、社会关系等多方面的因素，这样产生的所谓元规范很可能不是绝对公正而是有所偏颇的。更重要的是，哈贝马斯忽略了空间的生产性，将人们之间的

① HOWELL P. The aspiration towards universality in political theory and political geography. Geoforum，1994 (25)：317 - 413.

交往置于一种“真空”状态下展开，实际上人们的交往行动及其评价与空间的生产过程是一致的。

4. 正义是通过人们复杂的情境纽带而实现的共情

第四种观点是对特殊主义正义观的一种“反用”。特殊主义认为一切知识——包括正义——都是情境性的，情境的异质性消解了可以相互之间形成普遍正义的可能性。但斯皮伐克（spivak，1988）认为，我们可以对情境做一些辩证主义的理解，情境不是彼此分离的差异，而是相互联系的关系纽带，因此“他者”可以沿着这一纽带而被自我内化。① 就前文所谈的鸡肉加工厂火灾一案来说，如果一名市民可能经常去肯德基用餐，而这个鸡肉加工厂的产品主要供给肯德基，当这位市民了解到这一切时，他与那些在鸡肉加工厂被烧死的工人们联系在一起，意识到他们不是与我们无关的，从而产生关于正义的共情体验。

对于这个理论，哈维也提出了两点批判：第一，我们不可能平等地对待各种情境，并且将它们以同样的程度加以内化。差序格局在人们的行为方式和认知体系中都多多少少发挥着作用，这就使得我们对于一些正义理念很难建立共情。第二，自我感觉和自我身份具有相对的持久性，不可能不断被建构。这就是说，尽管我意识到了他人的境遇，但也仅仅是意识到而已，不可能真正内化到自我体验之中。

（三）从阶级政治的角度把握空间正义

哈维对上述理论逐一提出了批判，但他自己面临的任务更加艰巨，因为他要把“正义”与“空间”结合起来。哈维认为，在当前的环境

---

① SPVIAK G C. Can the subaltern speak? // NELSON C，GROSSBERG L. Marxism and the interpretation of culture. Basingstoke：Macmillan，1988：271－313.

下，我们不能没有正义的概念，更要将正义与城市联系在一起。他认可在差异与普遍的辩证关系中去把握正义，现在的问题是，如何确定差异和异质性在何时、何地以及何种意义上具有重大意义。只有解决了这个问题，才能保证空间正义在认识论和政治意义上具备重要性。

哈维认为必须重新捡起“工人阶级政治”这一术语。① 但是，哈维并非要完全照搬马克思的理论，按照是否掌握生产资料及生产资料的性质来理解“阶级”概念。他指出：“我坚持认为，归根到底，阶级不是物、实体或‘永恒’（虽然在特定的条件下它确实会呈现这样一种形式），而是过程……我更愿意把阶级定义为与资本积累过程有关的情境性或位置性。我们所有生活在资本主义制度下的人在嵌入这种过程的条件下生活着。”② 据此，某一阶级（比如无产阶级）并不是一群人，而是人们的某种状态或生命历程，这样，“阶级”就变成了一种共识性和情境性的东西，这为理解空间正义提供了分析框架。

从阶级的共识性出发，哈维认为应该凸显“工人阶级政治”的正义优先性，也就是说辨识出资本积累过程的不平等关系以作为谈论正义的前提。在劳动过程中，让正义坚决站在无产阶级（弱势群体）这一边，以阶级共识（被压迫者）来凝聚社会正义共识。这就提供了在不预设普遍正义原则的前提下构建正义共识的可能性。从阶级的情境性出发，必须意识到工人阶级内部甚至每一个人的生命历程阶段均存在差异性。比如一个人在想到自己的养老金、保险时，跟他作为劳动力出卖者的情境角色就不一致。因此，关于正义的共识绝不是随意生

---

① 哈维．正义、自然与差异地理学．胡大平，译．上海：上海人民出版社，2017：413.

② 同①413－414.

成的，也不是永恒不变的，因此要建立制度性正义需要过程，需要时间、劝说和大量的艰苦劳动和“诡计”。[①] 可见，哈维的空间正义不是一个纯粹的理论概念，而是具有很强的政治性和行动性，他将争取这样的正义看作一项“政治任务”，这涉及四个方面的议题：

第一，绝不回避普遍性问题。只有不在正义普遍性上做虚无主义理解，才能为正义行动提供基础。但是普遍性与特殊性处于辩证关系之中，普遍性在种种时空场域中特殊地存在着，因此我们要透过这些特殊，从被压迫者的立场出发，对正义做出普遍性界定。

第二，建立这样一种观念：虽然全部的“他者”都是“他者”，但某些“他者”不仅是“他者”，这就涉及排除谁、团结谁的问题。这里面涉及的问题是选择一个怎样的情境纽带，让他者进入自我的内化之中。一方面，这一纽带不能是强加的，而应该是通过积极自由的、可持续的商谈建立的共识；另一方面，这一纽带也需要审慎选择，例如将生物还原主义体验作为一种纽带的话，我们将不能对强奸等问题提出疑义，当然我们可以说这主要是涉及了强制性，但法律也具有强制性，你不能说法律是不公正的。所以要建立一套更加有效的排他、含他的理解体系。

第三，批判性地分析各类社会正义观念。要根据情境或辩论者的位置批判性地看待各种社会正义观念，把握其中的权力和利益因素。但这一过程不能犯纯粹理性主义错误，要考虑到行动者对于“多重他者”的内化，考虑到特定时空背景的特殊性，考虑到个人行动的感性化特点。

---

① 哈维．正义、自然与差异地理学．胡大平，译．上海：上海人民出版社，2017：414.

第四，尊重身份政治状况、反思建构这一政治的过程。我们要对各种非正义状况保持敏感，但应对于处于非正义状态下的人们保持应有的尊重，比如，我们应该尊重无家可归，但要对制造无家可归的过程加以批判性分析。

（四）寻回正义之城的（空间/城市）权利

空间正义与城市权利问题紧密联系甚至一体两面，苏贾（Soja，2016）指出，空间正义和城市权利被交替使用，已经越来越难区分①，迪克（2001）更是认为空间正义、城市权利和差异的权利“三位一体”。② 哈维同样将空间正义与城市权利几乎当成一个议题。③ 哈维在空间正义理论的基础上发展出了“城市权利”的概念，认为要实现正义之城就必须为争取城市权利而奋斗。

与“正义”一样，“权利”也是西方哲学、政治学领域耳熟能详的概念，但哈维的观点与传统的权利思想并不相同，他认为由国家权力赋予的权利和资本主义的所谓自由权利都算不上是真正的“城市权利”。④ 对于前一种权利，哈维指出，国家要么将权利简单化，要么使其混淆不清而变得毫无意义，它通过规划、法令、监视和秩序维持来为城市的日常规律做出努力，但这种努力随处可见对差异的消除、对

① 苏贾．寻求空间正义．高春花，强乃社，等译．北京：社会科学文献出版社，2016：92.

② DIKEC M. Justice and the spatial imagination. Environment and Planning A，2001，33（10）：1785－1805.

③ 哈维探讨空间正义的两部重量级作品——《社会正义与城市》《正义、自然与差异地理学》均是其早期作品，而探讨城市权利的作品则多为晚近作品。从内容上看，空间正义与城市权利议题的内容大体上是一以贯之的。他和波特（Harvey & Potter，2009）合作的文章《正义之城的权利》（The Right to the Just City）中，“正义”和“权利”两个概念被交替使用，因此笔者倾向于认为，哈维没有对这两个概念做出明确区分。

④ HARVEY D，POTTER C. The right to the just city//MARCUSE P，et al. Searching for the just city：debates in urban theory and practice. New York：Routledge，2009：40－51.

弱势者（如流浪汉）的排斥和对异类的压制，因而虽然理论上是平等的，但结果却总是不平衡的。对于后一种权利，哈维认为，资本主义的权利逻辑建立在私有财产和个人所有制的基础上，它要求免于政府的干扰，要求个人财产权、自由思想和言论自由，这种权利意味着一种新自由主义的价值理念，只关注个人权利和自由，而使得其他形式的社会团结不再突出。因此，不能等待权力和资本的"施舍"，必须努力争取定义城市、定义权利的机会。

当然，哈维并不是要简单否认前两种权利观所带来的积极成就，但他更强调城市权利的实践性、市民性。他指出："城市权利只是一个空空如也的符号，取决于谁给他填充上意义……我们不可避免要面对这样一个问题——我们认同哪些权利？定义权利本身就是一个斗争目标，这场斗争必将伴随着实现它的斗争。"① 可以看出，空间权利是一个阵地，如果市民不努力夺取，它就会变成资本或权力的傀儡。毫无疑问，哈维坚决地站在市民这一边，他强调要通过市民的斗争来为空间权利"定义"。因此，哈维认为："城市权利就是一种在城市化过程中拥有某种形塑的权力，这种权力指向我们城市的建设与改造，而此权力的实现有赖于一种根本的和激进的方式。"② 换言之，那种"按照我们的期望改变和改造城市的权利"③ 必须在一种持续性的、根本性的权利实践中才能被拥有。总之，在哈维看来，城市空间的控制权、改造权是哈维的（城市）空间权利的基本意涵，这种权利并非个人私利，

---

① 哈维．叛逆的城市：从城市权利到城市革命．叶齐茂，倪晓晖，译．北京：商务印书馆，2014：前言，ⅸ．

② HARVEY D. The right to the city. The City Reader，2008（6）：23－40.

③ 同①5.

而是集体的权利、共享的权利，需要集体的努力。

总的来说，哈维关于城市权利的理论与列斐伏尔的理论一脉相承，他自己也承认列斐伏尔对他的这一理论影响很大，但他强调城市权利并非源于“各式各样的思想火花和一时的风尚”，而是来源于城市街头巷尾、城市街区，来源于被压迫人们的哭泣。[①] 从一开始，哈维就将理论旨趣定位于“解决革命的潜力问题”，也就是城市革命要如何成功的问题。具体来说，哈维的理论发展表现在三个方面：

第一，在权利的主体性问题上，列斐伏尔倾向于将“城市权利看成一种特殊的人权”，这还是在个人主义层面谈问题，而哈维则认定城市权利不仅仅是个人的权利，更是集体（市民）的权利。哈维谈道：“城市权利远远超过我们所说的获得城市资源的个人的或群体的权利，改变城市也不可避免要依赖于城市化中的集体力量，因此城市权利是一种集体的权利，而非个人的权利。”这个“集体”概念很有意思，按照哈维的意思，“集体”指的是全体市民和每一个市民，他们平等地享受使用和改造城市的权利。集体的权利还表现为城市空间的共享性，在城市中共享的空间是集体化和非商品化的，它不同于由国家创造的“公共空间”，后者是为资本主义生产服务的，但是共享空间常常被资本和权力占据。在这个意义上，城市权利意味着对这种占据的反对，要求由市民重新分享城市的使用价值。

第二，在权利的合法性上，列斐伏尔强调了资本主义国家主导的空间生产导致的矛盾后果及其对民众的影响，这是一套价值逻辑。哈

① 哈维．叛逆的城市：从城市权利到城市革命．叶齐茂，倪晓晖，译．北京：商务印书馆，2014：前言，vi.

维赞同这一逻辑，但他也强调从根本上来说城市是市民的创造物，因而城市只可能属于市民，而非属于资本或国家，这就涉及一套身份政治。哈维指出："城市权利不仅仅要求获取那些业已存在的权利，而是根据我们心中的渴望改变城市的权利，我们希望能够确信，我们能与自己创造的城市生活在一起。"[①] 哈维认为业已存在的权利是不够的，即使是国家给予的资本主义的所谓自由人权也不足以解决城市市民的身份政治问题，必须让权利的内容服从市民的意志，而这种意志源于市民的生活、体验和感知，从这个意义上，城市的权利是实践的权利。

第三，在权利的实现机制方面，列斐伏尔认为革命或抗争无济于事，因为城市革命很容易被包围，只有当斗争集中到反抗作为劳动过程的城市生活再生产时，才能从根本上实现反对资产阶级的斗争，他希望通过"普遍化的自我管理"形式来解决问题。哈维则明确反对一些理论家在资本主义框架内实现公平正义的主张，甚至调侃主张"正义规划"的费恩斯坦等人像是在路边咖啡馆边喝着卡布奇诺边解决问题，他认为必须通过城市革命来实现城市权利，这种革命包括三个基本原则：首先，谋取周边街区或社区层次大众的支持，通过工作的斗争（具体指罢工或夺取工厂）形式展开；其次，将关于城市化的日常生活生产与再生产，将关于更好质量的生活等结合到争取工作权益的斗争中，换言之，实现阶级斗争（基于工作的斗争）与城市斗争（基于社区空间的斗争）之融合；最后，将各种形式的对劳动者的剥削放到反对资本主义运动的核心，这里既包括劳动层面的，也包括城市层面的。

---

① HARVEY D. The right to the city. International Journal of Urban and Regional Research，2003，27（4）：939－941.

三、空间的非生产正义

哈维认为，资本主义卷入了一个长期大量投资于征服空间的难以置信的阶段①，为了缓和过度积累带来的必然的危机，资本主义通过“时空修复”的方式对空间进行占有、挪用、改造和生产，这一过程导致的后果是地理和社会上的不平等日益严重②，无数非正义和权利剥夺在空间中发生，因此，哈维特别强调必须对空间中的非正义现象保持高度敏感。如何看待空间（尤其是城市）中的非正义现象，如何从社会的逻辑（对哈维而言，特别是权力和资本的逻辑）对这些现象加以解释，这是哈维面临的重要问题。哈维通过发展列斐伏尔的空间生产理论，在“资本积累-空间修复-空间非正义”这样一个理论脉络中系统阐释了资本主义所面临的空间正义危机，拓展了多元化的资本批判之路。

（一）资本循环与过度积累危机

哈维在探讨空间问题时将资本积累及其引发的一系列问题看作一个至关重要的维度，探讨空间正义同样不能离开资本积累问题。资本的积累是在资本的不断循环中产生的，哈维指出，资本循环的连续性以生产出来的商品比生产过程中使用的商品增值为基础，这样才有利润，形成积累。在首次的资本循环中，资本家要么靠延长工作日长度（绝对剩余价值），要么靠改善生产力（相对剩余价值）实现增值，但

① 哈维．后现代的状况．阎嘉，译．北京：商务印书馆，2000：329.

② 哈维．新自由主义化的空间．王志弘，译．台北：群学出版社，2008：65.

是作为资本主义整体，只有通过对活劳动的剥削才能实现增值，于是矛盾出现了：资本主义的总体增值需要不断吸纳活劳动，而资本竞争则需要技术和组织手段，而这却要减少劳动力，这两者是冲突的，冲突的结果是要么不能继续吸纳资本剩余（第一种占优），要么不能继续吸纳劳动力剩余（第二种占优），最恶劣的情况是：劳动力和资本剩余都不能被吸收，在此情况下，产能浪费和失业率高并存。哈维将上述情况称为“过度积累”（over accumulation）。

但是，资本主义对于过度积累的问题并非毫无办法，当在生产领域出现过度积累时，资本会进入第二次循环，被投入固定资产（比如交通、住房、公共设施等）中。不过这些领域的资本循环速度较慢，而且投资往往是大规模的，因此在许多情况下对于个人资本家存在壁垒，为了帮助资本家创造投资的条件，国家需要为参与基础设施建设的资本家提供资金和保障。于是在第二次循环中，金融资本与国家机构发挥了关键性作用。国家借助第二次循环获得了大量资本，于是第三次循环被打开，它包括科学技术的投资、大范围的社会支出（包括教育、健康、福利等方面）。第三次循环的参与者对缓和阶级冲突、提高劳动生产率都至关重要，但资本家个人很难参与其中，只能通过国家这个阶级代理人展开。[①]

尽管出现了三级资本循环模式，但是资本主义危机并不能从根本上克服，特别是当危机蔓延到第二次和第三次循环时，金融系统（第二次循环）和国家结构（第三次循环）都会产生危机。总的来说，哈

① 哈维．资本的城市化：资本主义城市化的历史与理论研究．董慧，译．苏州：苏州大学出版社，2017：4－8.

维将资本主义过度积累产生的危机概括为三种形式①：首先是局部危机，这种危机会对特定部门、地理区域或协调机构产生影响，但在危机中的部门、区域或机构往往具有解决危机的潜力。其次是转换危机，这种危机下会出现资本流的大规模重组和重构，比如从一个领域转向另一个领域（部门转换危机），或从一个地方转向另一个地方（地理转换危机）。最后是全球危机，或多或少涉及资本主义体系的全部部门和领域，例如20世纪30年代和1973年后的经济危机都属于全球危机。

（二）空间修复：以地理扩张应对危机

哈维认为马克思在关于资本主义积累的动力学和危机生成分析中忽略了对外贸易和地理维度，而这两点对于解决危机显然是重要的。②哈维将借由开发新市场、新生产能力，以及位于他处的新资源、劳动力潜力，实现资本的空间置换方案称为“空间修复”（spatial fix）。空间修复表现为两种情况，对内表现为城市化，对外表现为全球化，其本质都是空间生产，“用空间征服空间”，但是不论以何种形式，空间先修复势必产生新的矛盾，循环往复、无法从根本上解决问题。

1. 城市化

哈维明确指出，城市化从来都是吸收剩余资本和剩余劳动力的关键手段，自然也是促成资本主义生存发展的基本要素。在这一点上哈维的结论与列斐伏尔的结论是一样的。但列斐伏尔注重论述空间生产的过程，而哈维则注重空间生产的结果，讨论其与空间生产的关系。

① 哈维．资本的城市化：资本主义城市化的历史与理论研究．董慧，译．苏州：苏州大学出版社，2017：12.

② 同①49.

哈维认为，理解城市化在资本积累中的特殊作用要从两方面考虑：第一，它改变了商品在空间上的流动而推动了积累；第二，凭借不断创造和生产出的空间场所来推动积累。

就第一个方面而言，资本要实现循环，就必须克服空间障碍，这就是马克思说的“用时间消灭空间”。而克服空间障碍就必须生产固定的空间配置（如运输系统）、依靠特定的空间组织，也就是说必须通过“创造空间来征服空间”。资本主义内部有一种结构性张力让空间生产不断继续：一方面，资本的积累需要结构化连贯性（structured coherence），也就是在空间使用成本较低的条件下去展开生产，这就要求将生产控制在一定的空间范围内；另一方面资本循环的内在压力（不循环就贬值）、不断发展的技术手段、区域内的阶级斗争以及组织形式的进步都促使其具备强烈的扩大空间的动力。这就推动资本家不断投资到相应的空间组织与空间设施的生产中。于是空间生产的规模不断扩大，资本主义以一种“创造性破坏”的形式改变了人们的空间体验，让人们感觉到生活的各个方面都在加速，以至于世界有时显得内在地朝我们崩溃了。[①] 这便是“空间压缩”的时空体验。

就第二个方面来说，在资本主义社会，空间本身就是商品，投资房地产等项目是消除过度积累、促进资本保值的手段。但是正如所有的长期项目一样，这类投资最终将面临更大规模的过度积累风险。为了最大限度降低这种风险，金融资本常常和国家合谋参与其中：政府出于保障资本积累的目的，出台一系列鼓励房地产投资和买卖的政策，

---

① 哈维．后现代的状况．阎嘉，译．北京：商务印书馆，2000：300.

银行一方面将钱借给开发商、地主和建筑公司，另一方面又将钱借给假定有能力偿还的购买者，从而建构了一个“虚拟资本”流来完成住宅和商业地产价值生产和实现的过程。

2. 全球化

空间修复还以资本的全球化扩张为重要手段，这一扩张可以分为资本输出和劳动力输出两种情况，通过投资或殖民的形式，资本主义的空间生产得以在全球范围内展开，它让资本主义的内在矛盾转移了出去，并且开辟了更大的生存空间。用马克思的话来说，如果没有对外贸易，资本主义生产根本不可能存在。[①]

但是这里也涉及一系列危机，如果纯粹输出资本而不进行空间组织和空间设施建设，让新兴地区的生产依赖于宗主国，则很可能不足以充分吸纳剩余资本和劳动力（如英国的殖民地印度）；如果对其进行大规模的空间重构，则会让该市场也具备结构化连贯性，从而可以自主吸纳剩余资本与劳动力，从而与宗主国展开竞争，使其经济出现贬值（如美国）。但不论如何，通过全球化的方式占有空间的确在很大程度上延缓了资本主义危机。但这里存在一个“转换危机”（switching crises），就是来自新地区的激烈的社会运动。所以在这里，资本积累问题，变成了民族国家间的政治、经济甚至军事问题。

3. 空间修复的矛盾性问题

空间修复机制内含着矛盾性问题。哈维将矛盾概括为两点：第一个矛盾是空间障碍只有通过空间生产才能被克服，但在空间生产（即

① 哈维．资本的城市化：资本主义城市化的历史与理论研究．董慧，译．苏州：苏州大学出版社，2017：49.

人造环境的建设）的过程中需要投入大量的资本。然而作为固定资本的人造环境并不具备交换价值，当它们的使用价值不再最大化时就意味着大幅贬值，如此，为了克服空间障碍而展开的空间生产，自己反而成了新的积累障碍。而这一障碍的克服，又需要新的空间生产。第二个矛盾是资本主义内在矛盾可以通过空间修复来解决，随之而来的结果是资本主义将其矛盾转移到更广阔的领域，并为它们提供了更大的自由度。这两个矛盾彼此交叉，产生的结果是：资本越是希望克服自身的危机就越寄希望于空间生产，但越是展开空间生产危机就越重，由此，过度积累不断扩大，城市化就越迅猛，全球化就越剧烈，由此产生的矛盾也将越深刻。资本主义为了存活，只能通过不断自我毁灭才能保存自身。①

实际上，“空间修复”（spatial fix）这一词组已经蕴含了空间生产作为危机缓和机制的隐患性，按照哈维的说法，“修复”（fix）至少包括如下三种：第一种是“固定不动”，延伸为“不可移动的空间”，资本主义为了生产的需要，不得不去征服空间，实现空间压缩，从而最大限度降低运输和交通的成本。第二种是“修复、解决问题”，这是指为了解决过度积累的危机，资本主义将空间的生产当作一种渡过危机的手段。第三种意思是一个隐喻，fix 还有“一剂毒品”的意思，这暗含着空间修复对于资本主义的过度积累矛盾的解决不过是饮鸩止渴，而这种办法会导致成瘾或依赖，历次世界范围内的经济危机（哈维专

① 哈维．资本的城市化：资本主义城市化的历史与理论研究．董慧，译．苏州：苏州大学出版社，2017：58－59.

门分析了 2008 年金融危机与空间修复的关系）都是明证。[①]

（三）资本积累与空间非正义

资本积累及其带来的一系列危机要求资本主义展开大规模的空间修复，但是空间修复本身又带来了新的矛盾，这些矛盾不仅仅是对资本主义而言的，也是对空间的居住者来说的，后者特别表现为一系列的空间非正义问题。这些问题表现在城市领域、全球领域、生态领域，可以说，资本主义的空间生产是空间非正义的根本原因。

1. 资本积累与城市非正义

按照资本的逻辑展开大规模的城市建设势必带来一个为了谁、服务谁的问题。哈维在《叛逆的城市：从城市权利到城市革命》中非常尖锐地提出了“谁的街道、谁的城市”这样的问题，实际上正是对于既有城市发展逻辑的一种质疑与抗争。具体而言，资本积累带来的城市非正义主要表现在如下三个方面：

第一，依照资本与权力的逻辑进行“创造性破坏”，忽略民众的诉求、意愿与权利。“创造性破坏”是熊彼特用来描绘资本主义企业的发展机制的，哈维将它用于概括拿破仑三世时期的巴黎大改造过程。哈维说：“现代性的神话之一，在于它总是采取与过去完全一刀两断的态度……它将世界视为白板，并且在完全不指涉过去的情况下，将新事物铭刻在上面——如果在铭刻的过程中，发现有过去梗阻其间，便将过去的一切予以抹灭……它总是与‘创造性破坏’有关。”[②] 然而为了

① HARVEY D. Globalization and the spatial fix. Geographische Revue，2001，2（3）：23 - 31.

② 哈维．巴黎城记：现代性之都的诞生．黄煜文，译．桂林：广西师范大学出版社，2009：序一．

实现资本积累而展开的空间生产往往不能考虑民众的诉求与意愿。哈维引用一位作家的文字谈道："我遭到了驱逐，其他人跑来定居在那儿，而我的房子被夷为平地，到处都覆盖着污秽的人行道。这是一座没有过去，充满无记忆的精神、无泪的心肝与无爱的灵魂的城市，这是一座游荡着居无定所的群氓的城市，纵然可以发展为世界的首都，也无法拥有任何市民。"[①] 若果真如此，则城市的大兴土木是外在于市民的，它不仅与市民们的期望大相径庭，还破坏了市民生存与发展的权利。在《叛逆的城市：从城市权利到城市革命》中，哈维描绘道："在左岸计划兴建高速公路，在巴黎第 13 区和郊区建设起毫无灵魂可言的高层住宅，借上充斥着价格被垄断的商品，曾经围绕着马莱区小手工艺作坊的那些生机勃勃的街区生活已经完全解体。"[②] 这进一步表明，以资本积累为目的的城市化是以牺牲居民的日常生活为代价的。

第二，不断加强城市街区的封闭性与区隔性，造成空间分异与公共空间使用的不平等。哈维认为城市的重建具有阶级性[③]，在巴黎的改造中，政府以公共利益为名吞噬了贫民区，还让工人阶级、难以控制的元素及有害产业一起移出了巴黎。对于无产阶级的境遇，哈维描绘道："资产阶级生产方式使我们的工人每天每夜都囚禁在这些传染病发源地、恶劣的洞穴和地窖里面。"[④] 与此相对的是富人占据着城市的中心并日益封闭："纽约的曼哈顿实际上已经是一个巨大的富人们的封

---

① 哈维．巴黎城记：现代性之都的诞生．黄煜文，译．桂林：广西师范大学出版社，2009：276－278.

② 哈维．叛逆的城市：从城市权利到城市革命．叶齐茂，倪晓晖，译．北京：商务印书馆，2014：1.

③ 同②17.

④ 同②18.

闭社区……在墨西哥城，世界上最富有的人卡洛斯·斯利姆让市中心的街道重新铺上了鹅卵石……在纽黑文，作为世界最富裕大学之一的耶鲁，捆绑起它所有的资源，投入到自己的城市建设中。”① 总之，在市场的名义下，空间分异正不断蔓延，社会不平等日益体现在空间上。

第三，将空间作为新的掠夺性实践，最大限度地攫取社会财富。资本主义展开空间生产的目的是获取更多的资本，而获取资本的方式是否公正，是否会给民众带来困难则不在其考虑的范围内，于是空间成了新的剥削形式。哈维谈道，在孟买，开发商在国家的支持下几乎没有成本地获得贫民窟的居民们世代生活的土地，因为这些土地不具有产权，贫民们甚至不能从这里得到任何赔偿。在 20 世纪 90 年代的首尔，建筑公司和开发商甚至雇请相扑手和打手来砸烂居民们的个人财产，迫使其离开。在中国，城市边缘的贫民菜农仅仅因为土地一夜暴富，成为靠租金过活的“城里人”。② 据哈维所言，在过去几十年的时间里，土地成为一种重要的牟利手段，大量土地被政府转手给了开发商，多达七千万人因此永远失去了土地。除此之外，在金融资本的主导下商品房消费也经历了这样一个过程。大量的住宅被生产出来之后如果没有需求则不可能盈利，但当那些资金充足、信用良好的消费者已经被消耗殆尽时，金融资本家和房地产商组成的“城市增长机器”将目光转向了那些经济社会阶层较低的消费者。具体的做法是：将金

① 哈维．叛逆的城市：从城市权利到城市革命．叶齐茂，倪晓晖，译．北京：商务印书馆，2014：24-25.

② 同①19-20.

融资本贷款给信用不佳的购房者使之可以买房，后者需要将房产作为抵押品，并付出更加高昂的贷款利率，这就是所谓的次级贷款。为了分担风险，金融资本将抵押贷款证券化，出售给其他金融机构和各类投资人，并获得高额报酬。金融机构和各类投资人也可以继续销售手中的抵押债券以获利，这样就形成了一个庞大的衍生性金融市场。而对于这一市场的源头——贷款购房者来说，他们不仅要承担高利率，而且一旦其出现违约状况，则丧失抵押赎回权，不能再享受房产升值的成果。可见，金融资本不仅将底层民众的财富全部掠夺，最终也并未让其享有梦寐以求的房产，因此哈维称这是银行和政府联合起来对人们的私有财产的最大掠夺。

第四，通过空间的政治化，将社会不平等嵌入在空间结构之中。资本主义将空间作为一种统治工具。哈维指出，资本主义通过近 20 年来对各类产业进行分化重组，将大量“血汗工厂”搬到了远离市中心的乡镇，在这里他们容易找到廉价的、非工会的劳动力，在进行残酷剥削时还可以避免来自媒体和政治的压力，从而强化不公正的结构性。他以发生在北卡地区的鸡肉加工厂火灾事件为例做了说明。该地区分布着大量烤鸡工厂，这些企业的工人大多工资极低（1991 年每周不到 200 美元）、劳作繁重且没有安全保障。1991 年当地第二大烤鸡加工企业帝国食品公司爆发了火灾，导致了 25 人死亡、56 人受伤。由于工人阶级缺乏组织性，该工厂甚至没有得到应有的惩罚，工人们甚至不得不忍气吞声在此地继续工作。此外，由于远离市中心，媒体和政治舆论几乎没有反应，这与 1911 年发生在纽约的衬衫公司大火引发了 10

万人抗议形成了鲜明对比。①

2. 资本积累与全球非正义

哈维在《新帝国主义》中批判了西方资本主义（资本帝国主义）国家的时空修复带来的全球范围内的不公正。与传统的帝国主义不同，在新帝国主义扩散的政治经济过程中，支配和使用资本占据首要位置。通过“权力的领土逻辑”，资本家突破了时空限制，在更为广泛的空间范围内实现资本积累，从而在空间上形成了连为一体的垄断力量，产生了不平等的交换环境，哈维所说的“非对称交换”由此产生。

在此环境下，西方发达国家得以最大限度地向发展中国家转嫁灾害，从而赢得发展。比如美国的债务危机可以让全世界买单（通过美元贬值），正是由于全世界都用美元进行交换。这种非对称的交换使得特权和权力集中在某些特定的区域，不断加剧了财富分配的地理不平衡性，从而形成了世界范围内的两极分化。因此哈维说，这是“资本主义发展中必须经历的，会导致不平等的一种野蛮行径”。

在《新帝国主义》第五章的最后，哈维特别论及中国的经济增长及其与新帝国主义的关系，他认为，解决全球过度积累问题的唯一可能在中国，他指出：“从本质上而言相当于原始积累的大规模基础设施的发展，从而能够吸收世界上绝大部分的资本盈余。这种假设必须建立在这一过程不会在中国引发反革命的基础之上……但是如果这一过程获得成功，大规模剩余资本转入中国对于美国经济而言将会是一场

① 哈维．正义、自然与差异地理学．胡大平，译．上海：上海人民出版社，2017：385－393.

灾难……在这种情况下，美国将会坚决利用其石油力量来限制中国，最起码在中亚地区挑起地缘政治冲突，甚或将其扩展为全球性的冲突。”[①] 对美国而言，中国是其寻求剩余资本盈利的重要场所，对美国资本主义经济的持续发展来说具有重要的意义，尤其是在当前美国已经失去世界制造业霸主的地位，金融业等非制造业占据了经济总量将近70%的比例之际，中国这一庞大的市场对美国来说至关重要。由此，空间非正义从个体上升到了集体（国家）之上。

3. 资本积累与环境非正义

资本积累导致的空间非正义还表现在环境领域。哈维改编了恩格斯的名言，颇带有讽刺地指出：“资产阶级对于污染问题只有一个解决办法，那就是把它们移来移去。”[②] 事实上，为了能够同时实现资本积累与环境享受，资产阶级将污染源迁移或建设在不重要的地带，移动到那些低收入者、有色人种和边缘人的聚居地段，已经是资本主义解决环境问题的常规手法。哈维发现，作为当时世界银行首席银行家，后来担任美国政府副国务卿的著名经济学家劳伦斯·萨默斯竟然堂而皇之地说出了应该将高污染产业转移到欠发达国家的话语，其中一条理由是“虽然生产是流动的，但对美好空间的消费是不可交易的”[③]。这充分表明，环境问题已经跟资本主义的剥削问题，跟社会不平等问题联系在一起，这已经成了一种“常识”。在这样理念的引领下，边缘

① 哈维．新帝国主义．初立忠，沈晓雷，译．北京：社会科学文献出版社，2009：167.

② 哈维．正义、自然与差异地理学．胡大平，译．上海：上海人民出版社，2017：421.

③ 同②422.

的个体、群体、国家成为环境污染的受害者，由此引发的社会矛盾也此起彼伏。

除了在行动层面上，资本主义还频繁地使用一些“专门的”“科学的”话语，否认、怀疑、贬低已知的或被强烈感知的由环境危害导致的后果。[①] 例如，一些经济学家为古典经济学（背后是自由主义意识形态）赋予特权，解释污染“分配”的合理性，让环境问题的受害者从意识层面接受自己的弱势地位。此外，资本主义虽然也提出了一些环境治理方案，但这些方案不仅不能根本上解决问题，这些方案聚焦于自然而不是人类命运，由此掩盖了环境问题的实质。比较著名的三类方案包括[②]：

先污染后治理。环境管理的“标准观点”是，一般环境问题不可能妨碍发展，所谓“发展中的问题应该在发展中解决”，因此我们要做的是事后治理，就是当市场失灵，不能有效避免环境问题发生时，政府通过颁布一系列的法规、标准，强制企业必须处理好出现的环境问题，同时提供污染治理的公共支持。但这一方案建立在“量化损失”的基础上，即只有明确环境污染造成的具体伤害程度，才可以进行治理，而有时候伤害（比如环境造成的种种疾病等）是难以在短期内明确的。此外，该观点服从私有财产和利益最大化原则，从根本上不过是发展的一种手段，环境和正义都不在话语的中心。

可持续发展。这就是所谓“生态现代化”的观点，也就是在发展

① 哈维．正义、自然与差异地理学．胡大平，译．上海：上海人民出版社，2017：428-429.

② 同①430-442.

中通过系统地预防环境问题，从而保证在更长时期内环境不受危害。与第一种方案相比，这一方案当然是进步的，但是它以自然承载力具有极限作为理论根基，这就意味着是自然而不是资本主义是根本的问题。但是在这样一个分析框架内，资本主义本身并未遭到任何质疑，自然本身承担了一切罪责。与之类似的例子还有人口控制。

各扫门前雪。一些观点认为，环境污染的产生其实是“公地悲剧”的结果，是公共产权不明确导致的，当私有产权明晰之后，人们会精心保护自己的空间，这样污染问题就不药而愈了。西方人将推动这一工作的运动称为“明智自治”。但哈维认为，这一论调是不切实际的，因为在考虑有关土地使用可能引起的环境问题上，作为个体的土地开发商和资源开采者不可能比集体拥有更多的智慧和见识去处理好环境正义问题。

因此，哈维提出，我们不仅需要展开争取环境正义的运动，还要让这一运动的话语激进化，不仅要反对环境问题本身，还要对制造环境问题和社会不公正的基本过程（涉及权力结构、社会关系、制度构型、话语与信仰制度等）进行批判。①

四、迈向希望的空间

面对资本主义的空间生产带来的一系列问题，列斐伏尔呼吁差异的（城市）权利，试图构建超越抽象空间的“差异空间”，在这一空间

① 哈维．正义、自然与差异地理学．胡大平，译．上海：上海人民出版社，2017：460.

中，各种各样的差异性得到尊重，个性得到最大限度发挥，歧视、隔离、等级均不存在，而这一空间/权利的获得只有通过斗争的形式。同样，哈维也认为必须积极反抗资本主义的空间生产带来的一系列问题，但是他考虑的要点是以什么愿景指导斗争、如何实现秩序与权利/正义的统一。哈维写道：

“如果我们确定城市不符合我们的心愿……我和其他人该怎么办呢？总之，如何才能使城市权利通过改变城市生活而行使呢？列斐伏尔的回答简单地触及本质：通过社会总动员和积极的政治/社会斗争。但我们要构造什么愿景来指导我们的斗争呢？如何发动政治斗争并确保其积极结果，而不是陷入无休止的暴力呢？”①

这一问题非常现实，解决它需要付出巨大的代价，因此一些主张正义城市的空间理论家在它面前踌躇不前，只是试图弱化不公平的体制带来的最糟结果。② 但哈维认为，我们真正需要做的是了解冲突的性质，要做到这一点，就必须立足于一种解放的政治学去对“乌托邦”问题进行把握，因为正是乌托邦理想给予人们“揭开替代方案并积极追求它们的意志、勇气和理解力”③。

对于乌托邦问题的集中讨论，出现在《希望的空间》一书中。事实上，在人类历史上并不缺乏乌托邦思想，这些乌托邦虽然寄托了美好的设想，但终究无法实现，因此寄希望于哪一种都不可靠，必须设计出替代方案。但在此之前，哈维对人类历史上出现的乌托邦进行了

---

① HARVEY D, POTTER C. The right to the just city//MARCUSE P, et al. Searching for the just city: debates in urban theory and practice. New York: Routledge, 2009: 40-51.

② 同①.

③ 哈维．希望的空间．胡大平，译．南京：南京大学出版社，2006：151.

归类，他认为，总的来说存在两种乌托邦：空间形式的乌托邦和社会过程的乌托邦。

所谓“空间形式”的乌托邦（utopia of spatial form），意味着通过新的空间规划和设计，对原有空间状态做出改变，实现新的空间生产和空间分配。这种做法的出发点是空间秩序，它试图一劳永逸地实现空间和谐，达成“历史终结”的理想。一个典型的“空间形式”乌托邦便是莫尔在《乌托邦》一书中描绘的美好的乌托邦新岛。在这里，一切混乱的要素被排除，只剩下一个孤立的、有条理地组织的且主要是封闭空间的系统，空间被严格、稳定、不变的社会过程所宰制。① 但是哈维并不赞赏这样一个乌托邦，因为它的目的是压抑人性欲望，对身体进行严格的规训，它欺骗人们空间可以终结时间（历史），但历史不会真的终结，欲望和需求还会不断生成，因此权利诉求不会从根本上得到满足。实际上，福柯笔下的精神病院、医院、监狱等近似于这样一个乌托邦。

所谓“社会过程”的乌托邦（utopia of social process）则意味着放任自流，将空间问题的解决寄希望于一些社会议程，寄希望于经济发展、人民素质提高、城市管理技术进步等。它实际上就是自由主义所营造的一种幻象，欺骗人们通过市场可以解决全部问题。哈维指出：“这些年，我们几乎经常被哄骗去接受亚当·斯密设想的能解决所有灾难的过程乌托邦。”② 但事实上，市场本身也是一种人为建构，在资本主义主导下的空间生产出现了一系列的不公正、不正义的问题。因此，

① 哈维．希望的空间．胡大平，译．南京：南京大学出版社，2006：158.

② 同①171.

哈维认为这种“乌托邦”希望用时间（历史）来征服空间，但它很可能会忽略了空间本身在社会行动的框架和不公平的基础中发挥的作用，而陷入“幼稚的概念和意识形态”之中。

在这两种乌托邦方案的基础上，哈维给出了“辩证的乌托邦”的理论设想，这样一个乌托邦同时考虑了社会与空间的维度，既在当前空间的结构中，又在社会历史的脉络之中，去实现空间的重构。辩证的乌托邦特别重视如下三个方面的问题：

第一，“辩证乌托邦”是开放的，它要揭示人类不平衡地理发展的轨迹，要求对广泛的人类潜力进行探索，从而使得空间的不断开放性持续下去。城市空间的和谐并不是要求死气沉沉、没有冲突，哈维讽刺说，只有天堂如此平静，但也如此无聊。① 在不断变迁的动态平衡中才能找到空间的秩序轨迹。

第二，“辩证乌托邦”要求人类承担起对社会与自然的责任，构建彼此依赖的“生命之网”，这是对“社会过程乌托邦”的回应。哈维认为城市发展必须重视公正问题，各个阶级尤其是工人阶级、失去权力的人、边缘化的人应该结成联盟，形成统一的阶级规划，以应对在环境问题上由少数关键机构（如现代国家、跨国公司、金融资本等）占支配地位的“经济主义工程话语”的霸权。

第三，“辩证乌托邦”要求立足社区，展开反叛性设计。这是对“空间形式乌托邦”的回应。哈维强调必须通过现在状况中我们所拥有的原料的切实转换来建构空间，但这一建构过程（空间生产过程）应

① HARVEY D，POTTER C. The right to the just city//MARCUSE P，et al. Searching for the just city：debates in urban theory and practice. New York：Routledge，2009：40－51.

该是反对资本积累、反对空间异化的。他鼓励人们成为“反叛建筑师”，这类人占据了一定空间，并且具备某种改变的技能，通过他们的反叛性实践，能够构建新型社区，从而将空间生产与集体权利结合起来。

哈维综合了《共产党宣言》和《世界人权宣言》，提出了辩证的乌托邦中的普遍性权利，主要包括十个方面：（1）生活机会的权利，这关系到人的基本生存和获得报酬的权利。（2）政治联合和“良好”治理的权利，这种权利既主张联合，但更要求突出问题和差异。（3）生产过程中直接劳动者的权利，特别是其收入、劳动强度和尊严方面的权利。（4）人的身体的不可侵犯性和完整性，不得对人的身体进行控制和强迫。（5）豁免权/变动权，即豁免于其批判性评论和争论的权利。（6）体面、健康的生活环境的权利。（7）集体控制公共财产资源的权利。（8）尚未出生的人的权利。（9）空间生产的权利，这关系到空间构造、空间循环、空间关系重构等问题。（10）差异权，即保持差异的权利。①

对辩证乌托邦的理念设计及这十个权利的陈述，展现了哈维对于构造新世界、新空间的顶层设计。不难看出，这一设计尽管带有浓厚的理想色彩，但还是有非常明确的现实针对性，其中的一些观点对思考中国的空间治理问题颇有裨益。

参考文献：

哈维．新自由主义化的空间．王志弘，译．台北：群学出版

① 哈维．希望的空间．胡大平，译．南京：南京大学出版社，2006：242－246.

社，2008.

哈维．地理学中的解释．高泳源，译．北京：商务印书馆，1996.

哈维．英国著名左翼学者大卫·哈维论资本主义//吴敏．国外理论动态，2001（3）.

哈维．巴黎城记：现代性之都的诞生．黄煜文，译．桂林：广西师范大学出版社，2009.

哈维．新帝国主义．初立忠，沈晓雷，译．北京：社会科学文献出版社，2009.

哈维．正义、自然与差异地理学．胡大平，译．上海：上海人民出版社，2017.

哈维．叛逆的城市：从城市权利到城市革命．叶齐茂，倪晓晖，译．北京：商务印书馆，2014.

哈维．后现代的状况．阎嘉，译．北京：商务印书馆，2000.

哈维．资本的城市化：资本主义城市化的历史与理论研究．董慧，译．苏州：苏州大学出版社，2017.

哈维．希望的空间．胡大平，译．南京：南京大学出版社，2006.

任政．资本、空间与正义批判．马克思主义研究，2014（6）.

CASTREE N，HUBBARD P，KITCHIN R. Key thinkers on space and place. London：Sage Publications，2004.

DIKEC M. Justice and the spatial imagination. Environment and Planning A，2001，33（10）.

HARVEY D. Social justice and the city. London：Edward Arnold，1973.

HARVEY D. The right to the city. The City Reader，2008（6）.

HARVEY D. The right to the city. International Journal of Urban and Regional Research，2003，27 (4).

HARVEY D. Globalization and the spatial fix. Geographische Revue，2001，2 (3).

HARVEY D，POTTER C. The right to the just city//MARCUSE P，et al. Searching for the just city：debates in urban theory and practice. New York：Routledge，2009.

HOWELL P. The aspiration towards universality in political theory and political geography. Geoforum，1994 (25).

SAUNDERS P. Social theory and the urban question. Abingdon：Taylor&Francis，1981.

SPVIAK G C. Can the subaltern speak? // NELSON C，GROSSBERG L. Marxism and the interpretation of culture. Basingstoke：Macmillan，1988.

WALZER M. Spheres of justice：a defense of pluralism and equality. New York：Basic Books，1984.

WHITE L. Political theory and postmodernism. Cambridge：Cambridge University Press，1991.

第九章　卡斯特的网络时空论

20 世纪 90 年代以来，信息技术革命呈现出新的发展态势。互联网和移动通信等新媒体技术不仅提高了人们的信息交流能力，还扩大了社交互动的范围，激发了交往方式、社会空间、时间和权力结构领域的一系列深刻的社会变革。面对这种新形势，从信息主义的角度出发，卡斯特阐述了具有新颖内容和广阔视野的网络时空理论，为当代西方马克思主义空间理论研究树立了新的旗帜，产生了广泛的影响。

一、信息主义空间理论的探索

曼纽尔·卡斯特（Manuel Castells，西班牙名 Manuel Castells Oliván，1942—　）出生于西班牙巴塞罗那的一个贵族家庭。父亲是西班牙财政部的金融检查员，母亲也在财政部从事会计工作。卡斯特自幼聪明，16 岁就被巴塞罗那大学法律和经济学系录取。在大学期间，卡斯特不仅勤奋学习，还积极参加各种社会活动，非常关注社会问题，对政治事务也非常敏感，因为政治立场的分歧，他与他的姐姐一道同他们的贵族家庭断绝了关系。1962 年，卡斯特因参与反对西班牙佛朗哥法西斯政权的社会运动而遭到政治放逐，未能获得巴塞罗那大学的学位。

在政治流亡期间，卡斯特来到法国巴黎。在流亡巴黎的日子里，卡斯特并没有停止参与社会运动和继续学习深造。1964 年，他获得了巴黎大学的公法和政治经济学文凭。1965 年，他获得了巴黎大学劳动和社会科学研究所的劳动社会学硕士学位。1965 年至 1967 年间，他在巴黎大学高等研究实践学院的工业社会学研究室学习社会学，在阿兰·图海纳（Alain Touraine，1925—　）的指导下获得博士学位。他还获得了马德里大学社会学博士学位和巴黎第五大学（索邦大学）人文科学博士学位。可见，卡斯特在青年时期积累了非常丰富的人文科学和社会科学知识。

1967年，卡斯特担任巴黎大学（南特校区）社会学系的助理教授。1968年，卡斯特再次投入巴黎的五月风暴。在对法国带来强烈冲击的五月风暴被戴高乐政府平息后，卡斯特于1968年6月中旬被驱逐到瑞士日内瓦，然后又辗转到智利，在那里开始了他的第二次流亡。从1968年到1979年，卡斯特参与了智利阿连德社会主义政府的城市问题研究，还在加拿大蒙特利尔大学和巴黎高等社会科学院任教，从事城市社会学研究和教学工作。1972年，卡斯特的第一本书《城市问题》以法文出版，推动了传统城市社会学研究范式的转变，开辟了城市社会学研究的新视野，并为他赢得了广泛的学术荣誉。

1979年，应加利福尼亚大学伯克利分校城市与区域规划系的邀请，卡斯特来到美国开始了他的学院式学术生涯。在伯克利分校的教学期间，卡斯特担任西欧援救中心主席，也是国际研究学会执行委员会成员。1988年至1993年，在继续伯克利分校的教学生涯的同时，卡斯特被聘为马德里自治大学新技术与社会科学学院的教授和院长。同时，他还担任了蒙特利尔大学、智利天主教大学、巴西圣保罗州立大学、墨西哥城市大学、墨西哥自治大学、委内瑞拉中央大学、哥本哈根大学、日内瓦大学、牛津大学、日本一桥大学、威斯康星-麦迪逊大学、波士顿大学、南加利福尼亚大学以及麻省理工学院等全球知名高校的客座教授。此外，他还曾在45个国家的300多所学术机构发表过演讲。

来到美国后，卡斯特的研究重点是信息社会学、城市社会学、区域发展、社会运动和网络社会学。自20世纪80年代中期以来，卡斯特的研究越来越多地关注信息技术革命对当代人类社会的影响。同时，他更加坚定了自身的信息主义立场，而且逐步形成了以社会生活信息化、网络化变迁为主要内容的社会学理论体系。从 1996 年到 1998 年，卡斯特以每年一部的速度出版了他的代表作《网络社会的崛起》(1996)，《认同的力量》(1997) 和《千年终结》(1998)。这三本书统称为“信息时代三部曲：经济、社会和文化”。

“信息时代三部曲：经济、社会和文化”的理论视野非常广阔。它以信息技术革命为基础，对当代人类社会在经济、政治、文化和社会关系等各方面的变化进行了深入探讨。许多社会学家，如图海纳、吉登斯和巴伯都给予了很高的评价。1996 年，安东尼·吉登斯在给《网络社会的崛起》撰写的书评中，称此书可以与马克斯·韦伯的《经济与社会》媲美。卡斯特最重要的贡献在于，他宣称信息技术革命不仅给人类社会带来了不同层面上各种具体事物的变化，更重要的是，人类社会形成了一种新的社会形态——网络社会。在网络社会中，社会的组织形式，人们的行为方式、思维方式和工作方式，以及社会的权力结构和时空形态，都发生了总体性的变迁。

卡斯特在“信息时代三部曲：经济、社会和文化”中的论述处处展示了他明确的信息主义立场。卡斯特所代表的信息主义展现了当代西方流行的学术思潮和社会潮流。基于信息技术革命给社会生活带来的深刻变化，信息主义对新自由主义和社会民主构成了严峻挑战。众所周知，新自由主义与社会民主主义之间也存在着严重的对抗。新自由主义主张市场经济已进入全球化时代，要充分发挥自由竞争在市场经济中的作用，有效配置资源，提高社会效率，限制政府对市场经济的干预，从而保证全球化时代经济社会的可持续发展；而社会民主主义则认为，新自由主义排斥政府的作用，单方面强调市场竞争，其实质是为美国找到控制全球经济和社会发展的借口。政府不仅不能靠边站，还要积极利用市场资源来保护社会，维护社会的权力，维护经济和社会的公平和正义。

卡斯特反对新自由主义仅仅强调经济全球化的观点，也反对社会民主主义在维护民族国家社会福利政策中的立场。他认为，新自由主义强烈主张的经济全球化和市场竞争基于发展水平和竞争力不平衡的殖民主义思想，其结果只能是对欠发达国家和地区的剥夺。社会民主主义虽然批判了新自由主义的片面性和虚伪性，但它强调的是政府在利用市场竞争分配资源方面的作用，不能达到维护基层社会成员权益的目的。社会民主的概念已不再可行。原因不仅是民族国家的福利政策不能承受经济全球化的冲击，更重要的是，它所维持的民族国家政体不再适合信息社会或网络社会的变化，它存在的合法性基础已经丧失。

卡斯特认为，必须清醒地意识到信息技术革命已经开启了人类社会的新时代，有必要重新审视信息技术革命带来的人类社会从经济基础到上层建筑的广泛而深刻的变化。卡斯特的信息主义立场可以在马克思那里找到思想来源。他继承了马克思的观点，即生产力决定生产关系、经济基础决定上建筑的社会结构运动变迁的观点。他认为，计算机、互联网和移动通信等信息技术已经取代了工业社会中机器的地位，成为当代人类社会中最先进的生产技术。信息技术的广泛应用，导致了生产力、生产关系和上层建筑的整体变化。一种新的社会结构——网络社会诞生了，即网络社会或信息社会已经成为一种超越工业社会的新型社会形态。由于网络社会或信息社会已经从经济、政治、文化和日常生活的整体构成上发生了转变，这就需要当代人文社会科学的研究视野、概念框架、方法论原则和价值取向随之发生变化，否则就不可能清楚地认识发生了深刻变化的现实社会。

关于信息技术革命和网络化时代的认识在学界是存在激烈争论的，在这其中，卡斯特始终有坚定不移的决心：彰显民众的权力，引导基层社会成员在信息化和网络化时代团结起来，为自己的幸福和自由开展有效的社会运动。卡斯特的这种学术追求与他在学生时代的政治追求是一致的。正是在反对法国和西班牙法西斯政权的社会运动中，在震惊了整个资本主义世界的法国巴黎五月风暴中，卡斯特不仅看到了民众的力量，也认识到民众的力量需要通过更有效的形式持续存在下去，需要通过更有效的途径整合起来，否则只能是轰然而起又转瞬即逝的昙花一现。可以看出，卡斯特后来的学术追求延续了他青年时期形成的政治抱负。

卡斯特的学术视野非常广阔，这与他有丰富的思想来源直接相关。除了上述马克思关于历史唯物主义的基本观点外，在他的著述中还能看到他的博士研究生导师图海纳对他的影响。图海纳的行动社会学和社会运动理论，对卡斯特关注当代网络行动和各种社会运动起到了重要引导作用。在 20 世纪 60 年代，卡斯特也受到了阿尔都塞的结构主义的影响。直到 20 世纪 90 年代卡斯特关于网络社会的研究中，还可以看到结构分析的一些特征。

虽然卡斯特的主要学术经历是在法国和美国度过的，但德国古典哲学和德国社会学对他的影响也很明显。在他的“信息时代三部曲：

经济、社会和文化”中，最广泛使用和最突出的研究方法是矛盾分析。在全球化与地方性、在场性与缺场性、确定性与不确定性、实体权力控制与流动权力抗争、传统政治体制固守与新型社会运动冲击等各种矛盾关系的分析中，卡斯特不仅分析了信息化和网络化驱动的当代社会的深刻变化和引发的严重社会问题，而且还揭示了迅速崛起和壮大的民间认同力量和信息权力，颂扬了信息化时代到来所呈现的各种新思想和新气象，使人们在复杂的社会矛盾中看到了发展和进步的希望。此外，丹尼尔·贝尔的社群主义、麦克卢汉的信息传播理论、哈贝马斯的交往行为理论、列斐伏尔的城市社会学和社会空间理论、鲍德里亚讨论的社会象征、吉登斯和贝克关于晚期资本主义风险社会的论述等，都在卡斯特的论著中留有痕迹。

令人敬佩的是，卡斯特不仅思想深刻，还是一位高产作家，他的著作有19部，此外还编辑或合著了21本书，并在学术期刊上发表了100多篇文章。他的“信息时代三部曲：经济、社会和文化”在1996年至1998年由布莱克威尔出版公司首次出版。2000年至2003年又出版了第二版。该书的英文版本再版了17次，并被翻译成西班牙文、法文、葡萄牙文、中文等17国文字。除了在前面提到的《城市问题》（1972）和“信息时代三部曲：经济、社会和文化”（1996—1998）以外，比较重要的著作还有《帝国主义与拉丁美洲的城市化》（1973）、《城市、阶级与权力》（1978）、《经济危机与美国社会》（1980）、《城市与民众》（1983）、《高技术、空间与社会》（1985）、《西班牙的新技术、经济与社会》（1986）、《信息技术、经济重构与城市发展》（1988）、《信息化城市》（1989）、《世界的科技城》（合著，1994）、《地区化与全球化》（合著，1996）、《网络星河：对互联网、商业和社会的反思》（2001）、《信息社会和福利国家：芬兰模式》（2002）、《网络社会：跨文化的视角》（2004）、《网络社会：从知识到政策》（2006）、《移动通讯和社会》（2006）、《通讯权力》（2009）等。

最能集中体现卡斯特网络时空思想和他的信息主义研究倾向的是他的"信息时代三部曲：经济、社会和文化"。卡斯特在他的"信息时代三部曲：经济、社会和文化"中给出了信息主义的时空理论。在卡斯特的论述中，信息是指一种趋势，是运作变化的趋势：（1）基于信息技术的使用，（2）像计算机网络一样进行（全球）组织，以及（3）集中信息（符号）处理。结果在信息资本主义中的主导操作是——在信息技术的帮助下——像网络一样的（全球）组织并基于信息（符号）处理。①

二、另辟蹊径的城市社会学研究

曼纽尔·卡斯特早年专注于城市空间的研究，是新城市社会学的代表人物之一，甚至我们可以由他城市空间理论中浓重的马克思主义批判思想，称他所做的是新马克思主义城市社会学研究。

在城市空间研究当中，卡斯特深受亨利·列斐伏尔的影响，但是又呈现出与列斐伏尔存在明显差异的空间理论。可以毫不夸张地说，近年来，社会学界乃至整个社会科学学界空间研究的风靡不衰，与

① 海曼．信息时代文化的黑客伦理//卡斯特．网络社会：跨文化的视角．周凯，译．北京：社会科学文献出版社，2009：460－472．

1974 年发表《空间的生产》的列斐伏尔关系密切。在巴黎“红色六十年代”里，列斐伏尔曾经是卡斯特的老师。卡斯特师承列斐伏尔，二人都拥有新马克思主义城市研究的立场，但是他的空间理论与列斐伏尔的理论存在明显差异，围绕空间的理论阐释，两人还曾经产生过尖锐的分歧和争论。

列斐伏尔对于空间的基本观点是，空间自历史发展中生产出来，又随历史的演变而重新结构和转化，是社会关系的重要组成部分。这一观点与单纯将空间看作社会关系演变平台的传统空间理论形成鲜明对照，内涵丰富又独树一帜。虽然卡斯特一再强调他与列斐伏尔在城市空间研究上的差异性，但是，不得不承认，在师承关系之下，二人的研究还是存在明显的共性。在他们看来，城市社会学如果忽视空间与社会的辩证关系就会毫无想象力可言。城市的发展涉及复杂的空间建构与安排，城市空间是城市内社会关系的结果，亦在某种程度上为再生产社会关系提供机会和资源。尤有进者，空间的安排与设置则隐匿更为微妙的阶级意蕴与资本隐喻。

围绕空间的阐释，卡斯特的空间理论与列斐伏尔的理论又有明显不同。早在 1972 年，卡斯特出版的第一本书《城市问题》中，他就写有题为《从都市社会到都市革命》的专章，专门指明他与列斐伏尔在城市空间研究上的分歧。他指出，在列斐伏尔看来，人类发展必须经过农业社会、工业社会和都市社会三个主要阶段，与这三个主要阶段相联系的则分别是需求、工作和娱乐。因此，都市主要表现的是一种文化内涵，熙熙攘攘的人流、娱乐、社交、欲望，这一切构成了都市的自由和繁荣。因此，在列斐伏尔的笔下，都市空间永远是生机勃勃的，经验、冒险、解放、节庆、创造，所有的一切都由都市空间形式生产。基于此，空间形式既不是客观的，也不是主观的，而是由空间的辩证法使然。但是，在卡斯特看来，列斐伏尔的空间理论过于强调了人文因素，把城市空间看作一个透明的人文舞台，说到底是过于突出了空间的社会生产力。卡斯特认为列斐伏尔的空间理论至少有一个技术问题悬而未答，这就是在物理距离的否定语境中，如何揭示社会关系。对此，卡斯特强调说："这关系到都市的本质究竟是什么的问题。因为城市什么也不创造，但是，通过把各种创造汇聚起来，它使它们花开艳丽。"①

卡斯特认为列斐伏尔的空间理论是一个乌托邦，理由是它摧毁了"城市"（city）和"都市"（urban）之间的一切因果联系。因此，"都市"崛起的条件不得不绕过"城市"的形式，而在其他方面寻求解决，比如政治实践。因此，卡斯特认为列斐伏尔的观点在政治上是一种险象环生的举措，它将生产方式和阶级斗争撇在一边来谈空间，这使空间理论的说服力大大下降。

卡斯特的新城市社会学研究深受马克思理论的影响，认为城市不应该被视为一个孤立的社会现象，而是应当被纳入一个更加广阔的背景之中，即应当重视阶级和资本对城市空间的深刻影响，而这正是以往城市空间研究所缺乏的。②《城市问题》一书的副标题是《马克思主义的视角》，卡斯特在书中更愿意强调的是社会物质的基础。基于此，他认为列斐伏尔是把人的因素高架在生产关系之上，有本末倒置、偏

---

① CASTELLS M. The urban question. Cambridge：MIT Press，1977：90.

② JARET C. Recent neo-marxist urban analysis. Annual Review of Sociology，1983（9）：499－525.

离马克思主义基本路线的倾向。对此，列斐伏尔本人后来反唇相讥说卡斯特不懂空间，是恪守一种机械的马克思主义教条。其实，列斐伏尔的反批评也不无道理。卡斯特与列斐伏尔研究城市空间的不同思路正显示了新城市社会学研究的活力和生命力。

具体来说，卡斯特在《城市问题》中从马克思主义的视角，质疑了沃斯关于城市生活方式的论述，追随阿尔都塞的结构主义，在某些层面对都市问题做出了有别于列斐伏尔的概念化解释，以回应从人类生态学视角研究城市空间的不足，而空间正是他切入这一主题的核心概念。[①] 在考察当代社会城市空间安排的结构化过程中，卡斯特认为，在以往的城市社会学研究之中，只有两个概念值得肯定——空间与集体消费。[②] 然而，空间只是一个物质要素，而非一个理论单位。特定的社会关系赋予空间结构以形式、功能和意义，即空间只是社会中一个与其他物质维度发生关系的重要维度，进入这些关系的人会赋予空间以形式、功能和意义。由此，他认为城市社会学的理论研究对象必须满足一个条件——空间单位与社会单位的一致性。基于此，集体消费成为探索城市空间的切入点。人们可以从中洞察空间的社会特质。进一步，卡斯特指出，都市空间内在于经济活动的四个层面——生产、交换、消费和管理，并且体现在工业区位、住房、交通设施和都市治理这四个不同的维度上。

在其后续的著作中，卡斯特提出“流动空间”这一概念，以阐述网络社会信息技术的扩展对社会空间的影响，原有的城市空间与新的

① CASTELLS M. The urban question. Cambridge：MIT Press，1977.

② 同①.

流动空间之间开始断裂，整个社会关系发生了激变，场所空间的重要性式微，而与之相对应的是流动空间的意义日趋凸显。[1] 这一理论视点不仅延续了他对于城市空间的研究，更紧紧握住信息化时代的脉搏，无疑深具洞察力，有助于我们去理解当代都市在空间层面正在经历的若干变化。对于“流动空间”的深入理解，本章会在后面部分进一步论述。

在卡斯特的城市空间理论体系中，空间形式是人类根据一定的生产方式和发展方式所再生产的，在一定程度上表现和执行了支配阶级的利益。卡斯特甚至直接将城市定义为再生产权力关系的空间单位，城市空间实践着国家权力关系。在空间的设置过程中，追求资本积累的资产阶级与要求提高集体消费水平的工人阶级存在剧烈的利益冲突，因为城市计划和城市政策可能更符合统治阶级的利益，但并不必然符合广大城市居民和贫困阶层的利益。为了争取符合自己利益的城市发展与城市规划，居民自发组织起来对政府或资产阶级的城市规划进行抵抗，从而引起更广泛的城市社会运动以夺取城市空间。这样，空间就在一定程度上打上了被剥削阶层、被压迫居民和被虐待的妇女的抗争烙印。卡斯特尤其强调城市社会运动是都市空间转化的作用者，是都市变迁的最高层次。[2] 卡斯特的论断实质上明确了都市空间的阶级性。

由此，我们不难看出在卡斯特城市空间研究的视野中，阶级之间

---

① 卡斯泰尔．信息化城市．崔保国，译．南京：江苏人民出版杜，2001.

② 王志弘．流动，空间与社会：1991—1997 论文选．台北：台北田园教育文化有限责任公司，1998.

的冲突和抗争影响城市空间的构成，阶级斗争在一定程度上围绕城市空间展开，并且与资本的流通交织在一起，资本的循环重构了城市的空间结构，但在一定程度上受制于空间的设置和各个利益集团之间的斗争。这就是空间、资本和阶级之间的复杂关系，它在一定程度上凸显城市空间的社会性或城市社会的空间性。

卡斯特从马克思那里获得灵感之后重新以阶级和资本的视角去构建空间概念并透过空间、资本和阶级的交织来理解城市空间。这在一定程度上有助卡斯特的城市空间研究摆脱他认为的列斐伏尔式的理论困境，更从另一层面体现了马克思主义的强大生命力。值得注意的是，卡斯特对城市空间议题的关注也为城市社会运动提供了理论准备。因为，“一个具体的城市空间问题框架——已融入城市社会活动的动力——既出于理论方面的考虑又是为了激进的社会行动而被提到了议事日程上”[①]。这就不难理解，卡斯特在网络社会背景下讨论流动空间，会将其与社会认同的建构和信息化权力放到同一研究框架之中了。

三、流动空间和地方空间

“信息时代三部曲：经济、社会和文化”的第一部是《网络社会的崛起》，在这部著作中，卡斯特论述的主要内容是信息技术革命及其推动的信息经济，而网络企业、网络行为和网络关系等则是信息经济的展开形式。概言之，这部著作实质是要揭示网络社会崛起的信息技术

① 苏贾．后现代地理学：重申批评社会理论中的空间．王文斌，译．北京：商务印书馆，2004：143.

根据或信息经济基础，而网络企业和网络关系不过是信息技术、信息经济的运行形式或组织形式。在这个意义上，卡斯特指出："以信息技术为中心的技术革命，正在加速重造社会的物质基础。全世界的经济依然成为全球互赖，在易变不定的几何形势系统中，引入了经济、国家与社会之间关系的新形式。"①

卡斯特认为，由信息技术革命的推动形成了物质基础或信息经济基础，而在这个基础上形成的"经济、国家与社会之间关系的新形式"，不是一般意义上的社会生活表现形式，而是当代人类社会呈现的一种新社会形态，即卡斯特所说的"网络社会的崛起"。在对信息技术革命、信息经济的组织形式和网络社会的重要变迁做出深入考察之后，卡斯特做出了这样结论，"我们对横越人类诸活动与经验领域而浮现之社会结构的探察，得出一个综合性结论：作为一种历史趋势，信息时代的支配性功能与过程日益以网络组织起来。网络建构了我们社会的新形态"②。

而网络社会最突出的变化是社会空间发生了深刻变革，它使人们能够更清楚地感受到网络社会作为一种新社会形态的崭新结构。卡斯特指出，网络社会中迅速发展起来的产业是金融、保险、地产、资讯、设计、营销等信息化的产业，他称之为"先进服务业"。③ 以电子通信技术为基础的信息化产业，一方面可以在分散的工作场所里完成，使劳动弹性化和更加灵活；另一方面，弹性工作的出现并没有改变信息

---

① 卡斯特．网络社会的崛起．夏铸九，王志弘，等译．北京：社会科学文献出版社，2006：1.

② 同①434.

③ 同①356.

产业走向集中的总体趋势。

卡斯特不仅论述了电子家庭和电子别墅等远距离信息工作的分散化现象，同时也充分阐述了因信息汇集、处理和控制的需要而形成的高度集中的网络信息中心。这种分散与集中并存的现象被称为新工业空间。“新工业空间围绕着信息流动而组成，这些流动依据周期和公司的不同，同时汇聚和分散了其地域的组成部分。当信息制造业的逻辑从信息技术设施的生产者下渗到整个制造业领域里这些设施的使用者时，新空间逻辑也随之扩张，创造了全球性产业网络的多重性，而其中的相互交错与排他性改变了区位的概念，从工厂基地（factory sites）转变为制造业的流动（manufacturing flows）。”[①]

与新工业空间同时展现的是信息化城市，它是一种在存在形式和运行内容上都与传统城市不同的“全球城市”，“全球城市并非一个地方，而是一个过程。在这个过程中，先进服务业的生产与消费中心及其辅助性的地方社会，被连接在一个以信息流动为基础的全球网络里，而不重视与其腹地的联系”[②]。不是在某个位置或某种场所，而是在过程亦即在流动中界定信息化和网络化的“全球城市”，这是理解卡斯特阐述的新社会空间理论的关键。

卡斯特以美国、欧洲和中国珠江三角洲的一些信息化城市为例，论述了新型城市的信息流动性和城市的运行特点，并提出了“流动空间”（space of flows）的概念。“我们的社会是环绕着流动而建构起来

① 卡斯特．网络社会的崛起．夏铸九，王志弘，等译．北京：社会科学文献出版社，2006：368.

② 同①362.

的：资本流动、信息流动、技术流动、组织性的流动、影像、声音和象征的流动。流动不仅是社会组织里的一个要素而已：流动是支配了我们的经济、政治与象征生活之过程的表现。”① 可见，当代社会实践，其主导特征在卡斯特看来就是流动：资本流动、信息流动、技术流动、组织互动的流动，以及形象、声音和符号的流动。流动不仅是社会组织中的一个因素，而且表现了主导着人类社会经济、政治和符号生活的过程。根据卡斯特的描述，我们认为，流动空间是通过流动而得以运作的共享时间的社会实践物质组织。

“流动空间”究竟意味着什么呢？卡斯特写道：“流动空间是指在不接触的情况下，同时发生之社会实践（或者在共享时间中选定的时间）在技术和组织上的可能性。……然而，流动空间不是没有固定位置的。它由节点和网络组成；也就是说，它是由电子推动通信网络连接而成的地方，通过它，信息流才能流通和交互，以此保证共享时间实践在这样的空间中得到执行。而在地方空间中，它以实践的邻近为基础，意义、功能和地域性是密切相关的。在流动空间中，地方在它们所属的具体网络中从其作为节点的角色中获得意义和功能。……空间不能从社会实践中独立出来。……因为实践是网格化的，它们的空间也是网格化的。因为网格化的实践是以由不同站点之间的通信技术进行处理的信息流为基础，网络社会的空间由三个元素之间的接合组成：活动（由人们所执行的）所处的位置、连接这些活动的物质通信网络以及在功能和意义方面完成这些活动的信息流的内容和几何特性。这就

① 卡斯特．网络社会的崛起．夏铸九，王志弘，等译．北京：社会科学文献出版社，2006：383．

是流动空间。”①

卡斯特将空间视为社会的表达，认为既然人类社会正在经历结构性变化，那么新的空间形式和过程必然随之出现，即“流动空间”。因此，空间不是社会的反映（reflection），而是社会的表达（expression），即空间不是社会的简单复制品，而是社会本身。卡斯特从三个层次分析了他提出的“流动空间”概念，并把这三个层次称为流动空间的三个物质支持层面。

流动空间的第一个层面由电子交换的回路组成，包括各种微电子技术设计、电子通信、计算机处理，广播系统以及信息的高速传输，它们共同构成了社会网络中那些核心过程的基础。这一层面是物质性的，就像工业社会中的“城市”和“区域”一样，是一种空间形式。在当今的网络社会中，没有哪一个区域能够独立存在，因为所有的方位都是由网络中的流动交换界定的。方位虽然虚拟化了，但是并没有消失，而是方位的逻辑和意义已经被吸纳进了网络。

流动空间的第二个层面是网络的各个终端和网络中心，它的基础是电子网络，但是却不仅仅是电子网络，这个电子网络连接到具有物理、经济、政治、文化等功能的社会的方方面面。最典型的例子是全球化经济网络的流动空间。像纽约等“全球化都市”是信息化、全球化经济的生产基地和网络中心，区域经济乃至区域社会都对它们表现出明显的依赖性。但是除了这些全球化都市之外，世界其他地方的区域经济也有它们自己的终端，连接着这一全球化网络。在这张网络之

① 卡斯特．信息论、网络和网络社会：理论蓝图//卡斯特．网络社会：跨文化的视角．周凯，译．北京：社会科学文献出版社，2009：40－41.

中流动的不仅仅是资本，还有财富生产、信息处理、权力生成等不同层面。

流动空间的第三个层面是指管理精英们的空间组织。虽然它不是网络社会唯一的空间逻辑，但是流动空间是网络社会的主导逻辑。流动空间的主导性不单是网络社会的结构使然，还是由活生生的人来启动、构想、决策和执行的。这些人就是卡斯特笔下的管理精英们，需要注意的是，卡斯特强调他这里所说的管理精英并不对应着阶级。流动空间理论的前提是社会各个集团的利益分布并不平衡。所以，在网络社会中占据高位的技术金融管理精英们，从其自身的物质和精神利益来说，也会有特定的空间要求，由此构成了流动空间的第三个层面。

流动空间的第三个层面，是卡斯特论述的重点所在。他指出管理精英在网络社会里的支配地位表现在这一群体的组合能力和分化大众的能力之上。普通大众虽然人数占据绝对优势，但是利益所得却占劣势。因此，“精英联合，大众解体”是网络社会的孪生机制。而流动空间就在这一机制里起到了关键作用。换言之，精英是世界性的，大众是地方性的。“权力和财富的空间向世界每一个角落散布，大众的生活和经验则植根在本土，在他们的文化里，在他们的历史里。故此，社会组织越是筑基于非历史的流动之上，超越一切特定方位的逻辑，全球权力的逻辑便越是远离特定历史中地方/国家社会的社会和政治控制。”①

卡斯特进而指出，精英群体有意识地同普通大众保持距离，发展出自己的文化代码以主导流动空间，其支配逻辑主要有两种形式。一

① CASTELLS M. The rise of the network society. Oxford：Wiley-Blackwell，2000：446.

是精英组成了他们自己的社会，以地产价格树立屏障，实现了群体的内部圈定。比如在此类空间中，重大决策每每是在会员制餐厅的商业午餐上做出，或者是在周末乡村别墅度假和在打高尔夫球的空隙之间运筹帷幄。不过这类决断还是要诉诸计算机的电子决策过程，由相应的信息软件来应对市场趋势。可见，流动空间的终端既包括居住和休闲的空间，也要配合总部及其辅助设施的区位。一面是在小圈子里进行决策，一面又伸手可及世界范围的经济和文化空间。仿照精英营构自己圈子的特权空间的方式，各类人群如法炮制，层层圈定出不同等级的社会空间，如此造成网络社会的分化。卡斯特指出，待到社会危机加深、动荡加剧之际，精英便不得不蜷缩在警卫森严的社区里，将之转化为他们的避难空间。这样的例子自20世纪90年代以来，已经屡见不鲜了。

二是精英文化有意统合世界范围的精英环境，以营造专门的生活方式和空间形式，逐步消除每一个地域的历史特殊性。诸如装饰千篇一律的国际旅馆，从房间设计到毛巾的颜色几乎没有差别，所有国家都能够提供相同的招待，维护精英群体的贵族气派，同时，其设计则必须同普通旅馆的设计保持距离。精英们这种日益趋同的生活方式，也造就了一种跨越所有社会和文化、使得他们不论身处世界何地都能有一种顿时感到从周围的世界里抽身而出的流动感。

在卡斯特的网络空间理论体系中，与“流动空间”（space of flows）相对应的另一个概念是“地方空间”（space of places）。他认为网络使地域的概念从文化、历史和地理意义中解脱出来，被重组进类似形象拼贴的功能网络里，故而产生一种“流动空间”，替代了传统的“地方空间”。

那么，究竟什么是地方空间呢？即使在网络社会，流动空间也远没有渗透到人类经验的全部领域。事实上，绝大多数普通人，不论是在发达国家还是在发展中国家，还都生活在地方空间里，其感知到的空间，也主要是以地域为基础的空间。因此，根据卡斯特的描述，我们认为，地方空间是其形式、功能和意义都自我包纳在其物理边界之内的空间。

具体来说，卡斯特论述的地方空间是在工业化过程中建立起来的工业社会，是根据工业生产的逻辑走向集中、形成组织、服从纪律、统一标准、追求效率的理性化社会。而他论述的流动空间是信息化且超越了地方空间限制的网络社会，其中不仅展开了全球性的广阔的缺场空间，而且也在这个广阔的空间中凸显了个体的意志与价值。如果说在场的地方的工业社会呈现的主要是物质化的工业生产和商品市场，那么缺场的流动的网络社会呈现的则主要是符号化的信息流动和价值理想。前者主要是物质生活空间，而后者主要是精神生活空间。虽然物质生活也一定在运动变化，但相对于精神生活而言，物质生活还是相对稳定的，精神生活不仅要反映和评价物质生活，而且还要引领和支配物质生活。

针对“地方空间”，卡斯特举了一个例子：巴黎的贝勒维拉（Belleville）。1962 年，像历史上许许多多移民一样，卡斯特经由贝勒维拉进入巴黎。自从初次相逢，30 多年过去，卡斯特发现他和贝勒维拉都发生了巨大改变。来自亚洲和南斯拉夫的新移民加入了旧移民的队伍，贝勒维拉本身也经历了好几次都市更新浪潮。历史上贝勒维拉是巴黎一个虽然贫困，但却不失和谐的边缘区域。现在则触目皆是随意雕塑的后现代主义和廉价的现代主义景观。但即便这样，卡斯特仍然认定1999年的贝勒维拉是个清晰可辨的多重文化地域，是一个依旧有生命力的“地方空间”。不同的族裔社群在这里基本可以和平共处，尤其是年轻的中产家庭的加入既给这座小城灌注了生命力，同时又有意识地可以防止鹊巢鸠占，抹杀其原来的文化。因此，在文化和历史的互动中，贝勒维拉可以被窥见其空间意义。借用普林斯顿大学建筑学院克莉斯汀·波耶在1994年出版的《集体记忆的城市》一书的标题，卡斯特指出贝勒维拉就是一个集体记忆的城市。但这并不意味贝勒维拉就是传统社区的理想类型。贝勒维拉的居民并不互相友爱，治安很差，不过这一切都不影响贝勒维拉成为一个跨越历史的空间分化的例证，一个有意味的互动空间。

对于普罗大众来说，他们显然还是居住在以贝勒维拉为代表的地方空间里，正如卡斯特所言：“人们确实依然是生活在地方里。但是由于我们社会里的功能和权力是在流动空间中组织起来，其逻辑的结构支配性正在从根本上改变地方的意义和活力。经验同地方相联系的结果，是它丧失了权力，意义则与知识渐行渐远。这导致两种空间逻辑之间产生一种精神分裂症，有可能使社会的传播渠道毁于一旦。”[①]这不是危言耸听，卡斯特意识到，网络社会中，流动空间占据了支配地位，并要把它的网络化逻辑强加到溃不成军的地方空间之上。而现实情况是，地方力量已日渐分散，彼此之间的联系愈见稀寥，分享文化代码的能力也愈益贫弱。而全球化的浪潮并没有能够弥补这一鸿沟，反而起到

① 卡斯特．网络社会的崛起．夏铸九，王志弘，等译．北京：社会科学文献出版社，2006：524.

了推波助澜的作用，更加拉开了流动空间和地方空间之间的距离。由此，卡斯特感叹，除非有意识地努力在这两种空间形式之间搭建文化、政治特别是物质上的桥梁，否则两种空间恐怕永远会失去交合的可能。

四、网络社会的时间变化

在《网络社会的崛起》的最后一章，卡斯特提道："人类仍然是具有躯体的时间，我们的社会亦如是，两者皆由历史所造就。"[①] 信息技术范式里受到社会实践所塑造的时间转化，是我们已经迈入社会的基础之一，这种时间的转化还与流动空间的浮现纠缠在一起。他认为网络使地域的概念从文化、历史和地理意义中解脱出来，被重组进类似形象拼贴的功能网络里，从而产生了网络社会的"流动空间"，替代了传统的"地方空间"。而当过去、现在和将来可以被设定在同一信息里面且彼此互动时，时间的概念便也随之消失在这个新的空间之中。所以，"流动空间"和"无时间的时间"在卡斯特的网络时空理论体系中是一对孪生子，两者共同构成了真实虚拟文化的基础。而它的一个明确前提则是，在网络社会里，是空间组织了时间。"无时间之时间属于流动空间，而时间纪律、生物时间以及由社会决定的序列，则是全球地方的特征，在物质层面结构与解构着我们区隔化的社会。空间塑造了我们社会的时间，因此逆转了一个历史趋势：流动诱发了无时间之

---

① 卡斯特．网络社会的崛起．夏铸九，王志弘，等译．北京：社会科学文献出版社，2006：525.

时间，地方则受到时间的限制。”①

网络空间作为流动空间，不只是信息的流动空间，而且是一个新的社会交往和社会生活空间，这是一个对现实空间进行模拟的虚拟空间。这里的“空间虚拟真实”并不是由计算机所制造出的与真实环境相似的虚拟实境，而是更深层次地指借由人类内在的心理反应之认同产生的一种真实的感觉。流动的空间产生了真实的虚拟性文化，它的特征是无时间的时间和无固定空间的空间。当卡斯特讨论个人工作的灵活性、全球城市的程序性以及网络空间的流动性时，他同时将网络社会的空间和时间紧密联系在一起。弹性、过程性和流动性，无疑都属于时间概念的展开或时间的表现，从这个意义上说，卡斯特讨论的弹性工作、全球化都市和流动空间是空间和时间的统一。并且，社会空间具有承前启后的特征，也是一个过程，用卡斯特的术语来说，就是“结晶化了的时间”。因此，对网络社会的空间调查不可能不涉及对时间的进一步追问。

卡斯特首先研究了人类时间概念的历史变化。反映人类历史和生活变化的时间概念在历史和生活的变化中逐渐形成。人类起初并没有明确的时间感。在彼得大帝于 1699 年 12 月 19 日宣布沙皇俄国即将在 18 世纪开始之前，俄罗斯人认为时间是永恒的，受西方日历概念的影响，沙皇俄国才开始有了时间概念。在苏联，时间被意识形态所覆盖，计算时间的目的是检查工作效率，推进革命化进程，利益、奖励和金钱是无法同时间联系起来的。在西方资本主义世界中，机械钟精确计

① 卡斯特．网络社会的崛起．夏铸九，王志弘，等译．北京：社会科学文献出版社，2006：566.

算的时间也与工作效率和生产管理有关。卡斯特做出这种历史性考察的目的是，说明时间和空间一样，不是抽象的，它们都是在某些历史条件下满足人类实践需要的产物。

在网络社会，随着空间的网络化变迁，时间也发生了深刻的变化。在网络化条件下，时间是“各种时态的混合，而创造出永恒的宇宙；不是自我扩张而是自我维系，不是循环而是随机，不是迭代而是侵入：无时间的时间（timeless time）利用技术以逃脱其存在脉络，并且选择性地挪用每个脉络迄今可以提供的价值”[①]。卡斯特的这段话旨在说明：在基于信息技术革命的网络社会中，事物进入快速流转之中，原来可以呈现为环节、节奏和次序的变化序列被压缩得无法辨清，于是，原有反映事物变化序列的时间观念已经把握不了网络社会中的时间，即出现了“无时间之时间”。

“无时间之时间”的出现是信息化加速，或者说是网络社会信息技术实现的“时间压缩”的结果。卡斯特赞成詹姆斯·格列克的观点：“我们社会里‘每件事物’的加速，无情地压缩了一切人类活动领域中的时间。压缩时间直到极限，形同造成时间序列以及时间本身的消失。”[②] 卡斯特进一步指出，极端压缩而成的“无时间之时间”，似乎是对时钟时间的一种反叛。事实上并不是这样，“无时间之时间”是追求效率的“时钟逻辑”的延续。但是，时间被压缩并加速到难以辨别清楚的程度。“这些反叛是 19 世纪的历史特征，却未能颠覆时钟时间的

---

① 卡斯特．网络社会的崛起．夏铸九，王志弘，等译．北京：社会科学文献出版社，2006：403.

② 同①.

支配，反而是在社会契约里涵括了时钟时间对生活的指使分派，促进了时钟时间的逻辑。”①

卡斯特讨论了由时间压缩引起的网络社会的一系列重大变化。首先，全球金融市场已经成为高速度、高风险运营的“全球赌场”。“20世纪 90 年代全球金融解除管制、新信息技术的便利科技以及新管理技术，汇集起来改变了资本市场的性质。历史上首次以即时（real time）方式运作的全球统一的资本市场出现了。”② 巨额金融资本在没有国界限制的全球金融市场中也会闪电般快速运行，甚至在几分钟、几秒钟之内就可以穿梭般地在不同经济体中实现交易。这种交易速度在网络时代之前是不可想象的。网络，疯狂地缩短了获取巨额利润的时间，但与此同时，它也有可能在瞬间带来毁灭性的损失。

在信息技术支持的网络化国际金融市场中，由于时间被压缩到极限，利益和风险变得不可预测和计算，一切都陷入神奇的不确定性之中。“整个经济体，尤其是发展中国家的经济依赖着大部分是由主观感知和投机骚动决定的资本移动；延迟满足之行为模式的集体社会经验遭受到破坏，代之以‘放手一搏’的共同意识形态，强调个人用生活和经济来赌博；生产与报酬、工作与意义、伦理与财富之间彼此对应的社会感受也遭受根本的破坏。”③ 一向以理性化追求自我标榜的资本主义市场，变成了一个疯狂放纵的全球赌场。

在微观经济层面，弹性工作时间已成为网络企业实施灵活管理、

① 卡斯特．网络社会的崛起．夏铸九，王志弘，等译．北京：社会科学文献出版社，2006：404.

② 同①405.

③ 同①406.

加快资本运作的资源。由于弹性工作模式的实行，传统的基于计算时钟时间的劳动力管理方法已经失效，出现了一种新的劳动时间管理方法——“即时劳动”（just-in-time labor）。即时劳动必须弹性地管理自己的时间，有时候延长工作时间，有时候调整以适应弹性时间表，有时候缩短工作时数，并据此付薪。[①] 卡斯特称这种时间管理为新的时间导向劳动管理，在这种管理方式中，时间已经不是计算劳动者工作量的尺度或单位，而是具有伸缩性的可以带来不同效益的资源。“时间不仅被压缩，时间还被处理（processed）。”[②]

时间的压缩和处理也引起了人类生命历程的结构性变化。在工业社会，获得工资的工作时间在人的生命历程中占据中心地位，所以每个人都非常重视自己一生的工作时间。“工作时数及其在人类的生命周期里，以及在每年、每月与每周的生活周期中的分布，乃是人如何感受、享受与忍受工作的核心形态。工作时数及其分布在不同国家与历史时期的不同演变，反映了经济组织、技术状况、社会斗争的强度以及社会契约与制度改革的结果。”[③] 在网络社会，政府和商业组织使用信息技术压缩处理了工作时间，工作时间的总时数在人的生命历程中缩短了，但劳动强度却提高了，因此缩短了的工作时数掩盖了劳动总量的增加。

此外，在工作时间缩短的同时，人们还出现了寿命延长的普遍现象，这导致人们在人类生命历程中获得资源和实现生命价值的时间比

---

① 卡斯特．网络社会的崛起．夏铸九，王志弘，等译．北京：社会科学文献出版社，2006：407.

② 同①.

③ 同①409.

重进一步减少。这些问题的存在不仅降低了人的生命价值，而且还导致了一系列社会矛盾，如个人工作的期望被压抑、社会养老金的负担难以承受等。此外，晚婚、晚育、试管婴儿和代孕等婚姻和生育现象的发生，也影响了原有的社会的代际关系、亲子关系和家庭关系。卡斯特称“生命周期的模糊化”将导致“社会失律症”。“而其直接的意义，是另一种形式时间之消灭，是人类的生物时间，以及人类出现以来一直受其调节的时间节奏的消灭。”①

人类生物时间的消灭，必然引起对死亡问题的思考。在讨论了人类生物时间被冲击之后，卡斯特提出了死亡问题，因为在他看来：“社会与生命中的时间是由死亡来度量。死亡一直都是整个历史中文化的核心主题。”② 在当代人类社会中，在信息技术和生物医学不断发展的过程中，死亡这个核心主题正面临着一个突破：死亡将与生命分离。死亡永远是生命的终点，死亡与生命分离，这意味着死亡无法终结生命。这似乎是不可能的奇谈怪论。但是，卡斯特认为，信息技术可以将人们的生命历程展示为如同服装店中色彩鲜艳的服装图像一般，“当死亡真正降临时，它只不过是心神涣散的观众面前屏幕上的另一个映像罢了”③。这似乎在提倡一种新的死亡观念，但卡斯特却认为这可以彻底终结人类的生命周期，“通过将死亡与生命分离，并且创造技术的系统来使这种信念得以长存，我们在生命范围里建构了永恒”④。

---

① 卡斯特．网络社会的崛起．夏铸九，王志弘，等译．北京：社会科学文献出版社，2006：417.

② 同①418.

③ 同①419.

④ 同①420.

讨论死亡使人免不了联想起战争。因为战争一直是人类历史上大规模制造死亡的过程。卡斯特认为，信息技术不仅可以通过图像的虚拟性将生命与死亡分离，还可以通过时间压缩中的信息处理技术使战争在形式和内容上发生变化，从而产生新的战争形式——即时战争。“即时战争及其由技术引致的时间性是信息社会的特色，但是，就像新时间性的其他向度一样，它们是新系统之支配形式的特征，排除了正在浮现中的支配性逻辑核心以外的国家和事件。”① 也就是说，即时战争也是一种以强凌弱的暴力行为，所以它不是暴力的终结，只是暴力形式的改变。这种变化的结果甚至会造成更高程度的暴力活动，可能引发恐怖主义活动。

总之，卡斯特认为网络社会的时间已经发生了压缩性变化。原本是作为过程、展开为环节、呈现为节奏的时间，被浓缩成为瞬间即逝的“无时间之时间”。就像卡斯特说的那样：“从社会的角度来说，时间通常被定义为实践的序列。……在工业时代，时钟时间逐渐出现；也就是通过足够精确的序列的测量和组织来为生命中的每一刻安排任务并下达命令。……网络社会，保留了对序列的强调。时间关系是由信息和通信技术的使用进行定义的，并不断努力否定序列来消磨时光。一方面，通过压缩时间（就像瞬间发生的全球财政事务，或者抵抗‘即时战争’所作的努力）来实现，另一方面，通过模糊社会实践的序列，以随机的顺序，打乱过去、现在和未来，就像在电子超文本中的

① 卡斯特．网络社会的崛起．夏铸九，王志弘，等译．北京：社会科学文献出版社，2006：426.

一样，或者在工作以及对子女的养育上模糊生命周期的模式。"①

我们应当这样理解"无时间之时间"：时间并没有真正消失，而是一种被挤压和集中的时间形式；时间不再是一种被动的缩减，而是在紧缩之后强迫事物的过程和内容的扭曲变化。"我认为无时间之时间（这是我为我们社会的支配性时间所命之名）产生于当某个既定脉络——信息化范式和网络社会——的特征，导致在该脉络之现象的序列秩序发生系统性扰乱之时。"② 也就是说无时间之时间的变化也就是社会秩序的变化。

工业社会围绕着生产力进步和发展的思想进行组织，流变构建了存在，时间驯服了空间。而在网络社会，通过打乱事件的序列并促使事件同时发生，流动空间消解了时间概念，社会建立在结构无常的事物上：存在取消了流变。"对时间的掌控，对节奏性的控制在工业化与都市化的巨大运动里，殖民了疆域，转化了空间，还伴随着形成资本主义与国家主义的孪生历史过程，流变（becoming）建构了存在（being），时间驯服了空间。"③

卡斯特探讨了经济、政治、文化与社会领域所发生的转化对时间的影响，在新信息技术决定性的推动下，资本脱离了时间、文化逃离时钟，人类进入一个共享的新时间性逻辑——无时间之时间，即时间立即性（无时间性），譬如：资本快速流动的全球金融交易、生物技术促使生命周期的模糊化、瞬间的战争、可变的人类工作时间等。但同

① 卡斯特．信息论、网络和网络社会：理论蓝图//卡斯特．网络社会：跨文化的视角．周凯，译．北京：社会科学文献出版社，2009：41.

② 卡斯特．网络社会的崛起．夏铸九，王志弘，等译．北京：社会科学文献出版社，2006：430.

③ 同②566.

时，卡斯特也提出警示："无时间之时间只是网络社会里正在浮现的社会时间的支配形式，社会支配的运作乃是通过在不同的时间与空间架构里选择性地吸纳和排除某些功能与人群而得以达成的。"①

五、时空变化中的权力逻辑

关于什么是空间，卡斯特提出三句话：（1）空间不是社会的反映（reflection），而是社会的表现，也就是说空间不是社会的拷贝，空间就是社会。（2）空间是结晶化的时间（crystallized time）。（3）空间是共享时间之社会实践的物质支撑。② 进一步，卡斯特把网络空间描述为"流动的空间"，即，"网络化时代被认为是地理的终结。事实上，因特网有自己的地理，它是由处理从位置产生信息流动的网络和节点组成的。这个单位就是网络，所以多个网络的结构和动力是每个位置意义和功能的源泉。它导致了流动空间这样一个新的空间形态的产生，这也是网络化时代的特征，但这并不是没有位置：它借由电信电脑网络和电脑传输系统连接位置。它重新定义了距离，但是并没有取消地理。新的领土结构从全球信息流动的几何学来同时处理空间的集中、分散和连接的过程中出现"③。"流动空间"概念下的空间变革，能与"位置"这一传统的空间概念相互作用；而个体就是在所属的具体网络中、从其占据"位置"的角色中获得意义和功能。

---

① 卡斯特．网络社会的崛起．夏铸九，王志弘，等译．北京：社会科学文献出版社，2006：531.

② 同①505.

③ 卡斯特．网络星河：对互联网、商业和社会的反思．郑波，武炜，译．北京：社会科学文献出版社，2007：224.

“流动空间”（space of flows）在卡斯特笔下，是和“地方空间”（space of places）一起，当作一对孪生概念提出来的。他认为网络使地域的概念从文化、历史和地理意义中解脱出来，被重组进类似形象拼贴的功能网络里，故而产生一种“流动空间”，替代了传统的“地方空间”。

地方空间和流动空间之间有着不可调和的分化和冲突，这本质上源于地方空间和流动空间在逻辑层面上是存在对立冲突的。当广大社会成员在缺场的网络空间接受了各种具有全球化视野的信息和价值原则，用这些信息或原则衡量和评价他们面前的在场空间的事实时，他们越来越清楚地明确了自己在现实中所处的位置和困境，也看清了现实中的弊端与丑恶。于是，广大社会成员用在网络中接收的信息和原则去否定现实，并要求现实发生符合自己利益和意志的变化，这就是卡斯特所论述的网络社会中的抗拒性认同和规划性认同。然而，事情不会像来自基层的社会成员理想中的那样简单，在工业社会基础上形成的一套政治、经济和文化体制，不会轻易接受来自缺场空间的原则，它们会竭尽全力维护给它们带来稳定效益的制度和规则，会千方百计地抵制来自流动空间的逻辑，这就形成了两种空间的逻辑冲突。正如卡斯特所说：“由于我们社会的功能与权力是在流动空间里组织，其逻辑的结构性支配根本地改变了地方的意义与动态。由于经验关联于地方，因而抽离了权力，且意义逐渐与知识分离。结果是两种空间逻辑之间的结构性精神分离，构成破坏社会沟通渠道的威胁。”①

两种空间的逻辑冲突，在本质上是流动权力同传统实体权力之间

① 卡斯特．网络社会的崛起．夏铸九，王志弘，等译．北京：社会科学文献出版社，2006：398-399.

的冲突。卡斯特认为，尽管全球化意义下的网络权力是缺场的流动权力，但在信息化和网络化时代，“作为一种历史趋势，信息时代的支配性功能与过程日益以网络组织起来。网络建构了我们社会的新社会形态，而网络化逻辑的扩散实质性地改变了生产、经验、权力与文化过程中的操作和结果”①。也就是说，网络社会的权力是通过网络行使的，网络化的支配权力已经渗透到社会生活的各个方面，成为规定社会生活存在与运行的基本逻辑。卡斯特的结论是：“流动的权力优先于权力的流动。”②

卡斯特认为，在网络社会中，流动的空间遵照支配性的空间逻辑，谁占据了流动空间本身以及其中的信息和节点，或者掌握了组织流动空间的话语权，谁就拥有了强大的权力。这意味着空间的流动特质冲击着传统的权力支配逻辑，互联网空间中权力的表现状态和呈现形式因此发生了重要转变：网络权力体现为一种流动的权力，即流动性已经转变为网络权力形态上的特征。

而网络权力这种流动的形态，是现代化和全球化进程中的必然过程。鲍曼对当代的社会形态做出了“流动的现代性”③ 的比喻。与笨重

① 卡斯特．网络社会的崛起．夏铸九，王志弘，等译．北京：社会科学文献出版社，2006：434.

② 在《网络社会的崛起》英文原文中，“流动的权力优先于权力的流动”一句的表达是“The power of flows takes precedence over the flows of power”。可见，卡斯特的权力观和当代社会学的关系性权力观是一致的。但是，卡斯特对网络权力的论述更进了一步。他提出了“流动的权力”（the power of flows），意指网络权力中的“网格化逻辑”（the networking logic）展现出了权力的强大能量，直接用流动性定义了网络权力这种权力的新形式。并且，卡斯特直接给出了如下判断：这种以流动性为特征的网络权力，明显地超越了经由网络流动表现出来的其他权力形式。（卡斯特．网络社会的崛起．夏铸九，王志弘，等译．北京：社会科学文献出版社，2006：434.）

③ 鲍曼．流动的现代性．欧阳景根，译．上海：上海三联书店，2002.

和迟缓相对，流动意味着轻灵与快速。虽然鲍曼的本意是，对比传统农业社会中的迟缓的农耕劳作与大工业时代笨重的机器生产，当代资本主义精确、快速、灵活化、定制化的生产方式，产生了速度加快与重量减轻的效果，使得社会朝向一种“轻若无物”的方向发展；但是，“流动的现代性”对权力的生产同样适用。互联网的出现，无疑是目前“轻量”与“速度”发展到了最高程度的体现。在现实和网络紧密结合的空间之中，信息传递最快可以达到光速；信息技术的出现，使得人与人之间互动的中介轻到极点。从这个意义上看，网络社会是将鲍曼的上述比喻发展到极致的崭新社会形态。

“流动的现代性”不仅给予了重量与速度以崭新的定义，还使得行动者的日常活动场景的范围得以大大拓展，由此，缺场事物与缺场行动也就愈发常见。于是，在信息技术高速发展的背景下，传统的地理边界被打破，信息以前所未有的“速度”和“轻量”进行传递和分享，权力的运作可以普遍地以一种“缺场”的方式存在。不仅在空间维度和时间维度上，网络权力实现了其流动性，网络权力还不停地流动于各个网络“位置”之间。网络权力以光速在人与人之间的互动中生成、流转和聚集，比实体权力更具生命力、更富有效性、更有号召力，往往会比实体权力产生更大的爆发力和现实能量。

在卡斯特的“信息时代三部曲：经济、社会与文化”——《网络社会的崛起》《认同的力量》和《千年终结》之中，他充分展现了自身对于网络权力的理解。

卡斯特的上述三部曲中，第一部《网络社会的崛起》被公认是大胆开拓了社会学家先前未涉足的一个领域，揭示出全球化网络社会的真相。以网络社会的兴起为主题，卡斯特将技术革命、经济全球化、网络工程，以及传媒文化、时空文化悉数纳入政治经济学的框架中，逐一展开分析。传统政治经济学“基础”和“上层建筑”的分野，在卡斯特笔下已不复存在。三部曲的第二部《认同的力量》是从意识形态政治学谈起，但是作者宕开一笔，娓娓说起了身份和意义的关系，进而言及社会动荡、环境问题和女权主义，最后落笔在国家功能的转化和民主危机上。

在当代社会的制度结构和权力结构中，最重要的莫过于民族国家制度及其行政权力，它不仅充分体现了父权制的权利要求，而且将社会生活的各种权力集中在一个行政体系中，竭尽全力地掌控整个社会系统的命运。在工业化进程中，民族国家得到了有力支持和愈加强大的发展，形成了全面控制社会时空的能力。然而，到了 20 世纪 90 年代，随着社会生活信息化和网络化的大规模而快速的发展，民族国家的制度体系和行政权力受到了越来越尖锐的挑战，其制度合法性和权力有效性都开始流失甚至衰微。卡斯特对民族国家面临的挑战和陷入的困境做了如下概括：“国家对时间和空间的控制，越来越受到了全球资本、货物、服务、技术、通信和信息的流动的约束。国家通过弘扬传统、建构和重构民族认同以求捕获历史时间的努力，却受到了由自主性主体所界定的多元认同的挑战；国家通过设立超国家的（supranational）机构以求在全球舞台上巩固其权力的企图，却进一步损害了它的主权；国家通过向区域和地方下放行政权力以求重建合法性的努力，反而被其更亲近于政府、疏离于民族国家的新式民众，搞得成效甚微。因此，尽管全球资本主义兴盛了、民族意识普遍高涨了，但产生于现代历史时期的国家，其权力却在流失。”①

可见，在卡斯特的笔下，民族国家的权力已经遭遇了全面的严峻挑战。民族国家之所以陷入如此困境，根本原因在于信息化、网络化和全球化浪潮动摇了其存在根基。现代民族国家基于工业化进程或工业社会的发展而生成和壮大，它的制度体系和权力模式适应了工业社会的要求。民族国家对地域的分割、边界的划分、资源的控制、流动的限制、层级秩序的维持和不确定性的排斥，都表明它的制度体系和行政权力同工业生产要求的一致性。可是，信息化、网络化和全球化却在这些方面强有力地实现了突破。“在信息时代的黎明之际，合法性危机正在掏空工业时代的制度的意义和功能。由于没有抓住财富、权力和信息的全球网络，现代民族国家已经丧失了它的大部分主权。”②

概而言之，民族国家建立和管控的是一个有清晰边界的相对确定的地方空间，而信息化、网络化和全球化展开的却是一个边界模糊的、不确定的流动空间，因此，民族国家遭遇了权力作用的对象在存在范围和存在状态上的重大而深刻的变化。对习惯于用行政权力维护确定秩序的民族国家的统治者来说，这种变化不仅难以看清，而且还会产生强力抵制的心理与行动，其结果只能招致更强烈的冲击。其原因首先在于，在信息化、网络化和全球化时代，“流动的权力优先于权力的流动”③。植根于工业社会、追求稳定性的民族国家行政权力，如果不顺应时代的变革，仍然用传统的行政权力去对付不断变化、快速流动

① 卡斯特．认同的力量．曹荣湘，译．北京：社会科学文献出版社，2006：297.

② 同①411.

③ 卡斯特．网络社会的崛起．夏铸九，王志弘，等译．北京：社会科学文献出版社，2006：434.

的网络权力，只能落得不合时宜、徒劳无益的下场。

并且，更为重要的是，流动的网络权力是来自基层社会广大民众的权力。网络权力的主体已不再仅是传统社会的意识形态的控制者和政治权力的掌握者，而且还包括在人数上占绝对优势的广大普通社会成员。因为计算机和现代通信技术的普及应用，每一个社会成员都具备了发布信息、表达观点和抨击时弊的条件与能力，都成为网络权力的掌握者和施行者。于是，处于基层甚至底层的社会成员拥有了网络权力，并且拥有了表达和发挥网络权力的有效形式和便捷途径。这就意味着，当代社会的权力结构已经发生了结构性变迁，民族国家及其各种层级的行政机构不再是权力的垄断者，握有网络权力的广大民众已经成为对抗民族国家权力的掌权者。

网络权力是经过人民群众的社会认同表现出来的强大力量。卡斯特把网络权力称为精神或心灵的权力，是通过符码影像直接呈现出来的社会认同的权力。卡斯特说："新的权力存在于信息的符码中，存在于再现的影像中；围绕着这种新的权力，社会组织起了它的制度，人们建立了自己的生活，并决定着自己的所作所为。这种权力的部位是人们的心灵。"① 可见，卡斯特所谓的网络权力就是存在于人们的心灵中的观念的力量，是可以表现为象征符号的信息力量，它的基础并不在于某种实体机构，而在于人们的价值认同和意义接受。正是在这个意义上，卡斯特对网络权力充满了信心，他兴奋地指出："不管是谁，也不管是什么，赢得了人心就能赢得统治，因为在任何合理的时间跨

① 卡斯特．认同的力量．曹荣湘，译．北京：社会科学文献出版社，2006：416.

度内，对于那些围绕着灵活的、另类的网络的权力而动员起来的心灵来说，强大而顽固的统治机器并不是什么对手。”①

网络化的、去中心化的组织和干预形式，新的权力蕴含在信息的符码中，人们的心灵成为权力贮存的部位。② 这种理论推断在逻辑上是没有问题的，可以在一定程度上实现个体的生存意义再建，但是这种主要建立在心理和意识上的推断，使得“结构”这个要素消失不见，没有揭示和解释行动者形成的群体背后的组织结构。同时，这种“心灵贮存权力”的说法也不能说是一种明确完善的权力理论。因此，规划性认同的出现还只是一种可能。作为现代人的生存意义再建的药方，规划性认同的实质意义也需要进一步研究和论证。但是我们仍然希望可以大胆预见，一个蕴藏着强大认同力量的基层网络将在历史的战场中赢得新的社会。

在《千年终结》中，卡斯特更加深入地考察了信息化、网络化和全球化在人类社会生活中引起的重大变迁，然后郑重地宣布：人类社会已经呈现了新的形态——网络社会，一个崭新的世界由此开端。通过对苏联改革与解体过程、信息化时代的社会不平等、全球犯罪经济、亚太地区的发展与危机以及欧盟形成中的各种社会矛盾的考察分析，卡斯特以充分的事实为根据，论证了信息技术革命形成的强大动力，已经无处不在地推动旧世界瓦解而新世界正在形成的论断。

卡斯特认为，要想清楚地理解他关于新世界正在形成的论断，可以从三个方面的展开过程来把握：信息技术革命、经济全球化的变迁、

① 卡斯特．认同的力量．曹荣湘，译．北京：社会科学文献出版社，2006：416.
② 同①419.

由文化认同凝聚起来的各种社会运动。“这三个过程的互动与它们所触动的反应，带来了一个新的支配性社会结构，即网络社会；一个新经济，也就是信息化/全球经济；一个新文化，真实虚拟的文化。而深植于这种经济、社会和文化之内的逻辑，已经成为整个相互依赖世界里的社会行动与制度的基础。”① 这就是说，正在形成的新世界是人类社会的总体性变迁，是经济、政治、社会和文化各方面紧密相连的结构性变迁，只有在这种整体联系中才能真实地把握新世界形成的深远意义。

卡斯特对新世界充满了信心，但他也承认新世界的发展面临种种障碍。他忧心忡忡地指出：“假如遍及世界的人们信息灵通、主动、能沟通；假如企业能承担其社会责任；假如媒体能变成使者而非信息；假如政治行动者对抗犬儒主义，以民主方式恢复信念；假如文化由经验来重建；假如人类遍及全球感觉到物种的团结；假如我们由于与自然和谐相处，确立世代间的团结；假如我们之间已取得了和平，并启程开拓我们的内在自我；假如所有这些都因我们的信息灵通、有意识、分享决策而变得可能，而时间之河仍在流淌，或许我们能最终生活下去，爱同时被爱。”② 这些充满诗意的假言判断，既是对未来发展的美好憧憬和热切呼唤，也是对既存现实的尖锐指责与严厉抨击。

无论是充满信心，还是忧心忡忡，时间和空间急剧变迁的网络新世界的到来已成必然。就像卡斯特在另一本著作《网络星河：对互联

---

① 卡斯特．千年终结．夏铸九，黄慧琦，等译．北京：社会科学文献出版社，2006：321.

② 同①324.

网、商业和社会的反思》中指出的那样，“我猜会有人说，‘你们为什么不让我单独待着？我不需要你的互联网，不需要你的科技文明，不需要你的网络社会！我只想过我自己的生活！’好吧，如果你抱这种态度的话，我有个坏消息要告诉你。不管怎样，如果你不在乎网络，网络会在乎你。只要你想生活在社会中，就是现在你在的地方，你不得不面对网络社会。因为我们生活在网络星河中”[①]。

参考文献：

鲍曼．流动的现代性．欧阳景根，译．上海：上海三联书店，2002.

海曼．信息时代文化的黑客伦理//卡斯特．网络社会：跨文化的视角．周凯，译．北京：社会科学文献出版社，2009.

卡斯特．信息论、网络和网络社会：理论蓝图//卡斯特．网络社会：跨文化的视角．周凯，译．北京：社会科学文献出版社，2009.

卡斯特．网络社会的崛起．夏铸九，王志弘，等译．北京：社会科学文献出版社，2006.

卡斯特．认同的力量．曹荣湘，译．北京：社会科学文献出版社，2006.

卡斯特．千年终结．夏铸九，黄慧琦，等译．北京：社会科学文献出版社，2006.

卡斯特．网络星河：对互联网、商业和社会的反思．郑波，武炜，

① 卡斯特．网络星河：对互联网、商业和社会的反思．郑波，武炜，译．北京：社会科学文献出版社，2007：299.

译．北京：社会科学文献出版社，2007.

卡斯泰尔．信息化城市．崔保国，译．南京：江苏人民出版社，2001.

苏贾．后现代地理学：重申批评社会理论中的空间．王文斌，译．北京：商务印书馆，2004.

王志弘．流动，空间与社会：1991—1997 论文选．台北：台北田园教育文化有限责任公司，1998.

JARET C. Recent neo-marxist urban analysis. Annual Review of Sociology，1983（9）.

CASTELLS M. The urban question. Cambridge：MIT Press，1977.

CASTELLS M. The rise of the network society. Oxford：Wiley-Blackwell，2000.

第十章　时间社会理论的历史演变

时间是人们在日常生活中最为熟悉的概念之一，却又是一个十分抽象而复杂的概念。在哲学和社会理论中，关于时间的理论往往充满争议。无论是日常生活中的时间，还是时间从传统到现代的变迁，都是社会学应当关注的经典议题。时间也与空间问题密切相连。从社会学的视角理解时间，梳理社会理论中时间研究的演进，是开展空间研究和理解空间理论的重要前提。①

① 本章部分内容发表于《国外理论动态》2019 年第 8 期，有改动。

一、从自然时间到社会时间

时间和人们的生活体验密切相连，却又难以被确切定义。从远古时期，人类关于时间的描述和感悟就异常丰富。关于时间的认识和体会，可以从诸多的哲学著作和文学作品中发现。在社会学界真正关注并且深入研究时间之前①，时间的概念和本质，时间与空间、运动的关系，时间的主观体验问题都构成了社会学研究时间的理论渊源。

（一）哲学中时间的本质问题

早在古希腊时期，学者们就试图将时间问题纳入哲学思辨之中。时间甚至是行而上学的核心议题之一。赫拉克利特在论述变化的时候，指出世界无时无刻不处在一种流变之中，正如同人不能两次踏入同一条河流。这种对于变化和运动的认识，实际上就是将时间这一维度纳入对静态世界的思考之中，在描述一种时间的表象。

亚里士多德在《物理学》中，相对系统地论述了时间的本质问题。他将时间与运动视为既相互联系又相互区别的，“时间既不是运动，又不能脱离运动”，时间与运动的关系在于时间是对运动的计量，“时间

① 一般认为，涂尔干最早提出了社会学的时间研究视角，真正明确时间社会学研究作为分支领域的是20世纪的古尔维奇等学者。

不是运动，而是使运动成为可以计数的东西”，“我们不仅用时间计量运动，也用运动计量时间，因为它们是相互确定的”。[①] 与此同时，亚里士多德认为，时间具有客观性、无限性和单向均匀流逝的特点。客观性意味着时间尽管是人们通过意识来把握，但是却是依赖运动而存在，“时间等同地出现于一切地方，和一切事物同在。变化是有快慢的，而时间没有快慢”。亚里士多德认为，无限性则指时间永远不会消失，会无限持续下去。只要运动是永恒的，时间就是永恒的。与此同时，时间在微观上也是连续的，是可以无限地分割下去，具有无限的可分性。单向均匀流逝指出了时间的不可逆性——过去、现在和未来的时间。[②] 在海德格尔看来，“亚里士多德关于时间的论著，是流传至今的对时间这一现象的第一部详细解释，它基本上规定了后世所有人对时间的看法，包括柏格森的看法”[③]。牛顿在构建经典物理学体系时，对时间和空间的认识，对一种绝对的宇宙时间的界定，也与亚里士多德的时间论述一脉相承。

在亚里士多德之后，圣·奥古斯丁、莱布尼茨、康德、黑格尔、柏格森、海德格尔等哲学家都对时间有过不同的论述。其中康德将时间与空间一起，视为一种先天综合形式。在《纯粹理性批判》中，康德指出，“时间不是某种独立存在的东西，或者不是作为客观的规定依附于事物，从而使人们抽掉事物的直观的所有主观条件也依然留存的东西”[④]，强调了时间在本质上并非一种独立客观的存在，而是“内感

① 亚里士多德．物理学．张竹明，译．北京：商务印书馆，1982：124－128.

② 宋继文．海德格尔论亚里士多德的时间观．世界哲学，2006（6）；马荣．亚里士多德物理学中的时间分析．理论界，2013（5）.

③ 马荣．亚里士多德物理学中的时间分析．理论界，2013（5）.

④ 康德．纯粹理性批判．李秋零，译．北京：中国人民大学出版社，2004.

官的形式，即直观我们自己和我们内部状态的形式”。与一些哲学家将时间视为外在的、独立的、客观的实在不同，康德一方面既承认时间具有一种“经验性的实在性”，又指出这种时间来自认识主体的内部，是一种先天的感性形式。

柏格森对时间的认识则在一定程度上继承了亚里士多德的观点，但是又强调了主观意识之于时间的重要意义。他区分了两种意义上的时间，一种是空间化的时间或者物质化的时间，把时间设想为某种“空虚而均匀单一的场所”，并不是真正的时间。另一种是绵延的时间。而绵延的时间属于有意识的心灵，意识通过记忆保持这些状态，使其构成一定秩序。[①] 柏格森认为之前的哲学理论，包括康德的时间概念在内，都属于空间化时间范畴，而他的目的是使时间去空间化。与康德不同，柏格森更加注重人的自我的主观意识状态。对后来的社会学时间理论而言，柏格森将时间分类的做法，对于社会时间从单一性、绝对性到相对性和多元性的转变具有重要的启示意义。[②]

哲学各流派中关于时间的复杂论述，揭示出时间本身具有一种复杂的特性。时间与人们的日常生活体验密切相关，却难以用语言进行描述。时间究竟是客观存在的实体，还是一种主观意识的建构，或者是康德意义上的感性形式，各种争议体现了人类在不同的思想史阶段，对于时间的不同理解。无论如何，这些对时间本质的认识和理解，成为社会学研究时间的思想源泉。

---

① 柏格森．时间与自由意志．吴士栋，译．北京：商务印书馆，1958；柏格森．材料与记忆．肖聿，译．南京：译林出版社，2011.

② 李海涛．论柏格森时间．法国研究，1988（7）；邓刚．寻找真正的时间：海德格尔对柏格森的批评．学海，2018（5）.

（二）物理学意义上的时间概念转变

在经典物理学领域，牛顿的三大物理学定律搭建出一个相对完善的物理学体系。在这样的经典物理学体系中，时间和空间是被定义为客观的确定性的概念。时间就是度量物体在空间中运动的量。可以说，亚里士多德对时间的阐释，业已奠定牛顿体系中对时间的认定，经典物理学中的时间与亚里士多德对时间的阐释一脉相承。[①] 时间是一种均衡的、无限可分的、持续的量，时间具有一种客观的、绝对性的特征。

20 世纪物理学的发展对绝对时间的概念提出了挑战。引发时间概念变革的，首先是爱因斯坦的相对论的提出，这重新定义了人们常识中的空间和时间概念。爱因斯坦证明了物理学中存在着各种各样的参照系，也存在着多种时间，时间与运动的速度和观察者的参照系相关[②]。在《时间简史》中，霍金写到，“相对论终结了绝对时间的观念，这样，每个观察者都有以自己所携带的钟测量的时间，而不同观察者携带的同样的钟的读数不必要一致”[③]。这就意味着，在宇宙的层面上，或者在高速运动中，时间和空间已经不再是人们日常经验中恒定不变的量，而是与运动的速度和观察者的位置这两个因素相互关联。观察者在不同的运动速度下，在不同的位置上，时间的变化是不一致的。“1915 年之前，空间和时间被认为是事件在其中发生的固定舞台，而它们不受在其中发生的事件的影响……时间与空间并不是平坦的，而是

① 胡化凯，张道武．亚里士多德时间观念研究．物理，2002（2）.
② 古尔维奇．社会时间的频谱．朱红文，等译．北京：北京师范大学出版社，2010.
③ 霍金．时间简史．许明贤，吴忠超，译．长沙：湖南科学技术出版社，2012：13.

可以被弯曲的……时间不能完全脱离和独立于空间，而必须和空间结合在一起形成所谓的空间——时间的客体。”[①] 而随后量子力学的发展，又对时间的概念有了更加复杂的阐释并引起更大的争议。

物理学的演进，带来人类对物理意义上的时空概念的认识进一步深入，这也影响到社会理论中的时间研究。古尔维奇、哈萨德等倡导时间社会学的学者，都在其理论阐述中或多或少提及物理学意义上时间的概念。而相对论中对时间多样性和非绝对性的理解，也与社会理论家关于时间多样性和建构性的思想有着相通之处。

（三）社会时间

无论是哲学意义上的时间，还是物理学意义上的时间，都是在对单纯的时间或者空间等概念进行讨论。而在现实的社会实践中，对每一个社会成员都具有意义的时间，不仅仅是抽象和纯粹的时间，还是被社会所影响的时间。正如同马克思提出“人化自然”的概念一样，具有社会学意义的时间是一种在实践中产生，被人类社会所影响和建构的时间。这种时间与绝对客观的钟表时间或者纯粹物理学意义上的宇宙时间相比，具有不同的意义。

一般认为，涂尔干是最早对时间问题进行研究的社会学家[②]，在《宗教生活的基本形式》中，他提出了社会时间的概念，将时间视为一种集体的产物。涂尔干认为“时间的概念或范畴不仅仅是我们过去生活部分或全部的纪念，还是抽象的和非个人的框架，它不仅包含着我们的个体实存，也包含着整个人类的实存……据此安排的时间不是我

---

① 霍金．时间简史．许明贤，吴忠超，译．长沙：湖南科学技术出版社，2012：23.

② 哈萨德．时间社会学．朱红文，李捷，译．北京：北京师范大学出版社，2009：2.

的时间，而是普遍的时间，是同一个文明中的每个人从客观出发构想出来的时间。这足以暗示我们：这种时间安排应该是集体的”[①]。在他看来，人们尽管可以在个体层面上体验到时间，但是对我们的生活节奏具有意义的时间是由社会所规定的，也就是被社会成员所集体认定的。诸如日期、星期等计量时间的概念，都是与宗教仪式、重大的典礼这一类的集体活动相对应。“时间范畴所表达的是群体共同的时间，即我们所说的社会时间。从根本上说，时间范畴是一种名副其实的社会制度。”[②]

在对原始部落文明或偏远地区的非西方文明的考察中，不少人类学著作也揭示了不同社会形态中多元化的时间的案例。这些本土化的异质性的时间类型，植根于当地特殊的文化系统中，被生产活动、宗教、社会关系等因素所塑造。例如，在对特罗布里恩群岛的计时系统的研究中，马林诺夫斯基指出，只有在很少的情况下，土著人才会使用阴历月份（太阳、星星、月亮的客观规律）来计时，决定一年周期的是园艺耕作的经济周期。所有关于时间的计算、对过去事件的回忆，以及日期的确定都要依据园艺活动。[③] 在这样的文明系统中，时间是一种共识性的社会经济产物。相似的描述也可以从布迪厄对卡比尔人的时间观的描述中找到。在布迪厄看来，卡比尔农民的生活节奏遵照一种仪式性的历法，这种历法完全是一种神话式的系统。这种神话的符号系统就是围绕着解决农业问题的矛盾而建立和运行的。尽管引入了

① 迪尔凯姆．宗教生活的基本形式．渠东，汲喆，译．北京：商务印书馆，2011：12.

② 同①.

③ MALINOWSKI B. Lunar and seasonal calendar in the trobriands. Journal of the Anthropological Institute of Great Britain and Ireland，1926.

西方化的时间工具，但是当地人还是将对时间的感知与身体的体验以及某些具体的活动联系在一起。[①] 这些研究共同揭示出，社会时间不仅仅是现代社会普遍接受的客观的钟表时间，这种钟表时间可能恰恰是现代文明所塑造和认可的。而在传统的、非西方的、多样性的社会形态中，时间一方面和人们的身体体验、心理感受、生命历程相关，另一方面是社会成员在共同的社会经济生产活动中，对自然的变化和经济生活节奏之间关系的集体设定。

在考虑到社会因素对时间的塑造作用时，纯粹的时间概念，或者说纯粹的自然时间、物理时间和宇宙时间的概念，已经不足以表现出时间之于人类社会的所有意义。关于时间的历法、集体生活的节奏、组织和管理时间的方式、人们关于过去和未来的集体记忆和集体意识都被纳入时间社会学的考察之中。时间也就从一种具有绝对性和单一性的自然时间，转变为一种具有社会意义的社会时间。

古尔维奇是较早提出和进行时间社会学研究，并且对社会时间给出定义的学者。在他的时间社会学理论体系中，社会时间被定义为"整体社会现象运动集中与发散的时间……整体社会现象既产生社会时间又是社会时间的产物"[②]。这种社会时间的定义接近涂尔干的"时间是一种集体的社会制度"的定义。他进一步对社会时间进行了类型学的分析，提出社会时间具有多样性，至少可以划分出八种不同类型的社会时间，分别是："持久的时间""欺骗性的时间""不规则的时间"

---

① BOURDIEU P. The attitude of Algerian peasant towards time//PITT-RIVERS J, Mediterranean countryman：essays in the social anthropology in Mediterranean. Paris：Mouton, 1963.

② 古尔维奇．社会时间的频谱．朱红文，等译．北京：北京师范大学出版社，2010：26.

"轮回的时间""迟滞的时间""交替的时间""超前的时间""爆发性的时间"。[①] 古尔维奇认为这些不同类型的社会时间是在社会结构的不同深度层次上、不同的微观社会群体中展开的，具有一种极端复杂性。这些概念框架，是分析社会时间复杂性的工具。在接下来的分析中，他将社会的微观互动层面，扩展到社会的群体行动层面，指出不同的社会交往形式以及不同的群体中各种时间的不同表现。在更加宏观的层面上，他分析了社会阶级与社会时间的关系、社会组织与社会时间的关系，乃至资本主义社会形态下的社会时间问题。

另一项具有开创意义的时间社会学研究来自索罗金和默顿。在对社会时间的方法论和功能分析中，他们强调要将社会时间与其他各种时间，尤其是天文时间进行区分。随着相对论的提出，牛顿的时间概念仅仅是天文时间中的一种"偶然性"，也就是一种特定的条件下成立的时间。而天文时间也并非唯一的时间：在哲学中，存在着"本体论"时间，在心理学中，存在着心理学时间，甚至在经济学领域，还存在着与时钟时间无关的经济时间。因此，社会时间就是"以其他社会现象作为参照点来表达社会现象的变化和运动"。在社会时间的参照点中，重要的是在"事件与时间的参照系之间建立一种附加的意义关系"[②]。换言之，他们强调时间的社会属性在于社会现象所赋予的意义。如同涂尔干和布迪厄一样，他们强调人类社会中的计时系统的社会（集体）起源，强调社会时间具有的质性特质，不能仅仅视作一种纯粹

① 古尔维奇．社会时间的频谱．朱红文，等译．北京：北京师范大学出版社，2010：29－32.

② SOROKIN P A，MERTON P K. Social time：a methodological and functional analysis. American Journal of Sociology，1937（42）.

量的测量。

无论是哲学意义上的时间本质问题，还是物理学、社会学对时间问题的认识，都意味着时间问题具有复杂的意义。我们在日常生活中感受到的时间、习以为常的钟表时间或者自然时间，仅仅是社会理论思考时间问题的起点。时间不再是单一性、绝对性的概念，而是与诸多因素纠缠在一起，呈现出多元化、相对化、主观性与客观性结合的多种特质。随着社会学关于时间研究的进一步发展，时间与社会之间的复杂关系也被进一步揭示。

二、时间与现代性

吉登斯将现代性定义为“一种生活或组织模式，大约在17世纪出现在欧洲，并在往后的岁月里，程度不同地在世界范围内产生着影响”①。关于现代性的研究，其实质就是在描摹人类社会从传统到现代的巨大转变，以及在这一变局中现代社会所具有的特质。在某种意义上，现代性的问题是现代社会学研究的核心议题。② 与马林诺夫斯基、利奇、布迪厄等学者对非西方化文明和本土化文明中的社会时间进行的考察不同，时间社会学的研究更多关注人类社会在现代化进程中，时间被社会重新改变和塑造的过程，试图揭示出资本主义经济、商品化、现代组织、现代权力技术与时间之间的关系。

---

① 吉登斯．现代性与自我认同：晚期现代中的自我与社会．夏璐，译．北京：中国人民大学出版社，2016：14.

② 吉登斯．现代性的后果．田禾，译．南京：译林出版社，2011：1-3.

（一）资本主义、商品化与时间

资本主义的兴起是人类从传统社会到现代社会的发展进程中，所经历的一个重要发展阶段。在一些学者看来，前资本主义社会的社会时间更多体现出传统的特质，与现代社会的时间截然不同。如果说传统社会中的时间往往呈现出模糊性、永恒性、宗教性、循环性、地方性等等特质，那么现代社会的时间通常呈现出高度的精确化、理性化、线性化、稀缺性、普遍性等等特征，与传统的社会时间相比，现代社会的时间具有一种吉登斯所谓的断裂式的变革。正如列斐伏尔、哈维等西方马克思主义者将空间的演化和生产视为资本主义发展逻辑的必然产物一样，很多研究也将资本主义的发展视作时间从传统到现代转变的重要根源。

汤普森是较早开展时间与资本主义关系研究的学者。在汤普森著名的《时间、纪律与工业资本主义》中，他将工业资本主义的兴起，视为社会时间发生变化的重要因素。从中世纪到欧洲工业革命开始之前，时间是一种任务导向的时间。在规模较小的本地手工业作坊中，人们对时间的计算是不精确的，但是时间已经逐渐在雇佣关系中变得重要起来，商人和手工业主会计算时间与收益。随着大规模的工业化和机器化时代到来，计时工具普及化，资本家开始设立种种规章制度，来组织工人的时间安排，约束工人的懒散行为，同时设立学校，从而通过对时间的掌控，最大化地实现剥削。①

与这一研究类似，在里斯福特关于时间意识演变的研究中，资本

① THOMPSON E P. Time，work-discipline and industrial capitalism. Past and Present，1967，38.

主义的生产方式以及管理策略的逐步确立，是整个社会的时间意识转变的深层因素。① 他认为随着封建主义的灭亡和工业资本主义的兴起，一种建立在理性计算基础之上的新型时间逐渐走向普及，并且融入实践意识之中。在中世纪时期，英国的农民以日晷作为计时工具，到了17世纪，尽管大多数教区拥有了教堂大钟，但是在人们的生活中，时间仍然是模糊的，人们依赖具体的实践活动或者重大事件来确定时间点。但是，在同一时期，市镇中商品经济逐渐发展，人们为了协调贸易与商业的发展，确立起一种更加精确的时间，往往通过沙漏等计时工具来完成，而贸易中的约定和计算，也使得时间更加遵循规律性和可计算性。这种建立在精确性的理性计算之上的“商人时间”使得基本的生产活动和商业活动得以协调。在某些地区，出现了“商人时间”与传统时间的对峙与冲突。随着钟表技术的普及，英国大多数中上层家庭拥有了更加精确的时间测量工具。

宗教改革之后，里斯福特认为世俗力量逐渐侵蚀宗教的领地，一方面新教徒要求有规律的六天工作制，带来人类社会工作习惯上的变化。另一方面，货币经济的发展对时间精确性的要求进一步提升。而工业革命的爆发则使得时间同步性和精确性的要求得到提升，时间也被分割为工作时间和休闲时间。现代工业体系的确立，要求资本家对工人进行培训，让他们“把一种人与机器重组适应的新型时间结构视作理所当然”。于是，与工业生产相适应的时间观念，是一种规训的产物，通过“工具性行动”和“符号性互动”展开，包括在工厂中对工

① THRIFT N. Owners' time and our time: the making of a capitalist time consciousness, 1300-1880. Canberra: Australian National University, 1980.

作时间的精心安排、对效率的激励和对违反现代时间观念的惩罚，在现代学校和教育机构中培养新型时间观念和纪律观念。[①]

马克思在《资本论》中详细描述了资本主义生产关系，揭示了资本家与工人之间存在的剥削关系。值得注意的是，马克思继承了斯密等学者的劳动价值论，将价值界定为凝结在商品中的无差别的劳动时间，足可见时间在资本主义生产关系中的重要地位。实际上，劳动时间是工业革命以来两大阶级间斗争的重要内容之一。资本主义发展的早期阶段，增加工人的工作时间，获取更多剥削是资本早期简单粗暴地攫取利润的有效方式之一。而随着现代管理技术和现代权力技术的发展，资本的剥削不再建立在简单地累积工作时间上，如何理性化且最大限度地增加单位时间劳动者产出，成为资本运行的关键。

当然，现代社会的工作时间节奏，并非资本主义的发展单方面决定的，为了争取缩短工作时间而进行的工人抗争运动，也在改变有关时间的制度安排。从捣毁机器的卢德运动到声势浩大的罢工游行，再到国际工人运动的开展，这些社会抗争运动也在重新抵制资本家掌控工作时间安排的霸权。根据比恩菲尔德（Bienfeld）的研究，在1776年之前的25年里，英国的工作时间首次大幅度缩减。[②] 从1836年到1886年，英国的平均工作时间缩短了五分之一。1866年9月在日内瓦召开的国际工人代表大会上，根据马克思的倡议，会议首先提出“八小时工作制”的口号。1872年6月，英国爆发了席卷整个工业界的争

① THRIFT N. Owners' time and our time：the making of a capitalist time consciousness，1300－1880. Canberra：Australian National University，1980：53－94.

② BIENEFELD M A. Working hours in British history：an economic history. London：Weidenfeld & Nicholson，1972.

取提高工资和缩短工作时间的罢工运动，有组织的工人阶级赢得了每周 54 小时到 56.5 小时的正常工作周。1874 年，《十小时工作法案》确定，工人的工作时间成为被普遍接受的制度安排。1886 年，从美国开始，再次爆发了大规模的争取“八小时”工作制的工人罢工。第一次世界大战后，八小时工作制被 1919 年 10 月国际劳工会议所承认。以后，资本主义各国被迫陆续确认了八小时工作制。①

现代资本主义的兴起，不仅仅重新塑造了工业社会中的工作与休息的社会节奏和时间制度，也带来了时间的商品化。齐美尔在关于现代性的一系列论述中，流露出对现代社会中的人际关系被货币的逻辑所支配的担忧与批判。② 在商品经济发展到一定程度后，市场化具有使时间与空间转变为商品的力量。在马克思的观点中，时间本身就是对劳动量的一种衡量。资本家雇用劳动力在一定意义上也可以被视为购买工人的劳动时间。而时间在现代社会中愈发成为一种稀缺的资源。一方面，通过增加单位时间的产出量，可以形成对时间的节约，而多出的时间，则可以用来生产超额的利润。另一方面，对时间的争夺，成为现代资本主义运行过程中生产、消费等环节的重要目标。节省时间等于获取利润，转化成金钱。而多余的工作、消费、闲暇时间也可以通过花费金钱来购买，更不用说商业和金融竞争中精确到秒的时间竞赛。“时间就是金钱”的谚语只有在现代工业社会和资本主义商品经济中才真正成为一种现实。

---

① NYLAND C. Capitalism and the history of work-time thought. British Journal of Sociology，1986，37.

② 齐美尔．货币哲学．陈戎女，等译．北京：华夏出版社，2018.

对于时间的商品化问题，哈萨德提出被商品化的时间是现代社会的“线性时间”。与传统社会的循环时间等多元时间不同，线性时间在工业社会中的霸权地位得以巩固。现代工业社会中的时间是一种定量的、同质的、客观的时间。现代社会的主流时间观与三个特别的隐喻联结：时间是金钱，时间是一种有限的资源，时间是一种有价值的商品。由于经济生产领域的重大变革，时间成为资本主义经济环节中的重要媒介，时间“代表着经济目标，是一种生产的象征……把经济活动转变为货币价值”[①]。因此，时间在传统社会中的模糊性、永恒性、宗教性、循环性、地方性等等特质，已经随着资本主义工业社会的发展而逐渐消失，取而代之的是线性时间的新的特征，时间愈发成为一种稀缺的货币化的资源，与经济运行的全过程发生关联，也可以被货币所购买和交易。这在客观上加剧了对时间精确性的要求，也引发了现代社会中对等价于金钱的时间的无止境争夺。

（二）时间与现代组织：效率与理性的发展

人类社会从传统到现代的转变过程中，另一项显著的特征在于现代组织的发展与确立。韦伯将现代科层制组织的发展视作人类理性的产物，把科层制喻为理性的牢笼。现代社会中组织的演变与发展历史，从时间的视角看来，也是一部将时间日益理性化和精细化的历史。

随着现代管理理论与现代管理制度的出现，现代组织中最重要的目标之一就是提升组织的效率。效率在现代社会中意味着单位时间产出的最大化。现代社会中效率与时间的耗费构成一种先天的敌对关系。

---

① 哈萨德．时间社会学．朱红文，李捷，译．北京：北京师范大学出版社，2009：15－16.

在泰勒的科学管理理论中，所谓采用科学的方式进行组织管理，就包含着对工人的工作时间进行定量的控制。[①] 从泰勒制到实时生产系统（JIT）模式，再到网络化的异质性的组织形式，在某种意义上，现代组织管理的发展就是围绕着减少无意义的时间而进行的。如何理性地通过时间设置的合理化，减少不必要的环节，制定完善的时间规划，成为现代组织的重要目标。

在《建构时间：现代组织中的时间与管理》中，惠普和亚当等学者将时间视为社会和组织生活的根本特征，从组织管理的角度看待组织中的时间问题，提出在管理研究中，"时间是组织所产生的地心引力……管理的目标是控制时间"[②]。在传统的组织与管理研究中，理性主义成为研究的主流，时间被视为一种线性的时间，组织围绕着理性化地安排时间而展开，最大限度地减少时间的浪费。马奇和奥尔森等人的组织研究，揭示出组织中的非理性因素，关于时间的非理性和多样性特征受到一些学者的重视，包括在政治和文化的背景下对复杂决策的周期、时机的把握等等。[③] 根据亚当等人的概括，随着现代社会中新技术的发展，关于时间的研究也产生了一些新的动向。

早在20世纪60年代，罗伊（Roy）等学者对工厂中工作小组的工作时间问题展开了研究，在工作小组的非正式互动中，工人们对长时间的工作产生厌倦，但是同时也通过特定的事件来将工作时间进行切

① TAYLOR F W. The principle of scientific management//Scientific management. New York：Harper&Row，1911.

② 惠普，等．建构时间：现代组织中的时间与管理．冯周卓，译．北京：北京师范大学出版社，2009：5-12.

③ 同②.

割，在中断的时间中，进行不同主题的日常社会互动，以此来对抗长时间工作的枯燥。[①] 在众多关于组织时间建构与时间安排的研究中，对组织时间的理解也逐渐从传统的线性化时间转向更加复杂和多元的时间。罗斯在对组织变革和柔性管理的研究中，从时间的视角出发，认为在组织适应环境的过程中，其变革是一个动态的时间过程，并且组织随着时间的流变是一种随时发生的、区别于过去线性的静态的组织管理思维，组织管理需要不断精确地调整。[②]

随着现代通信和网络技术的发展，组织在形态上也不断发生变化，有学者对虚拟组织中的时间进行阐释，认为与传统组织相比，新的虚拟办公室、虚拟团队和虚拟组织中，时间的规制方式发生了显著的变化。在传统组织的时间规制中，时间体现为一种时钟时间，是在同一个地点、同一个标准下的时间。而在虚拟组织的时间规制中，时间体现为一种多元社会时间，表现为多样性、定性化的时间运转。传统的时间规制的维度是一种标准化、规律性、协调性、无信任、基于控制的规制，而虚拟组织中的时间规制是多样性、无规律性、同时性、信任、根据结果评估的规制方式。[③] 组织的发展带来了组织中时间的变化，这一变化过程经历了两个阶段，首先是从传统农业社会到现代工业社会的变化，其次是从时间的多元性、模糊性和地方性转向时间的标准化、精确化和理性化，而随着组织环境、技术、组织形态的进一

① ROY D F. Banana time: job satisfaction and informal interaction. Human Organization, 1960 (18).

② 同①.

③ 惠普，等．建构时间：现代组织中的时间与管理．冯周卓，译．北京：北京师范大学出版社，2009：76－78.

步变化，组织中的时间又有重新回归多元性的趋势，但是其理性化和追求效率化的趋势则是一以贯之的。

（三）时间与现代权力技术

现代时间制度是资本主义制度在全球兴起的产物。[①] 在这样一个过程之中，社会的不平等和权力技术的发展也始终伴随着时间制度的确立的全部过程。时间和权力的关系密不可分，现代时间制度也成为现代权力技术的重要手段。

福柯在《规训与惩罚》中，将时间视为规训身体的重要手段，主要体现在对社会成员活动的安排中。在他看来，时间表的使用源自修道院，主要包含着三个主要部分：规定节奏、安排活动、调节重复周期。这些技术很快扩展到军队和学校之中，成为纪律的一部分。在军队中，军事纪律通过时间节奏来完成，军人完成军事动作的步骤，被精确地划分为时间点，成为一种“从外面施加的和强制性的”节奏。而在学校中，通过对教学活动精确而严密的规定，学校也形成一种规训身体的时间制度。福柯又进一步区分简单的时间表和时间安排与现代纪律的时间观念之间的差异。在西方传统的时间表中，时间是由上帝计算的，是不能被浪费的，而在现代纪律中，时间可以通过对肉体的行动的精密控制，不断地被榨取出来。纪律就是要使人保持最高速和最大效率。军队和学校这样的现代纪律系统，通过对时间与活动之间关系的规定，将各种相继的活动序列化，再通过反复的定期训练——操练，使得身体达到一种适当的状态，最终“时间渗透到肉体之中，各种精心的力量控制也随之渗透进去”，纪律的对象也就成为一

① THOMPSON E P. Time，work-discipline and industrial capitalism. Past and Present，1967，38.

种“时间的载体”[①]。

在福柯的笔下，权力的施行者将对时间的掌控，作为实现权力技术的手段。权力的对象不得不服从各种现代时间制度的安排，被迫遵从社会集体的节奏，在身体上长时间地接受驯化。现代性带来的对效率和理性的无止境追逐，也正是通过社会的纪律规训机构，例如军队、工厂（企业）、学校这些空间来展开。

在资本主义工业化的进程中，尤其是在早期阶段，学校并不仅仅是传授科学文化知识的场所，而且是一种社会化的场所。在这样的社会化过程中，现代工业化生产所需要的服从守时的习惯也被逐渐培养起来。当时英国为新兴工人阶级兴办学校，其主要目的之一就是给工人阶级的孩子灌输时间规训的习惯。[②] 通过在学校中，对孩子的日常活动进行精细的划分，对违反时间观念的孩子进行惩罚，对遵守时间规定的孩子进行奖励，学校和工厂具有了一种类似的时间管理体系，为工人阶级的子女成为合格的工人进行准备。在学校中，教授的课程往往是一种枯燥的乏味的课程，其效果是使得孩子们提前适应一种重复的、疲劳式的劳动，并且将其视为一种美德，以适应未来在工厂流水线中的重复劳作。在这样一种规训的过程中，符合资本主义工业体系的时间意识和时间习惯被逐渐养成，通过对时间的遵守，服从命令的习惯也逐渐养成。[③] 对时间的规训转变为对命令和规定的服从。

---

① 福柯．规训与惩罚：监狱的诞生．刘北成，杨远婴，译．北京：三联书店，2003：160－182.

② THRIFT N. Owners' time and our time：the making of a capitalist time consciousness，1300－1880. Canberra：Australian National University，1980.

③ THRIFT N. Owners' time and our time：the making of a capitalist time consciousness，1300－1880. Canberra：Australian National University，1980；福柯．规训与惩罚：监狱的诞生．刘北成，杨远婴，译．北京：三联书店，2003；吉登斯．社会的构成：结构化理论纲要．李康，李猛，译．北京：中国人民大学出版社，2016.

三、时间社会理论的当代演进

二战后，当代社会的发展呈现出与工业社会不一样的特征。丹尼尔·贝尔将二战后西方社会在经济、文化、政治等各方面的变革称为后工业社会的来临。韦伯斯特等学者则将信息技术的飞速发展、新的大众传播以及互联网技术的兴起称为信息社会①，而这样的社会形态在卡斯特看来是一种“网络社会”②。无论学者们用何种名称去概括社会的变革，社会现实都处在一个新的历史时期。与整个社会的变革相适应，社会理论领域出现了具有争议的后现代社会理论，强调社会在现代性之后所具有的新的特质。作为从建筑和艺术领域中兴起的词语，“后现代性”一直充满着多重含义。一些被称为后现代理论家的学者并不承认所谓的后现代。无论是后现代性、晚期现代性抑或是其他的理论称谓，20 世纪六七十年代后的社会理论，尤其是关于时间的社会理论，都呈现出新的发展动向。

（一）时空延伸与压缩

吉登斯等学者认为我们所处的时代，并不意味着现代性的终结，而是处在一个现代性高度发达的时期，可以称之为晚期现代性。在这样一种时期中，时间与空间也有着其特定的理论意义。吉登斯是当代社会理论家中，对时间与空间问题格外重视的学者之一。时间问题，贯穿于吉登斯的社会理论始终。在他看来，社会系

---

① 韦伯斯特．信息社会理论．曹晋，等译．北京：北京大学出版社，2011.

② 卡斯特．网络社会的崛起．夏铸九，王志弘，等译．北京：社会科学文献出版社，2006.

统之所以存在着结构性特征，是因为各种形式的社会行为不断地经由时空两个向度再生产出来。理解制度的结构化，也是考察社会活动如何在时空中延伸开来。[①] 因此，吉登斯具有一种将时空观融入社会理论核心的倾向。

在结构化理论的基础概念中，从微观层面的社会行动的定义开始，吉登斯就将时间的概念引入进来。在论述到人的行动的本质时，他提出过去的哲学文献，在论及目的、意图、理由、动机等概念时，大都忽视了人的行动在时空中的情境关联。他借用了柏格森的"绵延"概念，认为人的行为是一种绵延和持续不断的行为流。[②] 时间与空间都是社会实践的构成部分，"这一本体论的看法的出发点就是时间意识"[③]。可以说，行动、实践、反思性监控这些结构化理论的基础，都不是纯粹架空于历史的，而是在具体的情境、场景和时间中才具有意义的。

在传统的结构主义社会理论中，结构往往是一种静态的、稳定的图示或者模式，诸如帕森斯的社会行动的概念，以及吉登斯之后科尔曼的理性选择理论，在从微观行动聚合到社会制度的过程中，大都没有特意强调时空情境的作用。之所以强调人的行动与实践需要在时空中考察，是因为在吉登斯的理论体系中，从微观的社会行动到相对宏观的社会制度的结构化过程，其重要的推动机制就是"时空的扩展"，

---

① 吉登斯．现代性的后果．田禾，译．南京：译林出版社，2011；吉登斯．社会的构成：结构化理论纲要．李康，李猛，译．北京：中国人民大学出版社，2016.

② 吉登斯．社会的构成：结构化理论纲要．李康，李猛，译．北京：中国人民大学出版社，2016：32－34.

③ 同②.

是社会行动和社会关系在时间和空间上的扩展。

在微观的身体层面和日常生活的情境下，吉登斯认为日常生活的绵延类似于列维-斯特劳斯所说的“可逆的时间”。在日常生活中，各种事件和例行性的活动在时间中的流动都不是单向的，而是具有一种重复性，具有循环往复和再生产的性质。因此，在日常生活实践层面，时间有一种重复和循环的性质。而对个体的生命而言，时间又具有有限性和不重复性。每一个生命个体的最终都是走向死亡。因此个体生命时间是不可逆转的流逝的时间。但是一旦上升到制度层面，制度时间是一种超个体的时间，成为一种长时段的可逆的时间。因为在吉登斯看来，制度与日常生活实践是“彼此介入对方的构成过程”，宏大的社会系统也体现着日常的社会生活中的例行常规的实践，因此时间到了制度层面，同样是一种循环往复的再生产的时间。[①] 并且制度时间正是结构化的条件和结果。可以说，在结构化的理论体系中，从微观的行动层面到宏观的社会层面的整个过程，都是围绕着时间和空间来展开。

在论及人类社会从传统到现代的变迁，也就是现代性所具有的本质特征时，吉登斯又一次将时间与空间问题放在这一变迁的核心位置上。尽管现代性具有多方面的特质，但是时空问题显然是其中最为关键的环节。吉登斯提出，在传统社会中，时间与空间是相互联系的。也就是说人们在感受和判断时间时，总是将什么时间和什么地点联系

① 吉登斯．社会的构成：结构化理论纲要．李康，李猛，译．北京：中国人民大学出版社，2016：125－136.

在一起进行判定。而钟表的出现，第一次使得时间可以脱离具体的地点，吉登斯将其称为“时间的虚化”[①]。在全球性的标准时间和现代工业化、组织化时间完全确立后，时间彻底地与空间分离，完成了自身的虚化。这个过程恰好也正是现代性在全球扩展的过程。空间在这一过程中也完成了互动场景与地理位置的分离，即空间的虚化。这一总体的过程就是时间与空间的分离。时空分离被吉登斯视作现代性的动力机制。[②]

吉登斯关于时空分离与扩展的论述较为抽象，如果我们从更加具体的角度去理解时空分离的意义的话，那么时间与空间的分离，实际上等同于人类社会交往和互动的场景的扩展，从本地化上升到远方乃至全球，具有意义的社会活动超出了传统社会中具体的、形象化的时间和空间范围。传统社会中，具体的日常生活中的时间总是环绕在人们的周围，具象而容易理解。而在现代社会中，组织、国家、跨国经济活动等等的影响都超出了人们身边的时空范围，是在更广阔的时空中发生的，但却是对个体和社会具有重大影响和重大意义的社会实践活动。这一变革带来了一系列社会秩序方面的改变。现代组织、机构和国家的发展，时间和空间被重新组织起来，代表着一种新的社会秩序。

与吉登斯同样重视时间的学者还包括戴维·哈维。哈维的空间社会学理论，也同样重视时间的作用。哈维继承了马克思主义的传统，认为时间和空间的客观概念必定是通过服务于社会生活再生产的物质

① 吉登斯．现代性的后果．田禾，译．南京：译林出版社，2011：15－18.
② 同①.

实践活动与过程创造出来的。在资本主义社会中，时间和空间也被打上资本主义的印记，金钱、时间和空间的相互控制形成了一种社会力量。金钱可以用来控制时间和空间，对空间和时间和控制也可以转变为对金钱的控制。[①] 时间和空间从来都不是中立的，而是需要被资本的力量决定。

随着 20 世纪晚期资本主义的经济转变，生产方式从福特主义的生产线模式转向灵活积累制，具有后现代性特征的时间和空间也发生了转变。这一转变被哈维概括为“时空的压缩”。所谓时空压缩，是描绘资本主义的历史具有在生活步伐方面加速的特征，空间的距离随着跨越空间所耗费的时间的减少，而变得更加小。人类社会的地理空间正在逐渐压缩成“地球村”，这是一种用时间来消灭空间的方式。福特主义的工业化流水线，就带来了对时间的安排和重组，通过理性化的、最高效率的分解工序，工作速度得以加快。而到了灵活积累制，资本运行的速度更是得到了前所未有的提升。这种灵活积累制利用新的技术和新的组织形式，克服了福特主义中固有的周期性，通过组织结构的变化、灵活外包、减少库存的即时交付制，以及在支付和金融流通领域的加速化，资本运转的时间进一步压缩。[②]

这样的一种生产和组织的变革，一方面带来了人们时间意识中的易变性和短暂性，让人们感到世界处在时时刻刻的流变之中，包括时尚、产品、技术、劳动过程和各种观念和意识形态的加速与流变。另

---

① 哈维．后现代的状况：对文化变迁之缘起的探究．周宪，许钧，译．北京：商务印书馆，2003：282－300.

② 同①.

一方面带来了社会成员时间观念和心理上即时满足的特征和一次性产品的增多。不断变化的世界使得人们接受的感觉刺激更多，造就了一个舆论失控和价值观多元化的社会环境。速度的加快，瞬时性、短暂性的增多，使得人们拒绝长久的计划和深入的思考，注重感性的表象事物。[①] 哈维成功地将当代社会中的特有文化心理现象，或者后现代的文化现象，与时间压缩的现象联系在一起。从资本主义生产组织方式的变革到时空组织形式的变化，再到社会文化和社会心理的变化，三者之间有着一条相对清晰的理论逻辑。

（二）时间的加速与演化

罗萨从哈维等学者的时空压缩理论中，看到了时间的变化、社会加速与现代性之间的关联，发展出关于加速的时间社会理论。他以时间作为视角，将当代社会出现的危机归结为时间自身的四分五裂，也就是一种时间的危机。而现代性的本质就是时间的加速，使得现代社会中一切事物的运行越来越快，这种关于加速的体验带来了从社会成员日常生活、个体规划到整个社会结构与社会文化的变化。例如，在社会的控制方面，在个体的自我关系、社会关系和认同层面，加速都带来了根本性的变化。[②]

罗萨认为社会加速具有三个维度，分别是技术的加速、社会变化的加速和生活节奏的加速。辩证地看，与加速相对应的是社会同时处在停滞的机制之中，例如存在着自然速度的极限、有目的的减速现象

① 哈维．后现代的状况：对文化变迁之缘起的探究．周宪，许钧，译．北京：商务印书馆，2003：324-330.

② 罗萨．加速：现代社会中赶时间结构的改变．祁斌，译．北京：北京大学出版社，2015：43-59.

等等，体现了社会并不是以一种简单的加速形式线性发展。但是毫无疑问，技术、社会变化和生活节奏的加速改变了整个社会的时间结构以及社会成员关于时间的体验。[①] 在这种加速的现象背后，是整个社会加速的动力机制在发挥作用。社会加速的三个维度形成了一种相互影响的加速循环，技术、变迁与生活节奏在相互促进彼此的加速过程。技术的发展带来了生产过程的缩短，交通运输、信息传播和沟通速度的提升，直接导致社会变迁的加快，而具体到微观的社会成员层面，它又带来了时间的紧张感和生活节奏的高速化，反过来对稀缺性的时间的需求进一步提升，要求技术通过进步来节省时间，如此周而复始地造成技术-社会-个体的发展速度越来越快。[②]

除了内在的加速循环机制以外，资本主义的经济发展逻辑也是社会加速的外在动力。资本主义将时间视为金钱，有着其自身的内在逻辑。围绕着经济效益的最大化，时间作为衡量劳动、生产、流通、消费等环节的工具，被希望通过一切手段来得到最大化的利用，围绕这种渴望，围绕着资本主义精神，社会中的时间组织与安排呈现出当今社会的样态。除此之外，时间文化的变迁、国家间权力的争夺、战争与其他国际竞争都加快了时间的节奏。[③] 这样一种加速的后果是社会各个方面的变迁。从整体上来看，这是一种以全球化形式展开的社会危机和时间危机，社会转向一种晚期现代性或者后现代的状态，对于个体而言，则是时间体验情感认同、自我意义等各个生命经验层面上的

---

① 罗萨．加速：现代社会中赶时间结构的改变．祁斌，译．北京：北京大学出版社，2015：115－126.

② 同①.

③ 同①231.

困惑和危机。

诺沃特尼也挖掘出当代社会的危机——个体时间体验危机，在对现代社会占据支配地位的时间进行批判的基础上，提出“瞬间”的个人时间，认为这是一种对抗集体时间、逃避时间统治的游戏——创意策略和斗争方式。[①] 从“时间的政治学”的角度来看，现代西方社会中的主流时间是一种线性的时间，体现出资本主义、工业文明、国家与组织权力对个体的压迫和不平等，例如资本主义工业安排下的时间背后是阶级之间的斗争，中央权威对地方性生活的支配，等等。在当代无处不在的时间安排和压迫之中，社会个体渴望的是一些瞬间，使用一些策略，例如时间游戏、逃离、时间中断等等，来获得个体意义上的时间。[②]

随着信息技术的进步，互联网空间的社会意义愈发凸显，卡斯特将当代社会称为网络社会，而网络社会中的时间也与前网络社会的时间有所不同。网络社会中的时间是一种“永恒的时间”或者“无时间的时间”（timeless time）。[③] 弹性工作制、新的社会时间周期、对社会时间压缩到极致、对死亡的否定、战争的瞬时性，以及互联网虚拟时间的同时性和永恒性，消除了线性时间的连续性，使得时间这样一种在前网络社会中相对稳定的秩序，产生了一种系统性的扰乱。[④] 这正是一种全球流动的空间塑造出的特有的时间，卡斯特强调网络社会新的

① 诺沃特尼．时间：现代与后现代经验．金梦兰，张网成，译．北京：北京师范大学出版社，2011：100－116.

② 同①.

③ 卡斯特．网络社会的崛起．夏铸九，王志弘，等译．北京：社会科学文献出版社，2006：400－403.

④ 同③.

流动空间的产生对时间带来的变化和冲击，是对传统的时间概念的一种解构，这种新的社会时间挑战了现代性以来的线性时间，是对社会时间多元化的一种回归。

四、结论：社会时间与社会秩序的重构

从物理意义和自然意义的时间，到社会意义上的时间，从哲学本体论意义上的时间本质争论到时间在社会中被重新组织、安排与建构起来，时间从来都是复杂而令人难以捉摸的事物。在时间社会理论的演进过程中，我们可以看到人类从传统社会到现代社会乃至后现代社会的转变，也能看到时间在社会意义层面的转变。从传统社会的地方性、本土性、循环性、模糊性的时间，转变到现代工业社会中的普遍性、全球性、线性、精确性的时间，时间体现出资本、权力的作用和现代组织的演化等等主题。一直到当代社会理论描述中新的多元性、瞬时性、永恒性和充满混乱与碎片化的时间，时间再一次体现了社会中新的生活体验和宏大制度的转变。

按照吉登斯的理解，时间与空间的转变实际上体现了我们生活于其中的社会秩序的重新安排。时间问题在核心上是社会的秩序问题，这就回到了孔德和涂尔干等经典社会学家关注的核心议题。社会秩序的重大转变会体现在时间与空间的重组之中。尽管有关时间的社会理论往往是高度抽象和宏观的，但是这些具有社会学想象力的抽象时间理论，对于理解我们正在经历的社会的高速变迁，以及指导我们在经验层面上展开时间研究，仍然是极具意义的。

参考文献：

柏格森．材料与记忆．肖聿，译．南京：译林出版社，2011.

柏格森．时间与自由意志．吴士栋，译．北京：商务印书馆，1958.

邓刚．寻找真正的时间：海德格尔对柏格森的批评．学海，2018 (5).

迪尔凯姆．宗教生活的基本形式．渠东，汲喆，译．北京：商务印书馆，2011.

福柯．规训与惩罚：监狱的诞生．刘北成，杨远婴，译．北京：三联书店，2003.

古尔维奇．社会时间的频谱．朱红文，等译．北京：北京师范大学出版社，2010.

哈萨德．时间社会学．朱红文，李捷，译．北京：北京师范大学出版社，2009.

胡化凯，张道武．亚里士多德时间观念研究．物理，2002 (2).

惠普，等．建构时间：现代组织中的时间与管理．冯周卓，译．北京：北京师范大学出版社，2009.

霍金．时间简史．许明贤，吴忠超，译．长沙：湖南科学技术出版社，2012.

吉登斯．现代性的后果．田禾，译．南京：译林出版社，2011.

吉登斯．社会的构成：结构化理论纲要．李康，李猛，译．北京：中国人民大学出版社，2016.

卡斯特．网络社会的崛起．夏铸九，王志弘，等译．北京：社会科学文献出版社，2006.

康德．纯粹理性批判．李秋零，译．北京：中国人民大学出版社，2004.

李海涛．论柏格森时间．法国研究，1988（7）.

罗萨．加速：现代社会中赶时间结构的改变．祁斌，译．北京：北京大学出版社，2015.

马荣．亚里士多德物理学中的时间分析．理论界，2013（5）.

诺沃特尼．时间：现代与后现代经验．金梦兰，张网成，译．北京：北京师范大学出版社，2011.

齐美尔．货币哲学．陈戎女，等译．北京：华夏出版社，2018.

宋继文．海德格尔论亚里士多德的时间观．世界哲学，2006（6）.

韦伯斯特．信息社会理论．曹晋，等译．北京：北京大学出版社，2011.

亚里士多德．物理学．张竹明，译．北京：商务印书馆，1982.

BIENEFELD M A. Working hours in British history：an economic history. London：Weidenfeld & Nicholson，1972.

BOURDIEU P. The attitude of Algerian peasant towards time//PITT-RIVERS J. Mediterranean countryman：essays in the social anthropology in Mediterranean. Paris：Mouton，1963.

MALINOWSKI B. Lunar and seasonal calendar in the trobriands. Journal of the Anthropological Institute of Great Britain and Ireland，1926.

NYLAND C. Capitalism and the history of work-time thought. British Journal of Sociology，1986，37.

ROY D F. Banana time：job satisfaction and informal interaction. Human Organization，1960（18）.

SOROKIN P A, MERTON P K. Social time: a methodological and functional analysis. American Journal of Sociology, 1937 (42).

TAYLOR F W. The principle of scientific management//Scientific management. New York: Harper&Row, 1911.

THOMPSON E P. Time, work-discipline and industrial capitalism. Past and Present, 1967, 38.

THRIFT N. Owners' time and our time: the making of a capitalist time consciousness, 1300 - 1880. Canberra: Australian National University, 1980.

后　记

经过近两年的艰苦努力，本书终于即将付印。参与本书编著的作者，是近几年率先在网络社会学领域开展积极探索的青年学者。正是因为互联网和移动通信技术的快速发展，在实体社会之上又展开了一个广阔而活跃的信息流动空间，中国社会乃至人类社会发生了线上与线下、在场与缺场的空间分化，并且，实体社会空间与网络信息流动空间交相辉映、紧密互动。这些随处可见的明显变化，引导我们把网络社会学研究与空间社会学研究交织在一起。

虽然中国网络化发展速度和空间变迁的复杂程度，已经给中国学者提出了很多西方学者未必能想到的重要课题，但西方学者关于网络社会学和空间社会学的深入研究，还是有很多思想观点与方法原则值得我们认真借鉴的。我们编写的这本《西方空间社会学理论评析》，目的在于揭示西方空间社会学从古典到当代的理论演化，特别是评析在网络信息化时代，西方学者关于地理空间、社会空间、网络空间和观念空间的一系列思想观点，为面对中国社会在网络化时代更加深刻的空间变迁，开展立足本土的更富有创新性的空间社会学研究，做些思想理论和方法原则上的借鉴与准备。

本书的写作分工是：

刘少杰：总论、导论；

张荣：第一章；

程士强：第二、第三章；

营立成、田志达：第四章；

邵占鹏：第五章；

陈氚：第六、第十章；

营立成：第七、第八章；

宋辰婷：第九章。

程士强承担了全书的统稿任务。

以上作者为编著本书做出了艰苦努力，但欠缺不足之处仍然在所难免，恳请学界同仁和各位读者不吝赐教。

刘少杰

2019 年 9 月 16 日